간송 전형필

간송 전형필

1판 1쇄 발행 2010. 5. 3.
1판 30쇄 발행 2024. 11. 29.

지은이 이충렬

발행인 박강휘
발행처 김영사
등록 1979년 5월 17일(제406-2003-036호)
주소 경기도 파주시 문발로 197(문발동) 우편번호 10881
전화 마케팅부 031)955-3100, 편집부 031)955-3200 | 팩스 031)955-3111

저작권자 © 이충렬, 2010
이 책은 저작권법에 의해 보호를 받는 저작물이므로
저자와 출판사의 허락 없이 내용의 일부를 인용하거나 발췌하는 것을 금합니다.

값은 뒤표지에 있습니다.
ISBN 978-89-349-3942-9 03990

홈페이지 www.gimmyoung.com   블로그 blog.naver.com/gybook
인스타그램 instagram.com/gimmyoung   이메일 bestbook@gimmyoung.com

좋은 독자가 좋은 책을 만듭니다.
김영사는 독자 여러분의 의견에 항상 귀 기울이고 있습니다.

한국의 미를 지킨 대수장가 간송의 삶과 우리 문화재 수집 이야기

간송 전형필

이충렬 지음

김영사

서 문

여기, 간송 선생이 있다

    간송澗松 전형필(全鎣弼, 1906~1962) 선생은 나이 스물네 살 때 막대한 유산을 물려받았지만, 유유자적 편안하게 사는 길을 택하지 않았다. 많은 재산과 젊음을 바쳐 일본으로 유출되는 서화, 도자기, 불상, 석조물, 서적들을 수집해서 이 땅에 남겼다. 이미 일본으로 건너간 문화재 중에서도 꼭 찾아와야 할 가치가 있다는 판단이 서면, 값을 따지지 않고 다시 이 땅으로 돌아오게 했다.

    선생이 수집한 문화유산은 광복 후 그 가치를 인정받아, 12점이 국보로, 10점이 보물로, 4점이 서울시 지정 문화재로 지정되었다. 나머지 수집품들도 문화사적으로 매우 중요하다는 학계의 평가를 받았다. 그래서 많은 이가 간송을 '민족 문화유산의 수호신'이라 부르고, 간송의 수집품을 거론하지 않고는 제대로 된 미술사 연구 논문을 쓸 수 없다고 말한다.

성북동 산허리에 살포시 자리 잡은 간송미술관은 선생이 1938년에 설립한 우리나라 최초의 개인 박물관이다. 설립 당시 위창 오세창 선생이 '빛나는 보배를 모아두는 집'이라는 뜻에서 '보화각葆華閣'이라고 이름 붙였지만, 일제강점기에는 일반인들에게 개방하지 못했다.

해방이 되어서도 선생은 고적 보존 위원으로 피촉되어 전국에 흩어져 있는 문화재를 정리·보존하는 일에 참여하느라, 당신이 수집한 문화재를 정리하고 박물관을 개관하는 일은 훗날로 미뤘다. 한국전쟁 때는 박물관에 있던 국보급 문화재를 전부 북쪽에 빼앗길 위기를 맞았다. 다행히 천우신조로 극복했지만, 미처 피난 보내지 못한 소장품들을 대부분 도난당해 박물관 개관은 또다시 미뤄졌다.

휴전 후, 선생은 미술사학자들과 함께 남은 소장품들을 정리하며 보다 규모 있는 박물관을 구상하던 중 갑작스레 닥쳐온 병마로 고통스러운 투병생활을 하다가 홀연히 세상을 떠났다. 그래서 간송 생전에는 간송미술관이 일반 국민들에게 개방되지 못했다.

선생이 그렇게 황망하게 세상을 떠난 후, 후손들은 선친의 수집품을 체계적으로 정리하고 연구하기 위해 1966년 봄 한국민족미술연구소를 설립하면서 국립 중앙박물관 연구원 출신의 미술사학자 최완수를 영입했다. 그를 중심으로 간송 수집품에 대한 본격적인 정리와 학문적인 연구 작업이 이루어졌고, 1971년 가을부터 지금까지 매년 5월과 10월 중순에 소장품 전시회를 연다.

전시회에 맞춰 발행되는《간송문화澗松文華》는 단순히 전시 작품만 수록하는 도록이 아니다. 매호 간송의 수집품을 중심으로 미술사와 역사를 연구하는 학자들의 연구 논문을 수록해 역사학계와 미술사학계로부터 주목받아왔다. 세상에서는《간송문화》에 논문을 실으면서 민족문화와 역사의식을 연구·재조명하는 학자들을 '간송학파'라고 부른다.

간송미술관의 덕목은 이런 연구 성과뿐만이 아니다. 후손들은 간송이 문화재를 수집한 이유가 개인의 명예나 부를 축적하기 위해서가 아니라 민족의 얼과 혼을 지키고 널리 알리기 위해서였음을 잊지 않고, 더 많은 국민이 관람할 수 있도록 무료로 개방하고 있다. 국보와 보물 등 국가 지정 문화재와 문화사적으로 가치가 높은 그림과 도자기 등을 전시하면서 관람료를 받지 않는 미술관은 전 세계적으로 간송미술관이 유일하지 않을까 싶다.

내가 간송미술관에 처음 발을 들인 것은 1996년 5월, '개관 25주년 기념 진경시대전眞景時代展'이었다. 겸재 정선의 〈금강전도〉와 한강변의 아름다운 풍광을 그린《경교명승첩》, 현재 심사정의 초충도, 단원 김홍도의 〈관동팔경도〉, 혜원 신윤복의 풍속화첩《혜원전신첩》등 걸음을 멈추게 하는 그림이 한두 점이 아니었고, 숨이 멎을 듯 감동이 밀려드는 고려청자와 조선백자도 여러 점 전시되었다.

나는 한 시간쯤 안복眼福을 누린 다음, 간송미술관 뒤뜰에 가서 보물 제579호인 '괴산 팔각당형 부도'와 보물 제580호인 '문경 5층 석탑'을 비롯한 여러 석조물을 둘러보았다. 그리고 간송 전형필 선생의 흉상 앞에 서서 여쭈었다. '선생님은 누구십니까? 왜 내 가슴이 이렇게 벅차오르는지요?'

나는 다시 미술관으로 들어가 입구에서 판매하는《간송문화》50호와, 남아 있는 지난 전시회 도록 20여 권을 함께 구입했다.

그 자료들을 싸들고 이역만리 집으로 돌아왔다. 애리조나의 메마르고 뜨거운 날씨도 간송미술관에서 경험한 감동을 증발시키지는 못했다. 《간송문화》에 수록된 수집품을 보면 볼수록 간송을 알고 싶은 갈증은 더 깊어갔다. 그때부터 매년 봄·가을의 간송미술관 정기 전시회 때만 되면 서울에 가고 싶어 몸살을 앓았다. 그러나 매해 전시회를 보러 들어오기가 쉽지 않았기에, 형편이 안 될 때는 서울의 지인에게 《간송문화》를 부쳐달라고 부탁해서 받아보았다.

그렇게 10년이 흘렀다.

2006년 가을, 간송 탄생 100주년을 기념하는 큰 전시회가 열린다는 소식이 들려왔다. 다른 전시 때 볼 수 없었던 국보와 보물이 대거 전시된다고 했다. 도저히 안 들어오고는 배길 수가 없었다.

전시회 날짜에 맞춰 비행기를 탔고, 마음의 고향이 되다시피 한 성북동 비탈길을 휘적휘적 걸어 올라가다 발걸음을 멈췄다. 사람들이 미술관 쪽으로 50미터쯤 길게 늘어서 있었다. 학자나 전공자들뿐 아니라 일반인들에게까지 간송의 수집품이 인정을 받기 시작했다는 증거였다. 나는 괜히 신이 나서 우쭐거리며 기꺼이 그 긴 줄의 꽁무니에 가 섰다.

전시장에는 《훈민정음》을 비롯해 '청자 상감 운학문 매병' 같은 국보와 보물 등 엄선된 100점의 문화재가 정갈하게 자리 잡고 있었다. 나는 평생에 한 번 누릴 수 있을까 말까 한 눈의 호사에 탐닉했다. 관람객들이 전시장을 빼곡히 채우며 끊임없이 밀려들고 밀려나갔지만, 나는 전시장을 고수하며 보고 싶은 만큼 실컷 보았다.

전시장을 나온 나는 간송미술관 뒤뜰에서 다시 전형필 선생과 마주섰다.

'제가 선생님 이야기를 써보겠습니다. 선생님이 얼마나 큰일을 해냈는지, 왜 문화재 수집에 억만금을 쏟아부었는지, 어떤 번민과 고통이 있었는지, 선생님이 수집한 문화재가 얼마나 자랑스러운지, 오늘의 우리를 얼마나 행복하게 하는지……'

우선 간송의 삶과 문화재 수집 과정을 알 수 있는 1차 자료를 찾았다. 간송의 장남인 전성우 보성중고등학교 이사장이, 1996년 선친이 '11월의 문화인물'로 선정된 것을 기념해 펴낸 자료집 《간송 전형필》을 비롯해, 최완수 간송미술관 연구실장이 《간송문화》에 게재한 〈간송 선생 평전〉(1991, 41호), 〈간송이 문화재를 수집하던 이야기〉(1996, 51호), 〈간송이 보화각을 설립하던 이야기〉(1998, 55호), 〈간송 전형필〉(2006, 70호) 등을 꼼꼼하게 읽었다. 1차 자료들을 살핀 뒤에는, 간송이 살았던 근현대의 시대사와 문화재를 공부했다.

간송 전형필은 우리 근대 문화사에 걸출한 발자취를 남긴 인물이기에, 그의 큰 삶을 올곧게 형상화하는 작업은 쉽지 않았다. 수집품의 범위가 너무 넓고 깊어, 높고 험한 산맥을 만난 듯 아득해질 때가 한두 번이 아니었다. 그래서 때때로 포기하고 싶다는 생각이 들었고, 그래서 간송미술관이나 유족 측에 자료 협조를 구하지 못했다. 기껏 귀한 자료를 받아놓고 중도에 포기하면 그보다 더 큰 결례가 없을 것이기 때문이었다.

약 2년에 걸쳐 자료조사를 끝낸 후 줄거리를 구성하기 시작했고, 그 많은 수집품을 다 다룰 수 없어 문화사적으로 중요한 수집품을 중심으로 취사선택했다. 간송의 수집품은 이 졸저에서 거론한 것보다 훨씬 많음을 밝혀둔다.

줄거리를 구성할 때는, 내가 읽고 본 자료에만 의존할 것인지, 수많은 자료를 통해 내 머릿속에 형상화된 간송이라는 인물을 보다 생동감 있게 표현하기 위해 상상력을 좀 동원할 것인지를 두고 고민했다. 결론은 그의 생애와 시대 상황, 문화재의 가치 등을 왜곡하거나 훼손하지 않도록 세심하게 살피면서, 꼭 필요한 경우에 한해 절제하면서 상상력을 활용하기로 했다.

상상력을 동원해 창작한 대표적인 내용은, 현재 일본 덴리 대학이 소장하고 있는 저 유명한 〈몽유도원도〉를 놓친 부분이다. 〈몽유도원도〉가 매물로 나타난 때는, 이제까지 알려진 것과 달리, 해방 후가 아니라 간송이 수집을 막 시작한 1931년이다. 그해 4월 12일자 〈동아일보〉에 당주동 조선미술관 주인이자 한국 최초의 전시기획자 우경 오봉빈의 기고문이 실렸는데, 내용인즉 〈몽유도원도〉가 일본에서 매물로 나왔으니 우리나라 수장가가 꼭 구입했으면 좋겠다는 것이었다. 오봉빈은 위창 오세창의 권유로 조선미술관을 운영하고 있었으므로 간송과 교유가 있었고, 실제로 그가 주최하는 전시회에 수장품을 출품할 만큼 가까이 지내기도 했다. 그래서 나는 오봉빈이 간송에게 〈몽유도원도〉를 구입하도록 권유했으나, 부친의 상중이라 큰돈을 움직일 수 없었다는 가상의 이야기를 만들어 넣었다.

그런가 하면, 이제까지 잘못 알려진 내용을 사실에 기초해 바로잡은 것도 있다. 대표적인 예가 현재 보물 제579호로 지정된 '괴산 팔각당형 부도'의 입수 과정이다. 이제까지는 인천항에서 일본으로 반출되기 직전에 구입해서 현재의 간송미술관 뜰로 옮겨온 것으로 알려져 있다. 그러나 당시 신문 보도에 따르면, 인천항에서 압수되어 경복궁 안에 있던 조선총독부 박물관으로 이송되는 등, 간송미술관에 자리 잡기까지 많은 우여곡절이 있었다.

이렇게 자료와 상상, 사실과 허구를 넘나들며 1년을 매달린 끝에 드디어 탈고했다. 그리고 조심스러운 마음으로 원고를 유족에게 전달했다. 중간에 포기하게 될까 봐 미리 양해를 구하지 못한 점을 솔직히 고백하며, 검토와 출판 동의를 정중히 요청했다. 원고를 보내고 기다리는 동안, 마치 시험 결과를 기다리는 수험생처럼 초조했다.

한 달쯤 지났을까. 유족 대표인 간송의 장남 전성우 선생이 줄거리 구성에 허구(상상)가 있음을 밝히는 조건으로 출판에 동의해주었다. 간송미술관 최완수 연구실장은 그동안 자신이 쓴 글을 참조해서 자신 있게 썼으면 됐다면서, 글은 그렇게 자신감을 갖고 써야 한다고 용기를 주었다.

이 책은 그렇게 해서 세상에 나오게 되었다. 먼저 이 책의 출판에 동의해주신 전성우 선생께 깊은 감사를 드린다. 아울러 이 책은 간송 수집품 연구에 독보적인 성과를 내온 최완수 선생의 많은 글에 크게 힘입었음을 다시 한 번 밝히며, 최 선생께 깊은 존경을 표하지 않을 수 없다.

유족에게 원고를 전달해준 문학평론가 김동원 님과 이승열 선생, 그리고 최완수 선생께 원고를 전달해준 간송미술관 연구위원 김현철 화백의 따뜻한 호의도 잊을 수 없을 것이다. 간송 수집품의 미술사적 의미에 대해 좋은 원고를 써준 오랜 벗, 이원복 국립 광주박물관장에게도 고마움을 전한다.

김영사와는 벌써 두 번째 인연이다. 흔쾌히 출판을 해준 박은주 사장과 졸고를 좋은 책으로 만들어준 편집부, 디자인부의 여러분께 고마움을 전하고 싶다.

  돌이켜보면, 무모한 도전이었다. 그러나 뜻깊은 일이라 생각하며 기꺼이 자료를 모으고, 검토하고, 쓰고, 고치고 또 고쳤다. 간송 선생께 누가 되지 않고 독자들에게 부끄럽지 않은 책이 되어야 한다는 생각을 경책으로 삼았다. 한편으로 간송이라는 '큰 인물'을 탐구하는 과정은 매우 흥미롭고 행복한 여행이기도 했다.

  졸저가 선생과 선생이 한평생을 바쳐 모은 우리 문화재에 대한 이해와 사랑, 그리고 긍지를 느끼는 데 보탬이 되기를 기대한다.

  이 책을 삼가 선생의 영전에 바친다.

2010년 봄

이 충 렬

| 차
| 례

서문 여기, 간송 선생이 있다   4

청잣빛 하늘, 천 마리의 학   15
무거운 짐을 진 식민지 소년   35
무엇을 할 것인가?   53
평생의 스승, 위창 오세창   65
하늘이 내린 재산   77
첫 수집품   93
세상의 눈에서 멀어져야 문화재를 지킨다   115
고서화 수집의 전진기지, 한남서림   131
황금광 시대의 꿈   153
우정과 헌신의 동지, 이순황과 신보   177
추사를 만나다   191
겸재와 진경시대   211

현해탄을 건너 혜원을 찾아오다   235

위기!   257

국보가 된 참기름병   275

기와집 400채의 승부   295

우리나라 최초 개인 박물관, 보화각   319

구제와 교육사업   337

훈민정음 해례본을 구하다   361

아, 전형필   383

해설   간송 전형필 수집품의 문화사적 의미   398
간송 수집품 중 지정 문화재 목록   403
간송 전형필 연보   404
참고 도서   406
수록 작품 찾아보기   408

청잣빛 하늘,
천 마리의 학

청잣빛 하늘,
천 마리의 학

 멀리서 개 짖는 소리가 들렸다. 마을은 멀고, 사위는 어둠에 갇혔다. 그믐인 데다가 날씨까지 흐려서, 희미한 달빛은 구름에 가려 보이다 말다 했다.
 "좋은 날이다!"
 어둠 속에서 나타난 사내는 한쪽 입꼬리를 살짝 치올렸다. 야마모토는 성큼성큼 낮에 보아둔 무덤으로 다가갔다. 삽이며 곡괭이며 갖은 연장을 지게에 진 인부들이 뒤를 따랐다.
 야마모토가 집도의처럼 눈도 돌리지 않고 손을 내밀자 인부가 긴 쇠꼬챙이를 건넸다. 야마모토는 심호흡을 한 번 한 다음 봉분에 쇠꼬챙이를 찔렀다. 봉분을 덮은 흙은 제법 물렀지만 야마모토는 들숨날숨으로 호흡을 조절하면서 천천히 쇠꼬챙이를 밀어넣었다.
 탱~
 무덤 속으로 조심스럽게 내려가던 쇠꼬챙이가 울림과 함께 멈추는 순간, 야마모토의 눈에 섬광이 스쳤다. 쇠꼬챙이를 잡은 손은 긴장으로 마비될 것만 같았다.

그가 무덤에 찌른 쇠꼬챙이는 탐침봉으로, 속이 빈 강철이었다. 속이 비어야만 부딪히는 소리를 듣고 유물의 종류를 파악할 수 있기 때문에, 도굴꾼들은 대부분 그렇게 만든 탐침봉을 사용했다.

야마모토는 입가에 미소를 흘리며 3미터 정도 내려갔던 탐침봉을 조심스럽게 빼 올렸다.

"소리가 아주 좋은 게, 제법 큰 고려자기 같다. 빨리 시작해라!"

야마모토가 눈짓하자 조선인 인부들이 재게 몸을 놀렸다. 적당한 크기로 뗏장을 떠내고 봉분을 파헤쳐 사람이 들어갈 만한 구멍을 만들었다. 도굴꾼은 보통 서너 명이 한 패인데, 일본인 전문 도굴꾼이 조선인들을 인부로 고용하는 형태였다.

도굴꾼들은 땅이 딱딱하게 굳는 겨울이나 비가 많이 오는 여름은 피하고, 주로 봄가을에 활동했는데, 고려의 수도였던 개성과 대몽항쟁 때 임시 도읍이었던 강화도에서 주로 고려청자를 도굴했다. 그들은 마을에 구전되는 이야기나 총독부에서 발행한 고적답사 자료를 통해 도굴할 고분을 물색하거나, 수백 년이 흐르는 동안 제대로 관리하지 않아 봉분이 없어진 채 길이나 논밭이 된 고분을 지관을 동원해 찾아내기도 했다.

고려시대 왕이나 귀족들의 무덤은 신라 고분들과 달리 내부에 돌을 덮지 않았다. 그래서 봉분 위나 아래쪽에서 가로세로 1~2미터 정도로 구멍을 뚫으면 부장품이 안치된 방으로 들어갈 수 있었다. 이처럼 개성과 강화도의 고려 고분은 탐침봉과 삽만으로도 쉽게 도굴할 수 있었기 때문에 손을 타지 않은 것이 거의 없었다.

야마모토가 탐침봉을 찌른 무덤도 고려 고분이었다. 아버지 최충헌崔忠獻의 뒤를 이어 무신정권의 기반을 굳건히 하며 권세를 누렸던 최우崔瑀의 무덤이라고 전해지는 곳으로, 강화도 고려산 부근이었다. 최우가 고려를 쥐락펴락할 때 몽골이 침략했는데, 무리한 조공을 요구하고 재침공을 준비한다는 소식이 들리자 1232년 조정을 강화도로 옮겼고, 그곳에서 세상을 떠났다.

야마모토가 그 무덤에서 꺼낸 도자기는 모두 여덟 점이었다. 그중 학이 구름 속을 나는 그림이 새겨진 도자기는 어둠 속에서도 쉽게 눈에 띄었다. 온몸이 흙투성이가 된 야마모토는 가지고 온 천으로 도자기를 몇 겹이나 둘러싼 후 조심스럽게 자루에 넣었다. 인부들은 파헤쳐진 무덤에 나뭇가지를 얼기설기 엮어 올리고 흙을 덮었다. 그 위에 뗏장을 다시 올려 눈 가리고 아웅 식으로 도굴 흔적을 감췄는데도, 멀리서 보면 잘 표시가 나지 않았다.

당시 도굴에 대한 법은, 도굴 현장에서 붙잡히지만 않으면 그 후에 거래되는 도굴품은 경찰에서 도굴된 것이라는 증거를 제시해야만 처벌할 수 있었기 때문에, 있으나 마나 한 상황이었다. 설령 현행범으로 붙잡혀도 3개월 징역이나 6개월 집행유예 형이 대부분이었다. 그러나 간혹 민족의식이 강한 포수나 동네 사람들에게 들켜 살해되거나 팔다리가 부러지도록 두들겨맞는 일도 없지는 않았다.

며칠 후, 야마모토는 경성 본정통(지금의 충무로)의 고려청자 거간 스즈키 다케오鈴木武雄를 찾아갔다.

"학이 구름 속을 날아다닙니다. 고려 고종 때 청자요."

스즈키는 눈을 가늘게 뜨고 청자를 살피다가 한숨을 쉬듯 탄성을 질렀다. 야마모토는 스즈키의 미세한 표정 변화를 놓치지 않았다.

"이런 물건은 처음 만나셨을 겁니다. 눈이 부시지 않습니까?"

그러나 스즈키도 산전수전 다 겪은 거간이었다.

"헹! 그래 봤자, 남의 무덤에서 꺼내온 물건일 뿐! 불법적인 물건이란 말이오."

야마모토는 순간 움찔했지만, 서로 빤히 아는 수작이었다.

"좋아! 최고가로 쳐주지, 400원!"

스즈키의 말에 야마모토는 아무 말 없이 청자를 보자기에 쌌다.

"이봐, 지금까지 도굴품은 400원 이상으로 거래된 적이 없어!"

스즈키가 급하게 만류했으나 야마모토는 보자기를 들고 일어섰다.

"이런 젠장! 좋아, 800원!"

그러나 야마모토는 문지방을 넘었다.

"도대체 얼마를 내라는 거야?"

야마모토가 걸음을 멈추고 고개만 돌려 말했다.

"천 원!"

기와집 한 채 값이었다. 흥정에 실패한 셈이지만 스즈키는 망설이지 않았다.

스즈키는 이틀 만에 다른 거간에게 1,500원을 받고 넘겼고, 그 거간은 대구에 사는 자신의 고객을 찾아 기차를 탔다. 그러니 대구의 일본인 수집가는 이미 일본으로 돌아간 뒤였다. 거간은 대구의 또 다른 수집가인 치과의사 신창재愼昌宰에게 4천 원에 넘겼다.

그러나 기와집 네 채 값을 지불한 신창재는 의사일 뿐 갑부는 아니었다. 청자가 탐나 선뜻 거금을 투자했지만, 이후 재정 압박으로 다른 골동품을 사들일 수가 없었다. 하필이면 이때 마음에 드는 물건이 자꾸 나타났다. 신창재는 청자를 들고 경성 대화정(지금의 필동)의 골동품상 마에다 사이이치로前田才一郎를 찾아갔다.

골동품계에는 "군계群鷄가 일학一鶴을 당하지 못한다"는 말이 있다. 그저그런 골동품이 아무리 많아도 명품 한 점을 당하지 못하고, 명품을 한 점 소장하고 있으면 다른 골동품들도 덩달아 인정을 받게 된다. 그래서 수집가들이 그렇게 명품을 찾는 것이다. 그러나 신창재는 수집벽을 이기지 못해 '일학'을 처분하고 '군계'를 택하고 말았다.

신창재가 오동나무 상자에서 청자를 꺼내는 순간, 마에다의 눈이 매섭게 빛을 발했다. 그는 아무 말도 하지 않고 청자를 조심스럽게 들어올렸다. 누구보다도 표정 관리에 능하다고 소문난 마에다였지만, 이제까지 한 번도 보지 못한 색과 무늬에 자신도 모르게 입가에 미소가 흘렀다. 초조한 눈빛으로 마에다를 바라보던 신창재는 명품이 자기 손을 떠난다는 아쉬움보다는 거래가 성사될 것 같은 기대감에 안도의 숨을 내쉬었다.

그러나 마에다는 노련한 골동품상이었다. 그는 이미 신창재의 눈에서 간절함을 읽었다.

"좋은 청자 매병梅瓶이오."

매병이라는 말이 꼭 매화나무를 꽂았던 도자기라는 의미는 아니다. 고려시대에 매화주를 담아두는 용도로 사용했을 거라고 추측되는, 조금 큰 병 모양의 도자기는 모두 매병이라고 불렀다.

"예, 보기 드문 청자입니다. 이름을 붙인다면, 학이 구름 속을 날고 있으니 '청자 상감 운학문 매병' 정도가 되겠지요."

신창재의 말에 고개를 끄덕인 마에다가 청자를 다다미 바닥 위에 내려놓았다.

"아쉽게도 온전치가 않군요."

마에다의 말에 신창재의 얼굴이 흙빛으로 변했다.

"보셨겠지만 매병 몸 쪽에 철장鐵杖 자국이 있소. 이렇게 도굴품이라는 흔적이 있으면 손님들에게 제값을 받기는 어렵소. 하나 이왕에 오셨으니 가격이나 말씀해보시오."

거래되는 골동품 중 조선시대 도자기는 집안에서 내려오는 전래품이 많아 대부분 온전했지만, 고려시대 청자는 대개 어두운 무덤 속에서 꺼낸 도굴품이었다. 그래서 고려청자에는 깨진 부분을 다시 붙이거나 가느다랗게 금이 간 흔적 또는 철장 자국이 있기 마련이었다.

마에다는 그런 사실을 잘 알면서도 값을 깎기 위해 흠을 잡은 것이다. 자신의 도자기가 천하 명품이라는 자신이 있으면 배짱 있게 나갈 수 있지만, 신창재는 그렇지 못했다.

1만 원을 생각하던 신창재는 숨을 들이켠 후 8천 원을 불렀고, 마에다는 헛웃음을 지으며 4천 원을 주겠다고 했다. 그러나 마에다 역시 명품을 놓치기 싫어 6천 원까지 양보했고, 기와집 두 채 값을 번 신창재는 안도의 숨을 내쉬며 대구로 내려갔다.

신창재가 떠난 후 감탄을 연발하며 청자 매병을 바라보던 마에다는 '천학매병千鶴梅瓶'이라고 이름을 붙였다. 실제 도자기에 새겨진 학은 69마리였지만, 매병을 빙빙 돌리면 천 마리의 학이 나는 것처럼 보였으니 그럴듯한 작명이었다.

천학매병에 가장 먼저 관심을 보인 건 골동품상이 아니라 조선총독부였다. 그때 막 경복궁 안에 박물관을 지은 터라 명품으로 위세를 떨쳐보려고 총독부가 1만 원을 제시했으나, 마에다는 거절했다. 도굴품인 줄 알면서도 거금을 주겠다는 총독부의 제안을 거절하기란 쉽지 않았다. 총독부가 무슨 꼬투리를 잡을지 모를 일이었다. 그러나 천학매병과 같은 천하제일의 명품을 거래할 기회 또한 다시 잡기 어려울 것이었다. 따라서 이번 기회에 한몫 단단히 잡아야 했다.

1만 원에도 팔지 않았다는 소문이 퍼지자 마에다의 집은 장안의 골동품상들로 넘쳐났다. 모두들 색과 무늬의 아름다움에 감탄할 뿐 철장 자국을 흠잡는 이는 아무도 없었다. 전형필의 단골 거간인 신보 기조新保喜三도 그 가운데 한 명이었다. 신보 또한 최상의 명품이라고 확신했지만, 마에다가 부르는 값은 당시 청자 거래에서 유례가 없는 고가, 2만 원●이었다. 그러니 누구도 선뜻 사겠다고 나서지 못하고 있었.

골동품상은 명품을 만나면 살 만한 손님을 먼저 생각해본다. 물건이 좋다고 무턱대고 구입했다가 팔지 못하면 엄청난 자금 압박을 받기 때문이다. 마에다는 골동품상들의 그런 관행을 알기에 천학매병의 사진을 찍어 유명 골동품상들에게 돌렸다.

● 2만 원이면 당시 경성 시내에 있는 여덟 칸짜리 기와집 스무 채 값이었다. 요즘 서울의 아파트 평균 시세를 3억이라고 보면 60억 원의 가치다.

신보가 천학매병의 사진을 가지고 전형필을 만난 건, 성북동의 북단장 공사를 끝내고 박물관 공사가 한창이던 1935년 봄이었다.

"간송, 보물 중의 보물이 나타났습니다."

신보는 사진을 전형필에게 건넸다. 흑백 사진이지만, 매병의 완만한 곡선과 구름 사이로 날아가는 수십 마리 학의 모습은 또렷했다.

"그렇게 아름다운 옥색은 처음 봤습니다. 마에다 상은 수천 마리의 학이 구름을 헤치고 하늘로 날아가는 것 같다면서 천학매병이라고 이름 붙였더군요. 제가 본 고려청자 가운데 가장 훌륭합니다."

"총독부에서 만 원을 주겠다고 한 청자가 바로 이겁니까?"

전형필도 소문을 들었던 것이다.

"그렇습니다. 마에다 상이 비록 일본인이라고 해도 총독부의 제안을 거절하기가 쉽지 않았을 텐데, 평생 처음이자 마지막으로 잡은 명품으로 생각하고 계속 사진을 뿌리는 겁니다."

"그렇다면 곧 일본 골동품계에도 이 사진이 퍼지겠군요."

"마에다 상의 장인인 아마이케 상도 사진을 여러 장 가져갔다고 하니, 생각이 있으시다면 서둘러야 합니다."

"호가가 얼맙니까?"

"마에다 상은 2만 원을 부르고 있지만, 이제까지 없던 가격이니 어느 정도는 흥정이 가능할 것도 같습니다."

전형필은 다시 한 번 사진을 보았다. 사진만으로도 명품임에 틀림없었다.

"알겠습니다, 신보 선생. 내일이라도 볼 수 있게 주선을 해주시오."

전형필의 목소리는 조용했지만 단호했다.

구름 사이로 학이 날아올랐다. 한 마리가 아니라 열 마리, 스무 마리, 백 마리…… 구름을 뚫고 옥빛 하늘을 향해 힘차게 날갯짓을 한다. 불교의 나라 고려가 꿈꾸던 하늘은 이렇게도 청초한 옥색이었단 말인가. 이 색이 그토록 그리워하던 영원의 색이고 무아無我의 색이란 말인가. 세속의 번뇌와 망상이 모두 사라진 서방정토西方淨土란 이렇게도 평화로운 곳인가.

전형필은 구름과 학으로 가득한 청자를 잡고 한 바퀴 빙그르 돌려보았다. 그러고는 고개를 끄덕이며 신보를 바라보았다. 흥정을 시작해보라는 표시였다.

"마에다 상, 가격을 말씀해보시지요."

신보가 자세를 바로잡으며 흥정할 태세를 갖추었다.

"신보 상, 이미 말씀드렸듯이 2만 원이오."

"이제까지 2만 원에 거래된 청자 매병은 없습니다. 그건 마에다 상도 잘 아시지 않습니까. 총독부에서 제시했던 만 원에 5천 원을 더 드리겠습니다. 이 정도 가격이면 지금까지 거래된 청자 매병 중에서 최고가입니다."

"신보 상, 이만한 명품이 또 나올 거라고 생각하시오? 이 매병은 평생에 한 번도 만나기 힘든 명품 중의 명품이오."

마에다는 빙그레 웃으며 신보를 바라보았다. 어쩌면 그 웃음은 조선인에게 이만한 값을 치를 배짱이 있겠느냐는 비웃음인지도 몰랐다.

"에헴!"

전형필이 헛기침을 했다. 마에다도 신보도 전형필 쪽으로 시선을 돌렸다. 전형필이 살짝 미소를 띠며 말했다.

청자 상감 운학문 매병, 높이 41.7cm, 고려시대(13세기 중기), 국보 제68호, 간송미술관 소장.

"마에다 선생, 이렇게 귀한 청자를 수장할 기회를 주셔서 감사합니다. 내가 인수하겠소."

전형필은 서화 골동이 눈앞에 나타났을 때, 자신의 취향보다는 그것이 이 땅에 꼭 남아야 할지 아니면 포기해도 좋을지를 먼저 생각했다. 그래서 숙고熟考는 하지만 장고長考는 하지 않았고, 때문에 보존할 가치가 있는 문화유산이 나타났을 때 놓친 적이 거의 없다. 천학매병도 마찬가지였다.

전형필은 눈이 휘둥그레진 마에다 신보에게 살짝 고개를 숙여 보이고는 안채로 들어갔다.

잠시 후, 전형필이 커다란 가죽 가방을 마에다 앞에 내려놓았다.

"마에다 선생, 2만 원이오."

마에다 신보는 다시 한 번 놀란 표정으로 전형필을 바라보았다. 이제 막 서른을 넘겼을까 싶은 청년이 2만 원에서 한 푼도 깎지 않고 곧바로 현금 가방을 들고 나왔다는 사실이 도무지 믿기지 않았다.

전형필로서도 이렇게 큰돈을 하룻저녁에 준비하기란 쉽지 않았다. 박물관을 짓는 데 들어가는 공사비와 자재 구입비가 상당했고, 얼마 전 일괄로 서화를 구입하는 데 큰돈이 들어갔기 때문이다. 그러나 전형필은 전날 천학매병의 사진을 봤을 때 이미 다시 만나기 어려운 명품 청자라고 판단하고 마음을 굳혔다. 그래서 미리 박물관 공사 대금까지 모아 현금 가방을 준비해두었던 것이다.

물론 마에다 신보의 흥정을 좀 더 지켜볼 수도 있었다. 하지만 만약 마에다가 더 이상 흥정을 하지 않겠다면서 천학매병을 다시 오동나무 상자에 담는 상황은 보고 싶지 않았다. 그때는 자존심을 버리고 마에다에게 사정을 하든지 아니면 포기해야만 하기 때문이었다.

"신보 선생도 수고 많았소. 내가 저녁 자리를 준비하고 연락하리다."

당시 이렇게 거래가 성사되면 중간에 다리를 놓은 거간은 양쪽으로부터 2퍼센트 정도의 구전을 받는 것이 통례였다. 그러나 전형필은 마에다 앞에서 신보에게 구전을 건네는 건 모양새가 좋지 않다고 생각해 이렇게 말한 것이다.

신보는 천학매병을 오동나무 상자에 넣는 전형필을 보면서 전율을 느꼈다. 참으로 무서운 승부사다. 이렇게 큰 거래를 이토록 전광석화처럼 끝내는 경우는 듣도 보도 못했다. 천학매병이 정말 그 정도의 가치가 있는 것일까? 혹 전형필의 허세는 아닌가?

전형필은 눈썹 하나 까딱하지 않고 보자기에 오동나무 상자를 차분히 갈무리했다. 그 표정은 어찌 보면 희열에 찬 것 같기도 했다.

야마모토, 스즈키, 신창재를 거쳐 마에다에게 흘러간 귀물 천학매병은 2만 원이라는 거금을 치른 끝에 드디어 전형필의 수중에 들어오게 되었다.

전형필은 택시를 불러 정중하게 마에다와 신보를 배웅했다. 차에 탄 마에다는 돈 가방을 가슴에 안으며 신보에게 몇 번이나 고맙다는 인사를 했다. 그러나 크게 한 건 했다는 기쁨과 함께, 자신이 무언가에 홀린 것 같다는 생각을 떨칠 수가 없었다.

이틀 후, 마에다의 집에 장인 아마이케天池가 호탕한 웃음과 함께 들이닥쳤다.

"사위! 기쁜 소식이 있어 전화도 하지 않고 왔네."

그는 일본에서 경성으로 온 골동품상 1세대로, 명동에서 큰 골동품 상점을 운영하면서 일본의 대수장가들을 단골로 확보하고 있었다.

마에다는 장인을 보는 순간, 자신을 홀린 것이 무엇이었는지 어렴풋이 떠오르며 불길한 예감에 휩싸였다.

"자네도 오사카에 사는 대수장가 무라카미 상 알지?"

"예. 장인어른의 단골이고, 경성 구락부에서 비싼 청자를 많이 낙찰받는 분이라는 정도로 알고 있습니다."

장인이 자신을 찾아온 목적을 눈치챈 마에다의 목소리에는 이미 기운이 없었다.

"그 무라카미 상에게서 오늘 아침 전보가 왔다네. 자네가 가지고 있는 그 천학매병을 사겠다고 말이야. 내가 그 사진을 속달로 보냈거든, 하하하!"

아마이케는 사위가 큰돈을 벌고, 자신도 두둑한 구전을 챙길 수 있게 되었다는 생각에 계속 호탕하게 웃었다.

"예…… 그런데 장인어른, 그 천학매병이 벌써 제 손을 떠났습니다. 미리 말씀을 해주셨더라면 기다렸을 텐데…… 죄송합니다."

마에다의 이야기를 들은 아마이케의 얼굴에는 낙담이 가득했다. 워낙 값이 비싸 쉽게 팔리지 않을 거라고 생각해 방심했던 것이다.

"그렇게 큰 물건을 누가 그렇게 빨리 샀지?"

아마이케는 노회한 골동품상답게 다음 방법을 생각하며 물었다.

"신보가 중간에 섰는데…… 전형필이라는 서른 안팎의 청년입니다. 10분 만에 한 푼도 깎지 않고 현금 가방을 건네 저도 깜짝 놀랐습니다."

마에다 역시 장인이 다음 방법을 생각하고 있음을 눈치채고, 전형필에게 받은 돈의 액수를 알려주었다.

"거간인가?"

"신보의 말에 의하면 수장가인 것 같습니다. 그동안 서화를 주로 수집해서 고려청자나 조선백자는 별로 수장하고 있지 않지만, 집의 규모로 볼 때 재력은 꽤 있는 것 같았습니다."

"이거 참! 무라카미 상은 오랜 단골인데, 사위가 갖고 있던 물건을 놓쳤으니 내 체면이 말이 아니게 되었네."

마에다는 장인의 탄식에 큰 죄라도 지은 사람처럼 고개를 숙이고 아무 말도 하지 못했다.

"자네 생각에는 그 청년에게 웃돈을 얹어주면 되팔 것 같은가?"

아마이케는 젊은 조선 청년이 한 푼도 깎지 않았다니 얼마를 더 얹어야 할지 난감했다. 그러나 무라카미가 전보를 보낼 정도로 탐을 내고 있으니 몇천 원 정도 더 주는 것은 큰 문제가 안 될 것 같았다.

"글쎄요, 저도 이번이 첫 거래였으니…… 중간에 섰던 신보를 만나보시면 좀 더 자세하게 알 수 있지 않을까요?"

마에다는 천학매병이 장인과 무라카미가 웃돈을 줄 정도로 탐내는 물건이라는 사실이 실감나기 시작했다. 전형필이 돈 가방을 내려놓던 모습과 솔개가 병아리를 낚아채듯 천학매병을 오동나무 상자에 담을 때 얼핏 스쳤던 표정이 떠올랐다. 횡재는 자신이 한 게 아니라 전형필의 몫인지도 모른다는 생각이 뇌리를 스쳤다.

아마이케는 서둘러 신보를 만났다. 그러나 신보는 고개를 저었다. 전형필이 결코 천학매병을 되팔지 않을 거라고 확신한 신보는 중간에 서달라는 부탁을 일언지하에 거절했다. 되팔라는 말을 꺼냈을 때 전형필이 어떤 표정을 보일지 그리고 자신을 어떻게 생각할지 너무나 잘 알고 있었던 것이다.

끝내 신보를 설득하지 못한 아마이케는, 그간의 사정을 적은 편지를 무라카미에게 보냈다. 그런데 놀랍게도 무라카미가 천학매병을 직접 보고 싶다는 답장을 보내왔다. 사진으로 본 천학매병은 명품 중의 명품이었다. 그런 당대의 명품을 수장하면 자신이 갖고 있는 다른 청자들도 덩달아 대접받을 수 있을 것 같아, 직접 본 후 전형필을 설득할지 말지 결정하고 싶었던 것이다.

신보는 천학매병을 볼 수만 있게 주선해달라는 부탁까지 거절할 수는 없어 전형필에게 그런 뜻을 전달했다.

얼마 후 무라카미는 신보와 함께 전형필의 사랑채를 찾았다. 일본의 대수장가가 조선 청년이 수장하고 있는 고려청자를 보기 위해 현해탄을 건너왔다는 사실에 경성 골동품계는 온통 술렁이고 있었다. 골동품상들은 두 사람의 회동을 촉각을 곤두세운 채 지켜보고 있었다.

나이 오십이 넘은 무라카미村上였다. 그러나 그는 대수장가답게 서른 살의 젊은 청년 전형필에게 정중하게 예의를 갖췄다. 전형필 역시 자신의 수장품을 감상하러 온 일본인 연장자에게 정성껏 다과를 대접한 후, 보자기에 싸인 오동나무 상자를 들고 나왔다.

마침내 전형필이 오동나무 상자 뚜껑을 열고 천학매병을 꺼내 무라카미에게 건넸다. 무라카미는 떨리는 손으로 천학매병을 받아들고는 넋을 잃은 듯 바라보았다.

"이렇게 많은 학이 옥색 하늘을 향해 날아가는 청자는 본 적이 없습니다. 정말 훌륭한 고려청자를 수장하셨군요."

"칭찬을 해주시니 감사합니다."

무라카미의 찬사에 전형필은 잔잔한 미소를 지으며 화답했다. 무라카미는 천학매병을 이리저리 돌려보며 감탄을 연발했고, 전형필과 신보는 흐뭇한 표정으로 그런 모습을 지켜보았다.

"사실 수장가들 중에는 자신의 수장품을 보여주지 않는 사람이 많은데, 이렇듯 귀한 청자를 직접 볼 수 있게 해주셔서 정말 감사합니다."

무라카미는 천학매병을 전형필에게 건네며 다시 한 번 정중하게 고개를 숙였다.

"천학매병을 보시기 위해 현해탄을 건너오신 선생님의 열정에 경의를 표합니다. 저도 언젠가 일본에 갈 일이 있을 때 무라카미 선생의 수장품을 꼭 감상하고 싶습니다."

"제 수장품 중에 이렇게 훌륭한 청자는 없지만, 언제든지 오시면 기꺼이 보여드리겠습니다. 그리고 제가 오늘 큰 안복을 누렸으니, 내일쯤 저녁을 대접하고 싶습니다."

무라카미는 천학매병이 몹시 탐났다. 그러나 남의 수장품을 감상하러 온 자리에서 대뜸 양보해달라고 하는 건 예의가 아니기에 저녁 초대를 하고, 협상할 가격을 생각하기 위해 하루 말미를 둔 것이다. 전형필도 무라카미의 속내가 짐작되었지만 일본에서 찾아온 나이 든 수장가의 정중한 부탁을 거절할 수 없어 초대를 받아들였다.

전형필과 무라카미 그리고 신보 세 사람이 만난 곳은 일본인들이 모여사는 남산 아래 조용한 일본 식당이었다. 식사가 끝나고 술이 몇 순배 오가자 무라카미가 조심스럽게 말문을 열었다.

"어제 댁에서 본 천학매병이 눈에서 지워지지 않아 잠을 제대로 못 잤습니다."

"무라카미 선생께서 제 수장품을 이렇게 사랑해주시니 마음이 뿌듯합니다. 조선에 오셨을 때 또 보고 싶으시면 언제든 연락을 주십시오."

전형필이 보여는 주되 팔지는 않겠다는 뜻을 확실히 하자 무라카미는 맥이 풀렸다. 그러나 그 정도 말에 포기할 무라카미가 아니었다.

"고려청자를 사랑하는 마음은 저와 간송이 다를 바 없다고 생각합니다. 다만 간송은 아직 젊으시고 저는 벌써 오십을 넘겼으니, 간송에게는 앞으로도 좋은 고려청자를 수장할 기회가 여러 번 오겠지만, 저에게는 별로 기회가 없습니다. 그래서 드리는 부탁인데, 제가 여생 동안 천학매병을 감상할 수 있도록 간송께서 양보를 해주실 수는 없으시겠는지요?"

무라카미는 전형필의 자존심을 건드리지 않고 동정심을 불러일으키기 위해 오히려 자신의 자존심을 내려놓았다. 진심으로 고려청자를 사랑하는 마음과, 천하의 보물을 얻어 수장가로서의 이름을 빛내려는 명예욕 때문이었으리라.

"선생께서 이리 정중하게 말씀하시니 제가 무척 당혹스럽습니다. 그러나 저는 이제 겨우 청자 수집을 시작한 처지라, 천학매병을 양보해도 괜찮을 만큼 수장품이 많지 않습니다. 그렇게 이해하시고 말씀을 거둬주십시오."

전형필의 정중한 거절에 무라카미의 표정이 비장해졌다.

"간송께서 치르신 값의 두 배를 드리겠습니다."

최후의 방법이었다. 방 안에 정적이 흘렀다. 신보는 자신의 귀를 의심하며 침을 꿀걱 삼켰다. 며칠 만에 기와집 스무 채 값을 버는 것이다. 신보는 두 사람을 번갈아 바라보았다. 팽팽한 긴장감이 감돌고 있었다.

"무라카미 선생, 실례가 안 된다면 제가 한 가지 제안을 드려도 되겠습니까?"

무라카미의 눈이 반짝 빛났다. 가격을 좀 더 올리겠다면 응할 생각이 있었다. 신보도 숨을 죽이고 전형필의 입만 바라보았다.

"선생께서 천학매병보다 더 좋은 청자를 저에게 주신다면, 그 대가는 시세대로 드리는 동시에, 천학매병은 제가 치른 값에 드리겠습니다."

잠시 침묵이 흘렀다. 전형필은 잔잔한 눈길로 무라카미를 바라보았고, 신보의 입가에는 알 듯 모를 듯 미소가 흘렀다.

무라카미가 호탕하게 웃으며 말했다.

"젊은 분의 기백이 정말 대단하십니다. 제가 졌습니다. 저의 결례를 마음에 두지 말고 웃음으로 넘겨주시면 고맙겠습니다."

무라카미는 청년 전형필을 향해 고개를 숙였다. 전형필도 천학매병을 양보해드리지 못해 죄송하다는 인사로 화답했다. 무라카미는 전형필에게 앞으로 '조선 제일의 수장가'가 되라고 덕담했다. 광복 후(1962년 12월 20일) 국보 제68호로 지정된 '청자 상감 운학문 매병'은 이렇게 조선 땅에 남았다.

조선 제일의 수상가! 그것은 멀고도 험한 길이다. 돈이 있다고, 안목이 있다고 쉽게 갈 수 있는 길이 아니다. 돈과 안목뿐 아니라 명확한 책임의식과 과감한 결단력이 함께하지 않으면 갈 수 없는 길이다.

전형필은 스물네 살 때 '조선 거부巨富 40명'에 들 정도로 엄청난 유산을 물려받았다. 그러나 그는 편안히 유유자적 사는 대신, 젊음과 재산을 다 바쳐 아무도 가지 않은 길을 갔다. 조선의 문화예술사에 관한 연구가 거의 없던 시기였기에 외롭고 어려운 길이었다. 일제가 흔적까지 지우려고 했던 조선의 혼을 지키는 일이었기에 곤혹스러운 일도 겪어야 했다. 그러나 간송 전형필은 허허 웃으며 그 길을 갔다.

무거운 짐을 진
식민지 소년

무거운 짐을 진
식민지 소년

1906년 7월 29일, 종로 4가 112번지 아흔아홉 칸 전 대감 댁에서 고고성이 울렸다. 잠시 후 안채에서 어멈 하나가 사랑채 쪽으로 고꾸라지듯 달려나왔다. 중문에서 집사를 만났지만 숨이 가빠 말이 안 나오자 손짓발짓을 했고, 집사는 두 손을 번쩍 치켜들어 만세를 부르더니 사랑채로 내달렸다.

"뭐냐?"

풍채와 외모는 번듯한 대감 양반이지만 얼굴에는 초조함이 가득 밴 판박이 노인 둘이 누가 먼저랄 것도 없이 집사를 바라봤다.

"됐습니다, 됐어요."

"됐단 말이냐?"

두 노인은 서로 얼굴을 바라보았다. 눈에는 어느새 눈물이 고였다.

"됐네, 아우님……."

"예, 형님. 이제야 비로소 대를 잇게 되었습니다."

형제는 배오개梨峴에서 가장 큰 상권을 가지고 있는 76세의 형 전창엽과 무과에 급제해 종2품 가선대부까지 지낸 69세의 아우 전창렬이다. 형과 동생이 아흔아홉 칸 한집에 대문만 따로 내어 살았는데, 전창렬이 하늘같이 높은 대감마님이었으므로 이웃들이 '대감 댁'으로 불렀다.

전창엽이 종이 한 장을 내밀었다.

瀅弼.

"예, 형님. 형필이라…… 하하하! 형 자 항렬에 도울 필 자, 내 손자 형필이!"

사실 지금 막 태어난 전형필은 형인 전창엽의 손자다. 전창엽은 영기와 명기 두 아들을 두었다. 그러나 동생 창렬이 후사를 보지 못하자, 작은아들 명기를 양자로 보냈다. 그런데 웬일인지 양자로 간 명기에게도 후사가 없었다. 게다가 큰아들 영기도 아들 하나 보고는 끝이었다. 영기의 장남 형설이 벌써 열다섯 살이었다. 이러한 때에 형필이 늦둥이로 태어난 것이다. 영기의 나이 42세, 부인 밀양 박씨는 45세였다. 경사도 그런 경사가 없었다.

"아들을 주셨으니 손자도 주셔야겠습니다, 형님."

"아무렴, 아들을 낳으면 그리 하세나."

그렇게 두 할아버지 사이에 약속이 되어 있었으므로, 형필은 태어나자마자 작은아버지이자 당숙인 전명기의 양자가 되었다. 양자로 들어갔다지만, 양부모에 양조부모까지 다 한집에 살았으므로, 양육은 그대로 친부모가 맡았다.

전형적인 무반 집안에서 태어난 전영기는 무관을 지내다가 중추원 의관議官을 역임한 후, 종로 4가와 종로 6가를 잇는 배오개 장터에서 몇 대째 운영해온 미곡상을 물려받아 경영하고 있었다. 배오개는 종로 4가의 옛 이름이고, 배오개장은 경기도 동북부에서 생산된 농산물이 주로 거래되는 큰 시장이었다.

무반 가문이 몇 대째 장사를 한다는 것이 이상할 수 있지만, 조선시대에는 무반들이 장사를 겸했다. '선비의 나라'를 표방한 조선은 군비軍費를 제대로 조달해주지 않았다. 대신 무반들에게 장사를 허락함으로써 군비를 충당할 수 있게 했고, 무반들은 어영청 근처인 배오개 장터에서 장사를 시작했다. 무반이었던 전형필의 5대조 역시 마찬가지였다.

전형필의 외조부인 송암 박태윤은 훈련원 첨정을 지낸 인물로, 같은 무반 집안끼리 혼사를 맺은 것이었다. 궁내부 주사를 지낸 외숙부 박대혁의 3남 1녀 중에 둘째 아들이 월탄 박종화로, 형필보다 다섯 살 위였다. 외사촌 형으로서 그는 전형필의 소년, 청년 시절에 많은 영향을 끼쳤다.

1915년 초여름, 열 살이 된 전형필은 아버지를 따라 서소문 부근 자암동(의주로 2가)에 있는 외숙부 박대혁의 집을 방문했다. 외할아버지와 외숙부가 모두 큰 벼슬을 지낸 터라 집의 규모가 친가 못지않았다. 대문을 들어서서 넓은 마당을 가로질러 중문을 지난 다음에도, 내실로 통하는 문을 지나 작은 마당을 가로질러야 외실로 나가는 중문이 나왔다. 이 중문 옆으로 일고여덟 칸은 됨직한 광이 있고, 중문 맞은편에는 바깥담을 벽 삼아 네댓 칸의 마구간이 보였다. 그 옆으로는 행랑채가 대여섯 칸 이어졌다. 바깥채에서 사랑 중문을 들어서면 높은 사랑이 남쪽을 향해 자리 잡고 있었다.

간송 전형필의 돌사진(1907년), 유족 소장.

흰색 바지저고리에 연두색 조끼를 입고 머리는 뒤로 땋아 검정 댕기를 드린 형필이 외숙부에게 큰절을 올린 후 무릎을 꿇고 앉았다.

"내가 그동안 수원을 오가며 지내느라 돌 때 본 후로 보질 못했는데, 많이 컸구나. 형필이 나이가 올해 몇이냐?"

전형필이 돌 되던 1907년 7월, 고종 황제 폐위 사건이 일어나 백성들의 분노가 하늘을 찔렀다. 마침 근처에 있던 매국노 이완용의 집이 습격당하면서 총격전이 벌어졌고, 한 달 후 대한제국 군대가 해산되던 날에도 부근에서 총격전이 벌어지자, 박대혁은 3남 1녀를 수원의 외가로 피난 보냈던 것이다.

"열 살입니다."

"글공부를 열심히 한다고 네 어머니가 그러더구나. 그래, 무슨 책을 읽고 있느냐?"

"《소학小學》과 《사략史略》, 《당시唐詩》를 읽고 있습니다."

"그래? 그럼 내가 오늘 네가 《소학》을 정말 열심히 공부하는지 시험해봐야겠구나. 성현께서는 몸가짐에 부끄러운 일이 없어야 한다고 하셨다. 《소학》에서 이르는 아홉 가지 몸가짐이 무엇인지 알고 있느냐?"

"예, 외숙부님. 발은 무겁게, 손은 공손하게, 눈은 바르게, 입은 신중하게, 소리는 고요하게, 머리는 똑바르게, 숨소리는 고르게, 설 때는 의젓하게, 낯빛은 단정하게 해야 합니다."

"하하하! 바로 맞혔다. 나는 그 아홉 가지 몸가짐을 잘 살펴 행하지 않고서 훌륭한 선비가 된 사람을 아직 보지 못했다. 너는 손이 귀한 정선 전씨 가문의 아들이니, 특별히 몸과 마음을 바로 가져 선조들의 혁혁하신 명성을 이어나가는 데 부족함이 없어야 할 것이다."

"예, 외숙부님."

박대혁은 노복을 불러 둘째 아들 종화를 데려오게 했다.

곧, 키는 작지만 체격이 좋은 박종화가 들어왔다. 그도 고모부 전영기를 오랜만에 보는 터였다.

"코흘리개 때 봤는데 벌써 청년이 되었구나."

전영기가 박종화의 절을 받으며 흐뭇해했다.

박종화가 무릎을 꿇고 앉자 박대혁이 턱으로 전형필을 가리켰다.

"형필이는 너의 고종 아우가 된다. 앞으로 친하게 지내도록 하여라."

"예, 아버님."

"종화는 올해 열다섯 살이고 너에게는 외종 형인데, 배울 점이 있을지도 모르겠구나."

전형필이 박종화를 힐끗 쳐다보았다. 형필의 눈길을 받은 종화가 살짝 미소를 보냈다.

"아우 데리고 물러가겠습니다."

박종화가 일어서며 전형필의 어깨를 툭 건드렸다. 박대혁도 전영기도 흐뭇한 표정으로 고개를 끄덕였다.

박종화는 전형필을 서당채로 데려갔다. 권수를 가늠하기 어려울 정도로 많은 책이 서가에 가지런히 꽂혀 있었다. 이렇게 많은 책을 처음 본 전형필의 눈이 휘둥그레졌다.

"너도 책을 좋아하는 모양이구나. 내가 아우는 제대로 얻은 것 같은데, 하하하! 네가 읽을 만한 책도 더러 있을 터이니 언제든 놀러 와."

"정말요? 고맙습니다."

"나는 조부님께 해아(海牙, 헤이그) 만국회의에서 이준 어르신이 할복하신 일, 기유년(1909)에 이재명이라는 분이 이완용을 살해하려다 실패한 이야기, 안중근이라는 분이 이등박문(伊藤博文, 이토 히로부미)을 저격한 일 등을 들으면서 컸어. 조부님께서는 나라가 이런 일을 당한다고 비분강개하면서 탄식만 해서는 안 되고, 책을 더욱 가까이해 학식을 길러야 한다고 하셨지."

월탄의 조부 박태윤은 선각자였다. 그의 사랑에는 유길준, 조진태, 한규설, 이승훈 같은 개화파 지식인들이 자주 드나들었다. 그가 틈틈이 어린 손자에게 민족과 역사에 대해 이야기해준 것이다. 박종화는 그때를 생각하는 듯 잠시 말을 멈췄다가, 서안 위에 놓인 책을 집어들고 의젓한 목소리로 말했다.

"요즘 내가 읽고 있는 《동사東事》라는 책인데, 미수 허목이라는 분이 숙종 임금 때 지은 역사책이야."

"역사책이라고요?"

"아, 너는 아직 우리나라 역사책을 보지 못했겠구나. 네가 더 크면 자세하게 이야기해줄 기회가 있겠지만, 이렇게 왜놈들이 설치는 세상일수록 우리나라를 더 아끼고 사랑해야 해. 그러려면 우리나라가 어떻게 이어져왔는지를 알아야 하거든. 사람이 예로부터 지금까지 어떻게 살아왔는지를 기록한 것이 바로 역사야. 이 책을 보면, 우리나라는 단군으로부터 신라 말에 이르기까지 대국은 여섯이요, 부용소국(附庸小國, 종주국에 속하여 명령을 좇는 약소국)이 열이나 되던 엄연한 방외方外의 별국別國이었어. 우리나라가 지금은 비록 왜놈들 손아귀에 있다 하나, 이는 결코 오래가지 않아. 왜놈의 역사가 우리의 역사를 이길 수 없기 때문이지."

박종화는 웅변을 하듯 열변을 토했다. 그러나 겨우 열 살인 전형필로서는 무슨 말인지 잘 이해가 되지 않아, 혼잣소리 하듯 중얼거렸다.

"예…… 그러니까 책을 많이 읽어야 한다는 거지요?"

"그래, 바로 그 말이야. 네가 간단하게 정리를 잘하는구나, 하하하!"

전형필은 이렇게 외종 형 박종화를 만났고, 그의 서재에서 또 하나의 세상을 보았다.

전형필은 열두 살이 되던 1917년 봄, 어의동(於義洞) 공립 보통학교(지금의 효제 초등학교)에 들어갔다. 이 학교는 1895년 11월 15일 관립 양사동 소학교로 개교했다가 뒷날 어의동 공립 보통학교로 이름을 바꿨다. 근대식 초등교육 기관으로는 네 번째로 생긴 학교로서 이과, 산수, 도화, 창가, 외국어, 만국지리 등 과학과 실용 지식을 함께 가르쳤다.

일제는 한일 강제병합 이전부터 교육에 대한 통제를 시작했고, 통감부는 1906년 종래의 학교 제도를 전면적으로 개편하면서 '소학교'라는 이름을 '보통학교'로 바꿨다. 학제가 일본식으로 바뀌자, 일부 학부모들은 자녀를 학교에 보내는 것은 곧 일본인으로 만드는 것이라 여겨 집에서 공부를 시키거나 서당에 보냈다. 그러나 전형필의 양부인 전명기는 신식 학교에서 신식 교육을 받아야 변화하는 세상을 바로 볼 수 있다고 믿었다.

어의동 보통학교의 경우, 1회 졸업생은 불과 19명이었으나, 자식에게 신식 교육을 시키려는 부모가 점차 늘어나, 전형필이 졸업한 13회에는 그 수가 85명으로 증가했다. 얼마 뒤에는 지원자가 너무 많아 입학시험을 쳤는데, 어느 해엔가는 경쟁률이 11대 1이나 되어 신문에 보도되기

어의동 공립 보통학교 제13회 졸업 사진(1921년), 유족 소장.
앞에서 네 번째 줄 오른쪽 끝, 흰 두루마기에 흰 모자 차림의 학생이 전형필이다.

도 했다.

전형필은 보통학교에 입학할 당시 친조부 전창엽과 양조모의 상이 끝나지 않아 흰 두루마기를 입고 다녔다. 그런데 같은 해 11월에는 양조부 전창렬이, 두 달 뒤인 1918년 2월에는 친조모가 세상을 떠났다. 혈육을 잃은 아픔은 거기서 멈추지 않았다. 다음 해인 1919년 10월에는 양부 전명기가, 보름 후에는 친형인 전형설이 스물여덟이라는 젊은 나이에 후사도 없이 급사했다. 이렇듯 계속된 집안의 상으로 인해 전형필은 친가와 양가의 유일한 적손이 되었고, 1921년 3월 보통학교를 졸업할 때까지 계속 흰 두루마기를 입고 다녀야 했다.

1921년 봄, 보통학교를 졸업한 열여섯 살의 전형필은, 외숙부 박대혁의 강력한 권유로 휘문 고등 보통학교(휘문고보)에 입학했다. 외종 형 박종화 역시 열여섯 살 때인 1916년 휘문고보에 들어가 1920년에 졸업했는데, 박대혁은 매제 전영기에게 휘문에 재직하는 선생들이 민족의식이 투철하고 각 방면의 개척자라고 극찬했다. 게다가 일제의 탄압이 아직 사립 학교에까지는 미치지 않아 관립 학교에 비해 식민지 교육이 덜하다는 것도 추천 이유였다. 늘 믿고 의지하는 처남의 권유였으므로 전영기로서는 가타부타할 이유가 없었다.

전형필은 휘문고보에 합격하자마자 박종화를 찾아갔다. 박종화는 휘문을 졸업한 후 대학 진학도 일본 유학도 마다한 채 문인의 길을 가기 시작했다. 졸업 즈음인 1920년 2월에 종합 월간지《서광》에〈평양행〉이라는 기행문을 발표했고, 같은 해 5월에는 동창인 정백과 함께《문우》라는 계간 순수 문예지를 창간했다. 그리고 8월에 발간된《서광》7호에

시 〈쫓김을 받는 이의 노래〉를 발표해 시인으로 등단했으며, 이 무렵부터 월탄月灘이라는 아호雅號를 사용했다.

전형필이 찾아갔을 때, 박종화는 시 전문 잡지 《장미촌》* 창간 준비 작업으로 정신이 없었다.

"그동안 평안하셨는지요? 제가 자주 찾아뵙고 가르침을 받았어야 했는데, 집안에 상이 겹쳐 형님 혼례식 때도 인사를 드리지 못했습니다. 송구합니다."

박종화는 당시의 시속에 따라 휘문고보 2학년 때인 1917년, 한 살 위인 김창남과 결혼했다.

"아니다. 네가 어린 나이에 큰일을 치르느라 고생이 많았지. 더욱이 양부와 친형님이 그렇게 갑자기 세상을 떠나실 줄 누가 알았겠어. 그래도 이제 슬픔을 딛고 휘문엘 다니게 되었다니, 아우뿐 아니라 후배가 되어 더욱 뿌듯하구나."

"예, 형님. 이제 형님을 자주 찾아뵙고 많은 가르침을 받겠습니다."

"가르침은 무슨, 서로 말벗이나 되어주는 게지. 휘문에는 숙장(교장)이신 박중화 선생님을 비롯해 좋은 선생님이 많고, 명문대가의 자제가 많이 다니니 좋은 동무도 많이 사귈 수 있을 거야. 나도 학교 다닐 때 홍사용, 안석영, 김장환 같은 좋은 동무들과 정지용, 이태준 같은 후배들과 문우회를 만들어 서양 문호들의 작품을 함께 읽었단다. 또 왜놈들이 불온문서를 만들까 봐 사용하지 못하게 한 등사판으로 《피는 꽃》이라는

● 1921년 5월에 창간된 우리나라 최초의 시 전문지. 동인으로 황석우, 변영로, 노자영, 박영희, 박종화, 신태악, 박인덕, 오상순 등이 참여했다.

회람 잡지를 만들기도 했지."

"예, 저도 좋은 동무를 많이 사귀겠습니다. 그런데 형님 댁에 들어오다 보니 전에 없던 책방이 보이던데요?"

"응, 그건 조부님께서 아들처럼 돌봐주시는 지송욱 아저씨가 의견을 내서 만든 책방(신구서림新舊書林)이야. 처음에는 인출방에서 찍어낸 사서삼경을 시골과 서울로 매매하는 책사(冊肆, 서점)였어. 그런데 옛날 책만으로는 장사가 어렵다면서 조부님께 허락을 얻어 마구간을 헐고 길가 전면에 서점을 낸 거야. 지금은 사서삼경뿐 아니라 신학문과 신소설 책도 진열해서 팔고 있어."

"예, 그렇군요."

"네가 어려서도 책에 관심이 많더니, 오늘도 책타령이구나. 그럼 오늘은 인출방과 책사에서 책 만드는 걸 보여주고 책방도 구경시켜주마."

"고맙습니다, 형님."

인출방은 일하는 이들로 법석거렸다. 먹물을 동이동이 담아놓고 머리털로 만든 쇄자刷子에 먹여 목각판에 문지른 다음, 반듯하게 도려친 백지장을 판 위에 올려놓고 다시 마른 쇄자로 문지르자 글자가 선명하게 박혀나왔다. 박종화는 넋을 놓고 바라보는 전형필에게, 목판에 먹똥이 끼어 인쇄가 선명하지 못하면 황밀黃蜜덩이로 판을 문질러 닦아낸다고 설명했다.

옆방에서는 인쇄된 종이를 순서대로 추려서 송곳으로 뚫은 다음 노끈으로 묶고 도련을 치고, 치자 물을 들여서 문양을 찍은 책의(冊衣, 표지)로 장황粧潢한 다음, 붉은 실로 책을 맸다.

이렇게 책을 완성하면 책사로 넘겨서 전국의 시장과 점포로 보내는 것이다. 신구서림의 서가에는 인출방에서 만든 사서삼경, 납 활자로 찍어낸 《서유견문기》 등의 신학문 책과 《혈의 누》, 《귀의 성》, 《금수회의록》 등의 신소설, 그리고 《홍길동전》, 《사씨남정기》, 《춘향전》 등 옛 소설이 가지런히 진열되어 있었다.

전형필이 서점을 다 둘러보자 자신의 서재로 안내한 박종화는 전형필에게 《서사건국지》를 건네며, 애국지사 박은식이 쓴 책으로 약소국인 스위스가 외세에 대항해서 독립을 쟁취하는 이야기가 담겨 있다고 설

일제강점기의 서점과 신소설

신구서림은 관훈동과 인사동에 있던 박문서관, 동문사, 광학서포, 중앙서림, 대동서시, 회동서관, 한남서림과 함께 우리나라 1세대 서점이다. 신구서림은 옛책을 목판木版으로 출판하면서 신서적을 팔았고, 훗날 전형필이 인수한 한남서림은 헌책을 팔면서 《동국문헌》, 《상밀주해 옥추실경》, 《현토 창선감의록》, 《조선여속고》 등을 목판으로 만들고, 미수 허목의 《척주동해비》 탁본, 단원 김홍도와 회원들이 그린 의궤도 《정조대왕 능행도》 등을 영인 출판했다. 또 회동서관은 목판, 당판唐板을 비롯해 역사나 지리서, 이해조의 《설중매》 같은 신소설을 출판했다. 다른 서점들은 신서적과 구서적을 함께 팔았고, 중앙서림은 신서적을 전문으로 취급했다.

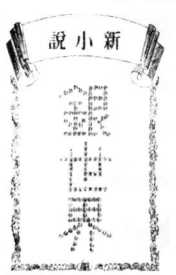

박문서관(◀)과 당시 신소설의 표지(▼)

명했다. 총독부에서 판매를 금지한 책이니 조심하라는 당부도 잊지 않았다. 전형필이 책을 건네받으며 표지를 보니 '정치소설'이라는 글자가 붉은색으로 인쇄되어 있었다. 박종화는 전형필이 책을 훑어보는 사이에 서재 뒤편에서 《유년필독》과 《대한역사》, 《동국사략》을 꺼내 건네주었다.

"이 책들도 총독부에서 판매를 금지한 건데, 우리나라 역사뿐 아니라 단군, 이순신, 강감찬 등 역사인물을 소상하게 설명하고 있어."

전형필은 이렇게 월탄 박종화를 통해 우리 역사와 만났다.

휘문고보에 입학한 전형필은 거의 매주 일요일 신구서림에 갔다. 박종화는 집에 있을 때보다 없을 때가 많았지만, 서점 주인이자 지식인 지송욱이 추천해주는 신학문 책을 두세 권씩 사가지고 와서 밤늦도록 읽었다. 그러나 월탄과는 달리 현대소설에는 큰 흥미를 느끼지 못했다. 오히려 외숙부의 서재에 있는 《연려실기술》, 《동국통감》, 《훈몽자회》 같은 옛책에 더 끌렸다.

외숙부 박대혁은 전형필의 독서열을 기특하게 여겨, 옛책을 수집하고 기록하는 방법을 알려주었다. 책을 잘 간수하는 데 필요한 좀 막는 법과 햇볕 쬐는 법은 물론, 먼저 구할 책과 나중에 구해도 되는 책의 기준에 대해서도 설명했다. 또한 책 목록 만드는 법을 자세히 알려주면서, 옛사람의 좋은 말과 행실을 공부하여 식견을 넓힐 수 있는 책을 꾸준히 읽으라고 조언했다.

전형필이 첫 번째 여름방학을 맞자, 박대혁은 《홍씨독서록》●을 건네주면서, 한문으로 쓰인 서문을 읽고 그 뜻을 말해보라고 했다.

"나는 여섯 살 때 글을 읽을 줄 안 뒤로 이제 서른 해가 지났다. 박학과 다문에 뜻을 두기는 하였으되 그 요령을 터득하지 못해, 제자백가와 술수서에서부터 괴이쩍고 자질구레하고 불경스러운 패관잡기까지 닥치는 대로 읽었다. 하지만 옛일을 알 수 있는 전적典籍이나 세상을 경영하는 일에 대해서는 도리어 공부할 겨를이 없었다."

박대혁이 그만 됐다는 뜻으로 손을 살짝 들어 보였다.

"그만하면 이 책을 충분히 읽을 만하겠다. 방학 때 자세히 읽고 필요하다고 생각되는 책을 골라 목록을 만들어보거라."

"예, 외숙부님."

"너는 이제 집안의 유일한 적손이니 가문의 앞날이 너에게 달렸구나. 부디 좋은 책을 많이 읽어, 가문을 든든한 바위 위에 올려놓는 큰 인물이 되어야 한다."

'가문의 앞날'이라는 말에 전형필은 자신도 모르게 움찔했다. 친부모는 아직 정정하지만, 지난 몇 년간 잇단 상으로 양가 유일의 적손이 된 사실이 실감되었다. 가슴속으로 불덩이가 하나 들어오는 듯 정신이 번쩍 들었다.

"성현의 가르침에 침잠하여 가문에 누가 되는 일이 없도록 노력하겠습니다."

"옛책에 보면, 사람의 기가 바르면 천지의 기가 바르고, 사람의 기가 어지러우면 천지의 기도 어지러워지는 법이라고 했다. 이에 선과 악이

● 조선 후기 좌의정을 지낸 홍석주가 열두 살 아래 동생 홍길주를 위해 만든 독서 안내서. 꼭 읽어야 할 책의 목록과 간단한 해설이 붙어 있다.

나뉘고 만사가 나온다. 사람마다 인품이 다르고 도량의 대소가 있으나, 학문을 닦으면 군자의 도량에 도달할 수 있다고 했느니라."

"예, 외숙부님."

"군자란 희로喜怒의 감정을 중후하게 해야 한다. 특히 함부로 화를 내면 욕됨이 따름을 잊지 말아야 할 것이다."

박대혁의 긴 눈썹이 꿈틀거렸다. 그는 알고 있었다. 어린 조카 형필이 앞으로 가야 할 길이 얼마나 멀고 험난할지를. 수만 석의 재산을 지켜내는 것이 얼마나 힘든 일인지를.

무엇을
할 것인가?

무엇을
할 것인가?

휘문고보는 매주 토요일 학교 수업이 끝나면 모든 학생이 학예, 웅변, 체육, 감찰, 총무, 재무, 편집의 7개 부部 중 하나를 선택해서 졸업생들과 함께 활동하도록 했다. 선후배 사이에 우의를 다질 뿐 아니라 졸업생들에게 출신 학교에 대한 소속감을 심어주려는 의도이기도 했다.

학예부에서는 각종 문학작품을 발표하고, 웅변부에서는 웅변 연습을 열심히 해 웅변대회에 참가했다. 체육부에는 야구부와 축구부가 있어 여러 대회에 참가했고, 감찰부에서는 학풍을 웅건雄建하게 만들기 위한 갖가지 행사를 준비했다. 총무부와 재무부는 학교 행정에 대해 토론하고 심의를 통과한 안건은 학교에 건의했다. 편집부에서는 교지校誌를 만들었다.

전형필은 총무부 활동을 하고 싶었지만, 무관 출신인 아버지의 권유로 체육부에 들어가 야구를 했다. 축구부도 있었지만, 서로 몸을 부딪치면서 쉬지 않고 뛰어다니는 게 적성에 맞지 않아 야구를 택했다.

휘문고보 야구선수 시절 사진(1924년), 유족 소장.

전형필은 학교가 끝난 후 집에 오는 길에는 그리 멀지 않은 인사동과 관훈동의 헌책방에 종종 들렀다. 일요일에는 외숙부 댁에 가 박종화를 만나거나 박대혁에게 책에 관한 이야기를 들었다.

1921년 막 여름에 접어든 6월 어느 날, 박종화는 집에 온 전형필에게 《장미촌》을 건네주었다.

"지난달에 나왔어."

박종화는 〈우웃빛 거리〉●와 〈오뇌懊惱의 청춘〉이라는 시를 발표했다.

"형님, 축하드립니다. 이렇게 좋은 잡지도 만들고 좋은 시도 발표하셨으니 뿌듯하시지요."

"네가 이렇게 축하해주니 고맙구나. 왜놈들 검열 때문에 직접적으로 표현할 수는 없었지만, 시를 통해 우리 민족이 나아갈 길을 말하고 싶었다."

"예, 역시 형님다운 생각입니다. 얼마 전에는, 종로 기독교회관YMCA에서 시낭송회를 하셨다면서요?"

"그 소식을 너도 들었구나. 기독교회관을 빌려 우리나라에서 처음으로 시낭송회를 했는데, 꽤 청중이 많았단다. 재미있는 에피소드도 많았지."

박종화는 그때 일이 생각나는 듯 웃음을 터뜨렸다.

"사실 그날 낭송하는 시인 중에 춘성 노자영이 있었는데, 그가 요즘 《학생계》라는 잡지에 달콤한 연애시를 쓰고, 또 《사랑의 불꽃》이라는 산문집을 내서 여학생들에게 꽤 인기가 높지. 그날 저녁 노자영을 보겠다고 여학생들이 많이 왔는데, 그가 실물은 시와 딴판으로 추남인데다,

---

● 파하려는 제단의 황촛불 같은 / 낫겨운 도장屠場의 담빛과 같은 / 삶을 떠나서 / 빛 없고 바람 없는 삶을 떠나면. / 우웃빛 거리의 죽음 나라로 / 선선한 가벼운 휘장을 헤치어 / 새벽빛 고움을 / 가슴에 안아 / 고요한 마음 미소로 돌아보리라. _ 〈우웃빛 거리〉 부분

키는 제법 크지만 북어같이 말랐고, 얼굴은 흑인 이상으로 까맣단다. 그가 마침내 단 위에 올라 〈불 사루자〉라는 시를 손짓발짓 하면서 소리 높여 읊었지. 그런데 노자영의 열정적인 몸짓에도 불구하고, 실물을 보고 낙담한 여학생들이 "저 사람이 《사랑의 불꽃》을 쓴 노자영이야?"라며 킬킬 웃기만 하고 박수는 치지 않는 거야. 노자영은 결국 얼굴이 벌게져서 무대 뒤로 들어오고 말았단다, 하하하! 그런데 더 재미있는 건, 그때까지 3판을 찍어낸 그의 책 《사랑의 불꽃》이 시낭송회 후로는 도무지 팔리지를 않고, 연애편지도 더 이상 오지 않는다는 거야. 노자영은 시낭송회 때문에 큰 손해를 봤다며 투덜거리고 있지."

박종화는 지금 생각해도 재미있다는 듯, 이야기하다 웃다가를 반복했다. 전형필도 그날의 풍경을 상상하며 월탄을 따라 웃었다.

"형님께서는 계속 자유시를 쓰면서 시인으로 사실 건가요?"

"아니야. 시만 써서는 가족을 부양할 수 없으니, 잡지사를 하나 운영하거나 역사소설을 써볼까 생각 중이다."

"역사소설이라면?"

"이 암울한 시기에 우리 민족이 지난 500년의 조선 역사를 잊지 않고 되돌아볼 수 있는 그런 소설을 구상하고 있지. 그래서 《삼국사기》, 《연려실기술》, 《동국세시기》 등 우리나라 역사와 풍속에 대한 책을 구해지는 대로 읽고 있단다."

"왜놈들의 검열이 점점 심해진다고 들었는데, 우리나라 역사를 소설로 써도 괜찮을까요?"

"이번에 《장미촌》을 낼 때도 왜놈들이 검열하지 못하도록 발행인을 미국 여자로 내세웠는데, 아무래도 역사소설을 쓰면 이놈들이 눈에 불을 켜고 달려들겠지. 그래서 처음에는 본격 역사소설보다는 대중적인 야사를 재미있게 풀어보려고 해. 아직 구체적으로 생각하진 않았지만, 세조가 단종을 몰아내고 왕이 된 이야기가 의미 있을 것 같은데…… 아무튼 나는 역사소설을 통해서 민족에 이바지하려고 하니, 아우도 장래를 계획할 때 무엇으로 민족과 함께할 수 있을지 잘 생각해봐.”

박종화의 집을 나온 전형필의 머릿속에 '민족'이라는 단어가 떠나지 않았다. 전차를 타고 숭례문 앞을 지나는데 그 옆에 떡하니 자리 잡은 일본 헌병 초소가 눈에 들어왔다. 조선왕조의 수도 한양의 대문과 다름없는 숭례문에 일본 헌병 초소라니!

'혹 이런 생각이 민족의식이라는 걸까?'

전형필은 문득 그런 생각이 들었다. 그렇다면 나는 무엇을 할 수 있을까? 전형필의 머릿속은 혼란스러워졌다.

1922년, 전형필이 휘문고보 2학년에 올라갈 즈음 서가의 책이 100권이 넘어섰다. 전영기는 아들에게 두 칸짜리 서재를 만들어주고, 책을 넣거나 꺼내 보기 편리하도록 층마다 두 짝의 문이 달린 4층짜리 책장도 여러 채 들여놓았다. 서재가 완성되자 외숙부 박대혁이 박종화와 함께 편액을 써가지고 왔다.

"서재 만든다는 소식을 듣고 재호齋號를 고민했구나. '옥정연재玉井研齋'는 '우물에서 퍼올린 구슬 같은 맑은 물로 먹을 갈아서 글씨를 쓰는 집'이라는 뜻이다. 옛 선비들은 세상에 나가 출세하고 이름을 알리기보다, 서재에서 학문과 세상의 이치를 익히면서 자신의 뜻에 맞게 사는 것을 훨씬 더 가치 있게 여겼지. 그래서 붓과 벼루를 서재에 두고 시를 짓고 위창 오세창이 훗날 전형필에게 써준 '옥정연재' 편액, 간송미술관 소장.

글씨를 쓰며 마음을 다스렸단다. 특히 바른 글씨는 곧 바른 마음이라 여기고 맑은 물로 먹을 갈아 글씨를 썼지. 전에도 이야기했지만, 너는 가문의 유일한 적손으로 큰 재산을 관리하게 될 텐데, 그런 너를 세상은 여러 가지로 유혹할 것이다. 세상의 유혹에 꿋꿋하려면 옛 선비와 같은 격조와 정신을 갖춰야 하니, 계속해서 열심히 책을 읽고 글씨 쓰기를 게을리 하지 말거라."

재호는 서재의 이름이지만, 그 주인이 아호雅號로 사용하기도 했다. 전형필도 옥정연재라는 재호가 마음에 들어, 훗날 얻게 되는 간송澗松이라는 아호와 함께 사용했다.

"예, 외숙부님. 마음을 바로 하여 인의仁義를 구하고, 부모님께 애친경장愛親敬長의 도리를 잊지 않겠습니다."

"네가 그렇게 의젓한 말을 하니 내 마음이 놓이는구나."

전영기는 무관 출신이지만 교육열이 대단했다. 그는 문관 출신인 처남 박대혁에게 아들 형필이 맑고 올곧은 길로 나아갈 수 있도록 조언과 충고를 많이 해달라고 틈만 나면 부탁했다.

옥정연재는 곧 독서와 사색의 공간이 되었다. 전형필은 학교에서 돌아오면 밥 먹는 시간을 제외하고는 그곳에서 살았다.

큰아들 형설의 급사로 손자가 없음을 아쉬워하던 전영기는 그해 봄 형필을 고성 이씨와 혼인시켰다. 양부의 삼년상이 지난해 가을 끝나기를 기다렸다가 성사시킨 혼인이었다. 그런데 고성 이씨가 몇 달 만에 병으로 세상을 떠났다. 또 한 번의 날벼락이었다. 그러나 전영기로서는 손자가 급해, 다음 해 여름 김해 김씨 점순과 다시 혼인을 시켰고, 그녀는 전형필 평생의 반려자가 되었다.

1928년 여름, 와세다 대학교 법과대학 3학년에 재학 중이던 전형필은 방학이 시작되자 종로 4가 집으로 돌아왔다. 그리고 늘 입고 다니던 흰 두루마기를 입고 관철동에 있는 춘곡春谷 고희동(高羲東, 1886~1965)의 집을 찾았다.

고희동은 휘문고보 시절 미술 교사였다. 1909년 도쿄 미술학교 양화과에 유학해 우리나라 최초로 서양화를 공부하고 그린 화가다. 일본으로 그림 유학을 떠나기 전에는 조선 말 궁중화가였던 심전 안중식의 문하에서 동양화를 공부했다. 고희동은 을사조약이 체결되자 궁내부 관직을 그만둘 정도로 민족의식이 강했다. 도쿄 미술학교를 졸업할 즈음에는 〈정자관을 쓴 자화상〉, 〈두루마기 입은 자화상〉, 〈부채를 든 자화상〉 등 민족적 자부심이 강하게 느껴지는 그림을 그렸다.

고희동이 야구부 활동을 하던 전형필을 눈여겨보게 된 것은, 자신에게 그림 지도를 받던 이마동李馬銅 때문이었다. 훗날 유명 화가가 된 이마동은 같은 반인 전형필과 친하게 지내면서 그가 민족과 역사에 관심이 많다는 사실을 알고는 고희동에게 소개한 것이다.

고희동의 투철한 민족의식에 감명받은 전형필은 자주 고희동의 집으로 찾아가 서예와 그림 공부를 청했다. 고희동은 그런 전형필에게 역사와 문화가 왜 중요한지 많은 이야기를 들려주었다. 전형필은 고희동을 존경했고, 일본으로 유학 간 후에도 방학 때면 잊지 않고 들러 인사했다.

"이렇게 중절모를 쓰고 흰 두루마기를 입으니, 제법 애아버지 태가 나는구나. 그래, 광우는 잘 크느냐?"

전형필이 큰절을 하고 앉자 고희동이 장난기 섞인 목소리로 아들 광우의 안부를 물었다.

"예, 스승님. 가을이면 두 돌입니다."

전형필은 쑥스러운 듯 얼굴을 붉히며 대답했다.

"벌써 그렇게 되었구나. 그래, 내년이면 4학년인데, 졸업하면 무엇을 할 생각이냐?"

"스승님도 아시다시피, 제가 법대에 간 건 변호사가 되기를 바라는 아버님의 기대를 저버릴 수 없어서였습니다. 그러나 시간이 지날수록 왜놈들 재판정에서 왜놈들이 만든 법을 주워섬기는 변호사가 되는 것이 과연 옳은 일일까, 고민스럽습니다."

전형필은 경성에서 대학을 다니며 조선어문학을 공부하고 싶었지만, 아버지 전영기는 호랑이 굴에 들어가야 호랑이를 잡을 수 있다며 법을 공부하라고 강권했다. 효심이 지극한 전형필은 결국 아버지의 뜻에 따라 현해탄을 건넜다. 그러나 일본 법으로 변호사를 한다는 게 끝내 마음 내키지 않았다.

"그렇다면 가업을 이을 생각을 하고 있는 것이냐?"

와세다 대학 재학 중 방학을 맞아 찍은 사진(1928년), 유족 소장.

"아닙니다, 스승님. 아직 아버님께서 정정하시고, 저는 장사에 관심이 없습니다. 그래서 답답한 마음으로 스승님을 찾아온 것입니다."

"그래, 네 마음이 그렇다면 진로를 결정하기가 쉽지 않겠구나. 나도 그림이나 그리는 사람이라 너의 장래에 대해 조언을 하는 데는 한계가 있고…… 하지만 나는 네가 이 시대를 지키는 선비의 삶을 살아가기를 기대한다."

시대를 지킨다? 전형필은 그 말의 뜻을 정확히 이해하기 어려워 되물었다.

"시대를 지키는 선비의 삶이라 하시면?"

"그래, 글을 읽으면서 학문을 닦는 선비가 아니라, 조선의 문화를 지키는 선비라는 뜻인데……."

문화를 지키다니? 전형필은 귀를 세우고 스승의 다음 말을 기다렸다.

"너는 고보 때부터 책 모으는 취미가 있었으니 조선시대 선비들의 서가를 가득 메웠던 책들이 오늘날 어떻게 흩어져 나뒹굴고 있는지 잘 알 게다. 조선시대 만 권 장서가였던 담헌 이하곤은, 책 읽는 즐거움은 그 무엇과도 바꿀 수 없고 죽어서 후손에게 남겨줄 거라곤 책밖에 없다고 했단다. 그러나 왜놈들 세상이 되면서 그의 서재 만권루에 수장되었던 책들은 인사동 고서점에 흘러나왔고, 그중에서도 귀한 책들은 왜놈 학자들의 손에 넘어가고 있지 않느냐. 그가 모은 서화 역시 뿔뿔이 흩어지고 있으니 통탄할 일이 아니냐."

고희동은 몹시 안타까운 듯 미간을 찌푸리며 길게 내려온 턱수염을 쓰다듬었다.

"저도 인사동 고서점에서 일본 사람들이 우리 책과 글씨, 그림을 뭉텅

이로 사가는 모습을 여러 번 봤습니다."

"그렇다. 그렇게 우리나라의 문화와 역사가 왜놈들 손으로 넘어가고 있는 게야."

그렇다면 고희동이 지켜야 한다고 강조하는 우리 '문화'는 옛책과 서화를 뜻하는 것일까?

"그래서 네가 대학을 졸업하고 돌아오면, 선조들이 남긴 귀중한 서화와 전적들이 왜놈들 손으로 넘어가지 않게 지키는 선비가 되었으면 하는 게지. 물론 돈이 적잖이 들겠지만, 그렇게 쓰는 돈은 결코 헛되지 않을 것이고……."

고희동은 우락부락한 눈을 치뜨면서 전형필을 바라보았다.

"스승님의 말씀을 깊이 마음에 새기겠습니다. 그러나 제가 무엇을 어떻게 해야 할지는 아직……."

서화와 전적을 지키는 일…… 의미 있는 일일 것이다. 그러나 어떻게 지킬 수 있단 말인가? 막막했다.

"그래, 아무튼 잘 생각해보거라. 그리고 그 길을 찾고 싶다면 다시 이야기해보자. 중요한 건 방법이 아니라 너의 마음이니까."

평생의 스승,
위창 오세창

평생의 스승,
위창 오세창

고희동의 집에서 돌아온 전형필은 생각이 많았다. 높이를 가늠할 수 없는 커다란 산 앞에 서 있는 것 같았다. 옛책 몇십 권 또는 옛사람의 서화 몇 점을 모으라는 이야기가 아니었다. 옛책이야 공부를 하고 주변 사람들의 조언에 따른다고 해도, 서화는 절대적으로 보는 안목이 필요하지 않은가? 그 안목을 도대체 어떻게 키울 것인가? 걱정은 그뿐만이 아니었다. 도대체 얼마만큼의 돈이 필요할 것인가?

밤새 뒤척인 전형필은 다음 날 아침 외종 형 박종화를 찾아갔다. 박종화는 분가해서 전형필의 종로 4가 집에서 제법 가까운 낙산 아래 충신동에 살았다. 자암동 집이 경의선 철로 자리로 수용되어, 친척들이 모여 살고 있는 동대문 부근으로 이사 온 것이다.

"형님, 그간 가내 평안하셨습니까?"

"네가 동경으로 유학을 떠난 후 그리 평안했다고 할 수는 없지. 한집에서 어머니와 형수님 그리고 안사람까지 여인 셋이 살다 보니 우여곡절이 많았어. 그래서 할 수 없이 분가를 했고, 대신 내가 아침저녁으로 미동漢洞으로 이사하신 아버님께 문안을 다니고 있단다. 그래, 너는 이제 제법 의젓한 법대 3학년생이 되었구나. 네 아버님 소원대로 변호사 시험●을 볼 생각이냐?"

"그 문제 때문에 고민을 많이 하고 있습니다. 아버님께서는 변호사가 되어 억울한 사람들을 법정에서 변호하는 것도 뜻있는 일이라고 말씀하시지만, 저는 아무래도 내키지가 않아서요."

박종화는 전형필의 답답한 심정을 이해한다는 듯 안타까운 표정을 지으며 물었다.

"그러면 무슨 다른 계획이라도 있는 게냐?"

전형필이 고개를 가로저었다.

"그런 건 아니고…… 사실은 어제 춘곡 선생님을 뵈었습니다."

"그랬구나. 그래, 그 분은 뭐라고 하시더냐?"

박종화는 전형필에게 여러 번 고희동에 대한 이야기를 들었다.

"그런데 그 말씀이 조금 어려워서 이렇게 형님을 찾아왔습니다."

"어렵다니, 그게 무슨 말이냐?"

"춘곡 선생님께서는 저보고 왜놈들 손으로 넘어가는 우리 서화와 전적들을 지키는 선비가 되라고 하셨습니다."

● 일제는 1921년 12월에 조선 변호사 시험 규칙을 공포하여 1922년부터 매년 1회 시행했는데, 당시 경성 조선인 변호사회에는 김병로, 허헌 등 42명이 소속되어 활동했다. 그 수는 계속 늘어나, 1945년 7월까지 서울에서 개업한 조선인 변호사는 136명에 달했다. 당시 조선인 변호사들은 항일 독립투쟁 사건에서 독립투사를 변호하는 데 앞장섰다. 1926년 4월 26일, 대한제국의 마지막 황제인 순종(융희 황제) 서거 이틀 후, 창덕궁의 금호문 앞에서 조선 총독 사이토 마코토를 암살하려다 미수에 그친 송학선 의사의 변호를 이인, 한근조 변호사가 맡았다. 같은 해 일어난 6·10 만세운동 재판에서도 강세형, 김병우, 이창휘 등 조선인 변호사가 변호했다.

전형필의 말을 들은 박종화가 빙그레 미소를 지었다.

"춘곡 선생님다운 말씀이구나. 그래, 너는 뭐라고 대답했느냐?"

"생각해보겠다고는 했지만, 사실 그런 일은 무엇보다 학식과 안목이 높고도 깊어야 하지 않겠습니까? 저로서는 감당하기 어려운 일인 것 같습니다."

전형필은 그렇게 말을 하면서도 또 막막한 생각이 들어 작게 한숨을 내쉬었다.

"춘곡 선생님께서 그런 말씀을 하셨을 때는 이미 그 방도도 생각해두시지 않았을까? 일단 네 생각은 어떠하냐?"

박종화도 고희동처럼 전형필의 '마음'이 더 중요하다고 생각하는 모양이었다.

"솔직히 말씀드리면, 아버님께서 제가 변호사가 되기를 바라는 마음이 워낙 크십니다. 그래서 어쩌면 변호사를 겸하면서, 능력 닿는 대로 그런 일을 할 수도 있지 않을까, 생각해보았습니다."

그 정도가 전형필이 할 수 있는 최선이었다.

"음, 그럴듯한 생각이다. 그렇게 하면 아버님께 불효하지 않고 네가 뜻하는 일도 할 수 있겠구나. 네가 조금 양보하고 대신 정말로 억울하게 죄수옷을 입은 동포들을 위해 열성으로 변호한다면, 세상도 너의 진정을 알아줄 게다."

"형님이 그렇게 말씀해주시니 고맙습니다."

"너도 알겠지만 세상은 점점 더 혼란스러워질 거야. 요즘 〈동아일보〉에 《마르크스 엥겔스 전집》 광고가 큼지막하게 실리더구나. 일본에서 맹위를 떨친 사회주의 사상이 조선에도 본격적으로 들어오기 시작한 거야. 문단은 이미 몇 년 전부터 프로문학의 세상이 되었지. 그래서 나는 요즘 절필하고 있어. 지금 세상에서 글을 쓰려면 내가 여태껏 살아온 방식을 바꿔 프롤레타리아 사상을 받아들여야 하는데, 그건 내게 불가능한 일이거든. 지금껏 편안히 살아온 내가 프롤레타리아 문예에 충실하려면, 내 손으로 수레를 끌든지 지게를 지든지…… 어쨌든 지금과는 다른 생활을 해야 할 거 아니냐? 그러나 나는 노동으로 가족들을 먹여 살릴 자신이 없어. 내 한 입이라면 모르겠지만, 연약한 아내와 어린 아들에게는 못할 짓이지. 지금은 사회주의 세상이고, 가진 자와 없는 자의 충돌은 한동안 계속될 거야. 그래서 전부터 생각하고 있던 역사소설에 대해 계속 구상하고 있어. 나도, 형필이 너도 프롤레타리아가 될 수 없는 것은 자명한 일이니, 나는 역사에 침잠했다가 훗날 좋은 역사소설을 쓰고, 너는 재산의 일부를 민족의 문화를 지키고 보호하는 데 사용한다면, 그것이 너와 내가 할 수 있는 애국애족 아니겠니?"

프롤레타리아 문학이 아니면 설 자리가 없던 시절이었다. 그러나 박종화는 부르주아적 생활을 하면서 겉으로만 프롤레타리아인 체하는 문학을 하고 싶지는 않았고, 사회주의 사상에 동조할 마음도 없었다. 박종화는 프롤레타리아 문학 운동이 완전히 고개를 숙인 1936년까지 단 한 편의 단편도 발표하지 않고 절필했다.

"형님 말씀을 들으니 지난 몇 년 동안 작품 활동을 안 하신 게 이해가 됩니다. 제 머릿속 혼란도 많이 정리가 되었고요. 조만간 춘곡 선생님을 다시 뵈어야겠습니다."

"그래. 선생님이 무슨 생각이 있으셔서 그리 말씀하셨을 테니, 찾아뵙고 네 생각을 말씀드려라."

며칠 후, 고희동은 전형필을 데리고 돈의동에 있는 위창 오세창의 집을 찾았다.

고희동이 중문을 지나 사랑으로 들어서자 백발이 성성한 오세창이 모시적삼 바람으로 맞았다. 고희동이 오세창에게 전형필을 소개하자, 흰 두루마기를 입은 전형필이 큰절을 올린 후 단정히 무릎을 꿇고 앉았다.

"본관이 어디인가?"

"정선 전가입니다."

"이름의 형은 무슨 자를 쓰는가?"

"줄 형鎣이 항렬자이고, 뒤에 도울 필弼입니다."

"아호가 있는가?"

옛날에는 상투를 틀고 약관이 되면 호를 지어 이름 대신 불렀는데, 이를 아호雅號 혹은 별호別號라고 했다. 이름을 높여 부르는 별칭인데, 스승이 지어주기도 하고 본인이 직접 짓기도 했다.

"아직 아호는 얻지 못했고, 외숙께서 제 자그마한 서재에 옥정연재라는 재호를 지어주셨습니다."

"좋은 재호라 아호 대신 사용해도 되겠구먼. 외숙이 누구신가?"

"밀양 박가로, 큰 대大 혁혁할 혁赫 자를 쓰십니다."

오세창은 잠시 기억을 더듬는 듯 눈을 감았다 뜨며 물었다.

"오래전에 궁내부 주사를 지내신 분인가?"

궁내부에서 근무한 적이 있는 오세창이 누군지 알겠다는 듯 고개를 끄덕이며 물었다.

"예, 어르신."

"와세다 대학에서 법을 공부한다고?"

오세창(吳世昌, 1864~1953)

호는 위창葦滄. 추사 김정희의 제자이자 역관이었던 역매亦梅 오경석(吳慶錫, 1831~1879)의 아들이다. 몇 대째 역관을 지내온 중인 집안에서 태어난 오세창은, 1879년 역과에 합격해 가문의 전통을 이었다. 그러나 나라가 기울면서 역관으로서 중국에 오갈 일이 거의 없어지자, 〈한성주보〉 기자, 도쿄 외국어학교 조선어과 교사를 지냈다.

개화사상의 선구자이자 정신적 지주였던 부친의 영향으로 1902년 개화파의 쿠데타에 가담했으나, 쿠데타가 실패하자 손병희 등과 함께 일본으로 망명했다. 고종의 사면으로 일본에서 돌아온 후에는 〈만세보〉와 〈대한민보〉 사장을 역임했다.

3·1 만세운동 때 민족대표 33인 중 한 명이었고, 그로 인해 2년 동안 옥고를 치렀다. 육당 최남선이 한문으로 초고를 쓴 '독립선언서'를 읽고, "요즘 아이들은 한문을 제대로 몰라서 큰일"이라며 책망했다는 일화가 전해질 정도로 한문에 능통했다.

오세창은 서화 대수장가였던 부친으로부터 많은 수장품을 물려받았다. 그리고 전형필이 방문하기 얼마 전인 1928년 5월 5일, 역대 서화가들의 이전 기록을 총정리한 《근역서화징槿域書畵徵》을 계명구락부에서 출판했다. 이런 이유로 당대 최고의 감식안으로 평가받던 그가 전형필을 만난 것은 환갑을 넘긴 64세 때였다.

"예."

"그래, 졸업 후에는 무엇을 할 생각인가?"

오세창은 고희동에게 전형필에 대해 대강의 이야기는 들었지만, 정말 그런 일을 할 수 있는 자질과 능력 그리고 가문의 협조가 있을지 직접 확인해보고 싶었다.

"아버님의 뜻에 따라 변호사로서 억울한 동포들을 변호하면서, 미력한 힘이나마 우리나라의 귀한 진적과 시화들을 지키는 데 보탬이 되고 싶습니다."

오세창이 천천히 고개를 끄덕였다.

"아버님은 존함이 어찌 되시는가?"

"헤엄칠 영泳 뿌리 기基 자를 쓰십니다."

"지금 무엇을 하시는가?"

"배오개에서 미곡상을 경영하십니다."

"미곡상이라면 집에 재산은 있겠으나, 자네는 아직 경제권이 없지 않은가?"

오세창은 세상을 오래 산 경륜으로 에둘러 묻지 않고 곧바로 정곡을 찔렀다. 뜻을 품고 수집을 하다 경제적인 문제로 중간에 포기하는 이를 너무 많이 봐왔기 때문이다.

"아버님께서도 제 뜻을 이해해주시리라 믿습니다."

오세창은 미소를 머금었다. 성질 급해 덤벙거리는 고희동이 마음만 앞서 부잣집 청년을 하나 데려왔다고 생각한 것이다.

"춘곡이 뭐라 이야기했는지 모르지만, 서화를 모으는 일은 마음처럼 쉬운 일이 아니네. 재물도 있어야 하고, 안목도 있어야 하고, 무엇보다 오랜 인내와 지극한 정성이 있어야 하지. 그러니 일단은 학업을 마친 후 경제적으로 안정이 되면 그때 다시 생각해보게."

오세창의 목소리는 부드러웠지만 단호했다. 옆에 앉아 있던 고희동이 머쓱한 듯 고개를 숙였고, 전형필도 무안함에 얼굴이 벌게져 할 말을 찾지 못했다.

그렇게 잠시 침묵이 흐른 후, 전형필이 두루마기 소매에서 돌돌 말린 족자 한 폭을 꺼내 오세창 앞에 내려놓았다.

"어르신께 전해드리려 가지고 온 탁본입니다. 역매 어른의 인장이 있으니, 어르신께서 보관하시는 게 옳다고 생각해 가지고 왔습니다."

오세창이 이건 또 무슨 소리인가 하는 표정으로 족자를 펼쳤다. 순간, 오세창의 눈이 휘둥그레졌다. 고성각자 탁본! 고구려 평양성 축성 때, 건축 과정 일부를 기록한 성석편(城石片, 보물 제642호)의 글자를 탁본한 것으로, 고구려가 언제 평양성으로 천도했는지를 알 수 있는 연도가 새겨져 있었다.

뚫어져라 탁본을 바라보던 오세창이 떨리는 목소리로 말했다.

"그렇군. 위에 선친께서 직접 탁본했다는 문구가 있고, 왼쪽 아래에 선친의 인장이 선명해. 형필 군, 이 탁본을 어디서 어떻게 구한 겐가?"

"제가 고보 시절부터 고서점을 다니며 이런저런 책과 작은 글씨를 모으는 벽癖이 있습니다. 이 탁본은 전동(지금의 안국동)의 작은 서점에서 구했습니다."

"선친께서 중국으로 보냈던 탁본이 다시 돌아와 이렇게 떠돌아다니고 있었다니……."

오세창으로서는 기가 막히는 일이었다.

"선생님, 이건 성돌이 깨지기 전의 탁본 아닙니까?"

고희동의 말에 오세창은 안으로 들어가 조그마한 상자를 들고 나왔다. 그리고 그 안에서 두 동강 난 돌을 꺼내 탁자 위에 올려놓았다.

이번에는 전형필이 깜짝 놀랐다. 오경석의 인장이 있으니 유족이 수장하는 게 좋겠다는 단순한 생각으로 가지고 왔는데, 탁본을 했던 돌이 눈앞에 나타났으니 놀라지 않을 수 없었다.

"자네가 가지고 온 탁본의 성벽 돌이 바로 이것일세. 선친의 유물이지. 오래전 내가 소용돌이치는 정계를 헤매다가 일본으로 피했을 때 안

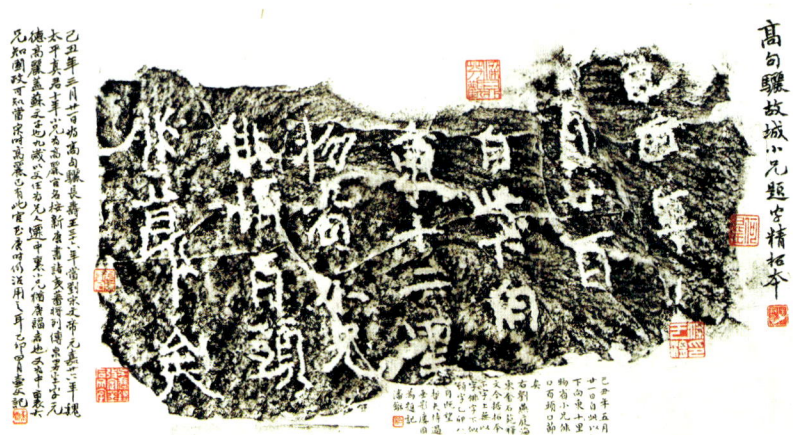

역매 오경석의 인장이 찍힌 고성각자 탁본.

성석편, 보물 제642호, 이화여자대학교 박물관 소장.

사람이 이사를 하다가 떨어뜨려 이렇게 조각이 났다네. 때문에 둘째 줄에 있던 네 글자가 부서져 애석함을 금할 수 없었는데, 이렇게 온전한 성돌의 탁본을 보게 되다니……."

추사 김정희의 제자였던 역매 오경석은, 삼국시대부터 고려시대까지의 금석문 146종을 수집하고 해설을 붙여 《삼한금석록三韓金石錄》을 편찬할 정도로 금석학에 해박했다.

이 탁본은 오경석이 돌을 수장한 후 직접 탁본해서 중국의 금석문 학자들에게 보낸 것이다.

오세창은 혼잣말로 중국 학자들의 글을 읽었다.

"형필 군, 선친의 귀한 유품을 거둬줘서 정말 고맙네. 내가 다른 선물이라면 물리겠지만, 선친의 인장이 있는 귀한 물건이니 염치없이 받겠네. 그러나 나도 자네에게 답례를 해야 늙은이의 체면이 서겠구먼."

전형필이 화들짝 놀라 고개를 저었다.

"아닙니다, 어르신. 그런 걸 바라고 가지고 온 게 절대 아닙니다."

"아닐세. 자네가 아직 아호가 없다니 내가 하나 지어주겠네."

전형필은 물질적인 선물이 아니라 아호라는 소리에 얼굴이 환해졌다.

"감사합니다. 어르신께서 내려주시는 아호라면 평생 영광으로 여기겠습니다."

오세창은 천장을 바라보며 잠시 생각에 잠겼다.

"젊은 자네가 흰 두루마기를 입고 들어오는 순간, 깊은 산 속에서 흐르는 물과 같다는 생각이 들었네. 그래서 산골물 간澗 자! 그리고 《논어》〈자한편子罕篇〉에 '세한연후 지송백지후조歲寒然後 知松柏之後凋'라는 말이 나오는데, '날씨가 추워진 후에야 소나무, 잣나무가 늦게 시듦을 알 수 있다'는 뜻이네. 추사 선생께서 선비의 지조와 의리를 지킨 제자 이상적에게 〈세한도〉를 주면서 인용한 문장이지. 자네에게 이 문장에 있는 소나무 송松 자를 넣어 '간송澗松'을 주지. 마음에 드는가?"

오세창은 '간송'이라는 아호가 스스로도 흡족한 듯 환하게 웃었다.

"어르신, 정말 감사합니다. 앞으로 아호에 값하는 삶을 살도록 노력하겠습니다."

전형필은 오세창이 지어준 아호가 정말 마음에 들었다. 그래서 몇 번이고 고개를 숙여 감사했다. 옆에 있던 고희동도 축하 인사를 건넸다.

"하하, 간송이라…… 산골짜기에서 흐르는 맑은 물과 사시사철 푸른 소나무라는 뜻이니, 선비의 청렴함과 변치 않는 의리를 강조하는 좋은 아호입니다. 선생님께서 자네에게 딱 어울리는 아호를 주셨으니, 축하하네 형필이. 아니, 축하하네 간송! 하하하."

고희동이 호탕하게 웃으며 전형필의 어깨를 두드렸고, 오세창도 흐뭇한 눈길로 전형필을 바라보았다. 탁본 한 장이 만들어준 인연이었고, 전형필이 오세창에게 수집가로서의 가능성을 인정받는 계기가 되었다. 인연이란 이런 것이다.

전형필은 훗날을 기약하며 일본으로 돌아가 공부를 계속했다. 그러나 기쁨이 있으면 슬픔도 있는 법. 그해 가을 전형필의 첫아들 광우가 두 돌을 넘기자마자 세상을 떠났다. 그리고 해를 넘겨 대학 졸업반이 되던 1929년 2월 26일, 친부 전영기도 65세를 일기로 세상을 떠났다. 전형필은 계속되는 비보에 넋을 잃었다. 그의 나이 24세 때의 일이다.

하늘이
내린 재산

하늘이
내린 재산

전형필은 상복을 입은 채 대학 4학년을 마치고 1930년 3월 경성으로 돌아왔다. 그가 제일 먼저 해야 할 일은, 친부와 양부가 남긴 전답을 돌아보는 것이었다. 왕십리·답십리·청량리·송파·창동 등 인근에서부터, 경기도 고양군·양주군·광주군, 황해도 연안·연백, 충청도 공주·서산까지 둘러보면서, 전형필은 자신이 물려받은 재산이 얼마나 엄청난지 실감했다.

전형필이 소유한 논은 800만 평(4만 마지기)이 넘었다. 200평에서 80킬로그램 쌀 한 가마니가 나오니, 한 해 수확이 4만 가마니(2만 석)였다. 전형필의 부친은 다른 지주들에 비해 소작인들에게 비교적 후하게 분배했기 때문에 1년에 쌀 2만 가마니를 거둬들였다.

당시 쌀 한 가마니가 16원 정도였으니, 1년 수입이 32만 원이었다. 세금과 인건비, 유지비 그리고 무수한 경조사비를 제해도 순수입이 15만 원 정도도 되었다. 이를 당시 기와집 값으로 환산하면 150채, 기와집 한 채를 요즘 서울 아파트 평균 가격인 3억 원으로 계산하면 450억 원이다.

　소유한 논의 가치를 계산하면 더욱 엄청나다. 당시 논 한 마지기가 50원이었으니, 4만 마지기면 200만 원이다. 기와집 2천 채, 지금으로 보면 6천억 원인 셈이다.

　당시 재산으로 100만 원이 넘으면 '백만장자'라 불렸는데, 이는 쌀 만석을 수확하는 논의 값이었다. 그래서 1년에 만 석 이상 수확하는 만석꾼을 백만장자라 했고, 당시 조선총독부 기록에 의하면 조선인은 불과 43명뿐이었다. 천석꾼은 '십만장자'라 불렀고, 그 수는 750명 정도였다.

　친부와 양부의 유일한 상속자인 전형필은, 매년 기와집 150채 상당의 수입을 보장하는, 기와집 2천 채 상당의 가치가 있는 논을 상속받으면서 백만장자가 되었다. 가히 하늘이 내린 재산이었다.

　스물다섯 살의 청년 전형필은 황해도, 경기도, 충청도에 있는 드넓은 논을 둘러보며, 이 큰 재산을 어떻게 관리해야 할지 생각했다. 조상 대대로 이루어놓은 이 많은 재산을 어떻게 지키면서 활용하는 것이 가장 좋을지, 고민이 깊었다. 게다가 일제 강점의 세상이 얼마나 오래갈지 알 수 없지만, 재산이 많을수록 총독부의 간섭에서 자유로울 수 없는 것은 불문가지였다.

　전형필은 선조들이 남긴 귀중한 서화와 전적을 왜놈들로부터 지켜달라는 스승 고희동의 당부가 떠올랐다. 서화를 모으는 일은 재물도 있어야 하고, 안목도 있어야 하고, 무엇보다 오랜 인내와 지극한 정성이 있어야 한다던 오세창의 훈계도 떠올랐다. 민족과 함께할 수 있는 일을 찾으라던 외종 형 월탄의 조언도 떠올랐다.

'서화와 골동에 문외한인 내가 그런 일을 할 수 있을까? 그것이 진정 돈을 헛되게 쓰지 않는 유일한 길인가? 그렇지는 않다. 아버님은 인재를 양성하는 교육 사업에 뜻이 있으셨지 않은가. 그래서 운영난에 처한 가회동의 반도여학교를 인수하려고 하셨지. 매달 재정 지원을 하면서 학교를 인수할 준비를 하다가 갑자기 돌아가셔서 그 뜻을 이루지 못하셨지만, 훗날 교육 사업을 통해 나라의 힘을 길러야 한다고 유언하셨는데……'

전형필은 끊임없이 묻고 대답하기를 반복했다.

'그러나 반도여학교는 이미 문을 닫지 않았는가. 게다가 교육 사업을 하기에는 지금 내 연륜이 짧으니, 훗날 도모하기로 하고…… 춘곡 선생님과 위창 어르신이 서화와 전적을 지키라고 말씀하신 것은, 그 길이 우리 민족의 앞날에 보탬이 된다는 확신이 있으셨기 때문 아닐까? 그렇다면……'

그렇게 보름쯤 지났을까. 전형필은 오세창을 찾아갔다.

"지난해에 부친상을 당했다는 소식, 춘곡을 통해 들었네. 약관의 나이에 그런 큰일을 당했으니 얼마나 애통한가."

오세창이 안타까운 표정으로 전형필을 위로했다.

"너무나 급작스레 당한 일이라 황망하고 비통하기 짝이 없었지만, 이제는 많이 안정되었습니다."

전형필의 목소리는 담담했다.

"그렇다고 슬픔이 어디 쉬이 가시겠는가. 나도 열여섯 어린 나이에 선친을 여의어 그 비통한 마음을 이해하네."

전형필의 친부 전영기의 교육 사업을 보도한 기사. 〈동아일보〉 1926년 12월 5일.

"고맙습니다, 어르신."

오세창은 전형필을 지그시 바라보다 물었다.

"이제 대학도 졸업했으니 변호사 시험을 볼 생각인가?"

"아닙니다, 어르신. 변호사는 선친의 기대를 저버릴 수 없어 생각했던 것이고, 이제는 집안의 일을 해야 할 상황입니다."

"그렇겠구먼. 자네 집이 제법 큰 미곡상을 하고 있다니 신경 쓸 일이 많겠지. 규모가 어느 정도인지는 모르지만, 옛말에 천석꾼에게는 천 가지 걱정이 있고, 만석꾼에게는 만 가지 걱정이 있다고 했으니, 자네가 지혜롭게 처신을 해야 할 걸세."

오세창의 표정이 복잡했다. 세파에 시달려본 경험이 없는 저 맑은 청년이 어떻게 그 큰 재산을 꾸려갈 것인가.

"그래서 오늘은 어르신께 제 장래에 대해 상의 드리려고 찾아뵈었습니다. 재작년 여름에 말씀드렸던 것처럼, 이제부터 우리나라의 옛책과 서화가 이리저리 흩어지지 않도록 모아보고 싶습니다. 춘곡 선생님과 어르신께서 길을 인도해주신다면, 조선 땅에 꼭 남아야 할 서화 전적과 골동품을 지키는 데 미력한 힘이나마 보태겠습니다."

오세창이 고개를 끄덕이며 말했다.

"쉽지 않은 큰 결심을 했구먼. 그런데 서화 전적을 지키려는 이유가 무엇인가?"

전형필은 잠시 혼란스러웠다. 지극히 당연한 걸 묻는 의도가 뭘까?

"오래전 제 외숙께서, 세상의 유혹에 꿋꿋하려면 옛 선비와 같은 격조와 정신을 갖춰야 한다는 가르침을 주셨습니다. 춘곡 선생님께서는 선조들이 남긴 귀중한 서화 전적을 왜놈들에게서 지키는 선비가 되라고 말씀하셨고요. 제 외종 형님도 민족의 앞날에 보탬이 되는 일을 찾으라고 하셨지요. 그러나 그때는 어르신께서 말씀하셨듯이 경제권이 없었습니다. 그런데 이번에 아버님이 남기신 전답을 둘러보면서 결심했습니다. 왜놈들이 우리 서화 전적을 계속 일본으로 가지고 가는데, 그걸 이 땅에 남기고 싶습니다."

"내가 자꾸 묻는 건, 뜨거운 가슴과 재력이 있으니 한번 본격적으로 모아보겠다는 자네의 생각이 틀려서가 아니네. 그런 결심을 하기가 쉽지 않다는 것 잘 아네. 그러나 나는 자네가 우리 서화 전적과 골동의 가치를 어떻게 생각하고 지키겠다는 건지 알고 싶네."

전형필은 고개를 숙였다. 솔직히 이제까지 서화 전적이 왜 중요한지 구체적으로 생각해본 적이 없었다. 그러나 한 가지는 확실했다.

"서화 전적과 골동은 조선의 자존심이기 때문입니다."

오세창은 잠시 전형필을 뚫어지게 바라보더니 마침내 호탕한 웃음을 터뜨렸다.

"조선 땅에 서화 전적과 골동품을 모으는 사람은 많다네. 자네처럼 이렇게 찾아와서 가르침을 청하는 수집가도 제법 있지. 그러나 뜻을 갖고 모으는 사람은 거의 보지 못했네. 대부분 재산이 많거나 돈이 좀 생기자, 고상한 취미로 내세우기 위해 모으는 사람들이라고 해도 과언이 아니지. 그들은 수집벽이 식거나, 체면을 충분히 세웠다 싶으면 더 이상 모으지 않는다네. 그러나 자네는 조선의 자존심이기에 지키겠다고 하니, 그 뜻이 가상하군. 내가 듣고 싶은 대답이 바로 그것이었네, 하하하."

전형필은 묵묵히 오세창의 다음 말을 기다렸다.

"옛책과 서화를 수집하는 일은 말처럼 쉽지 않지만, 내 자네를 한번 믿어봄세."

오세창은 안으로 들어가서 화첩 일곱 권을 들고 나왔다.

손으로 꾸민 화첩인데, 크기는 세로 43센티미터에 가로 32센티미터 정도였고, 표지에 '근역화휘槿域畵彙'라고 쓴 제목이 보였다.

"재작년에 출판한 《근역서화징》이 역대 서화가들의 인명사전이라면, 이 《근역화휘》는 선친과 내가 수집한 역대 191인의 작품 251점을 일곱 권으로 정리한 화첩일세. 제1권에는 지금은 찾으려야 찾을 수 없는 고려 공민왕의 그림과 사임당 신씨의 초충도 등 시기가 빠른 그림들을 넣었지. 이 화첩 외에도 신라의 김생·최치원, 고려 충신 정몽주, 추사 선생까지 역대 명필 692분의 필적을 모아 《근역서휘槿域書彙》를 만들었고, 몇 년 전부터는 그 속편을 준비하고 있다네."

그림을 모은 《근역화휘》도 대단한데, 글씨까지 모아 《근역서휘》를 만

오세창이 엮은 옛 화가들의 작품집 《근역화휘》, 서울대학교 박물관 소장.

들고 그 속편을 준비하고 있다니, 전형필은 놀라지 않을 수 없었다.

"형필 군! 아니 이제 간송이라고 불러야겠군. 간송, 지금부터 내가 하는 말을 잘 듣게. 나는 이 자료들을 모으고 책으로 엮는 데 반평생을 바쳤네. 물론 선친이 남겨주신 서화가 많았지만, 나도 모자라는 부분을 찾아 채우느라 오랜 세월이 걸렸지. 이 일은 한두 해 안에 할 수 있는 일이 아니라, 오랜 시간과 인내 그리고 상당한 자금이 필요한 일이라네. 그러나 가장 중요한 건 명확한 목적의식과 지극한 정성일세. 나는 청년 시절 개화당 사건으로 정변에 휘말려 일본으로 도망갔다 온 후, 더 이상은 정치에 뜻을 두지 않았네. 손병희 선생을 만나 천도교도가 되었고, 〈만세보〉와 〈대한민보〉 같은 신문사 사장으로서 백성들에게 세상 소식을 정확하게 알리기 위해 노력했네. 그러나 왜놈들에게 나라를 빼앗기고 신문사도 문을 닫으면서 언론인 생활도 더는 할 수 없었지. 그때 내 나이 마흔일곱이었네. 오십을 바라보는 내가 우리 민족을 위해 무엇을 할 수 있을지 고민했지. 그때 왜놈들이 나라를 빼앗고도 전래傳來의 진적서화 珍籍書畵들을 헐값에 사들여 일본으로 유출하는 것을 보았네. 아차 싶더군. 저걸 지켜야 하는데…… 그때부터 힘껏 모으기 시작했네. 나라는 지키지 못했지만, 남아 있는 서화 중 일부라도 지키고 정리해 후손들에게 남겨주는 것이 나의 할 일이라고 생각하면서 실천했네. 그 이유가 뭔지 알겠나?"

"……"

전형필은 아무 말도 하지 못하고 그저 오세창을 바라보았다.

"우리 선조들이 남긴 그림, 글씨, 책, 도자기는 우리 민족의 혼이자 얼이라네."

전형필은 '민족의 혼이자 얼'이라는 말을 듣는 순간, 가슴에서 뜨거운 불길이 일어나는 느낌이었다.

"그러나 나는 재산이 많지 않아 값이 헐한 글씨는 많이 모았으나 그림은 작은 편화밖에 구하지 못했고, 값이 어마어마한 고려청자나 삼국시대 불상은 꿈도 꾸지 못했네. 게다가 이제 나는 늙었고 남은 재력이 없네. 그런데 간송 자네가 재산의 일부를 뜻있게 사용하고 싶다니, 나로서는 고맙고 또 고마울 뿐이네."

"어르신께서 그렇게 말씀해주시니 부끄러울 뿐입니다. 저는 지금 마음만 있을 뿐 학식도 부족하고 서화를 보는 눈도 없어 무엇을 어떻게 시작해야 할지 앞이 막막합니다. 어르신이 가르침을 주시는 대로 그저 열심히 따르겠습니다."

전형필이 공손하게 머리를 숙이자 오세창이 그의 손을 잡았다.

"간송, 그래 그렇게 하세. 내가 미력하나마 힘껏 돕지. 이 일은 자네가 조상님께 물려받은 재산을 뜻있게 사용하는 길이고, 이는 우리의 민족 정신을 지키는 중요한 일이야."

오세창의 뜨거운 피가 손을 통해 그대로 전형필에게 전달되었다.

"어르신, 정말 고맙습니다. 어르신을 실망시키지 않도록 힘써 노력하겠습니다."

전형필이 일어나 오세창에게 큰절을 올렸다.

"앞으로는 어르신이 아니라 선생님이라고 부르게. 그리고 이《근역화휘》를 가지고 가서 살펴보게. 서화와 전적은 보고 또 봐야, 감식하는 눈이 뜨일 뿐, 다른 길은 없네."

"그렇지만…… 이 귀한 화첩을 제가 어떻게……."

"그럼, 바쁜 자네가 매일 내 집으로 오겠는가? 그렇게 오고갈 시간에 그림 한 점이라도 더 보게. 그리고 이 화첩을 몇 달 살펴본 후, 이보다 더 좋은 화첩을 꾸밀 수 있겠다는 의지가 생기면, 자네의 안목으로 그림 한 점 구해 들고 와보게. 이 일이 내가 자네에게 주는 첫 번째 숙제네."

오세창은 기분이 좋은 듯 빙그레 미소를 지었다. 그러나 전형필은 대답할 엄두를 내지 못하고《근역화휘》만 뚫어지게 바라볼 뿐이었다.

전형필은 먼저《근역서화징》을 보았다. 신라시대 솔거부터 조선 말 철종 때까지 1,117명의 서화가에 대한 인명사전인《근역서화징》에 소개된 옛 감식안鑑識眼들의 품평을 눈여겨보았다. 그중 훌륭한 품평을 받은 서화가가 보이면, 오세창이 빌려준《근역화휘》에서 그림을 찾아보았다.

《근역화휘》에는 고려 공민왕, 조선 초기의 안견과 신사임당, 겸재 정선, 공재 윤두서, 현재 심사정, 단원 김홍도, 혜원 신윤복, 오원 장승업 등 이름난 화가들의 작품은 물론, 조선 중기의 전충효全忠孝와 송민고宋民古, 후기의 진재해秦再奚, 김덕성金德成, 마군후馬君厚, 우상하禹相夏, 오경림吳慶林, 이정직李定稷, 조주승趙周昇, 김용수金龍洙, 이공우李公愚, 그리고 실명이 아니라 일명逸名 화가인 이남원수李南原守와 혜춘蕙春 등 유·무명 화가들의 그림이 실려 있었다.

전형필은 오세창이 유명한 화가의 좋은 그림만 수집해서 화첩을 만들지 않고, 그다지 알려지지 않은 화가들의 그림까지도 모은 이유를 처음에는 이해하지 못했다. 그러나 곧 《근역서화징》이 신라 화가부터 정리되어 있고, 《근역화휘》에 무명 화가들의 그림도 수록된 이유가, 우리 민족의 미술을 총정리하기 위한 오세창의 큰 뜻임을 알 수 있었다.

흰 두루마기를 입고 대문을 나선 전형필은 그리 멀지 않은 관훈동 쪽으로 방향을 잡았다. 두 달 동안 하루도 쉬지 않고 《근역화휘》를 보면서, 자신이 이것을 능가하는 화첩을 꾸밀 수 있을지 생각했다. 때로는 자신이 생기다가도, 공민왕의 그림같이 지금은 구할 수 없는 작품을 보면 너무 늦은 것 같기도 했다.

가끔씩 불어오는 맞바람에 땀을 식히며 걸음을 옮기던 전형필은 관훈동 한남서림으로 들어갔다. 서점 주인 심재心齋 백두용白斗鏞이 보던 책을 덮으며 반갑게 맞았다.

"옥정연재가 오랜만에 나들이를 했구먼. 졸업하고 경성에 왔다는 소식을 들었네만, 아직 상중喪中이라 바깥출입을 자제하겠거니 생각하고 있었네."

한남서림은 전형필이 고보 때부터 드나들던 서점이다. 백두용은 전형필의 서재가 완성되었을 때 책 몇 권을 선물로 주었고, 그때부터 전형필을 재호인 옥정연재라고 불렀다.

전형필이 의자에 앉자 백두용이 부채를 건네주었다.

"예, 어르신. 집에서 공부를 하며 바깥출입을 삼갔습니다. 요즘 어떠신지요?"

"말도 말게. 요즘은 칠서(七書, 사서삼경)가 전혀 팔리지 않아 한심할 정도네. 그저 간혹 시골 손님이 여러 사람의 부탁을 받아가지고 올라와서 한 번에 수십 수백 권씩 사주어서 겨우 지탱하고 있네. 세상은 점점 신식으로 바뀌는데 나는 헌책만 끼고 있으니, 이거 참……."

"그래도 어르신 같은 분이 계셔야, 글과 책에 목마른 사람들이 목을 축이지요."

풍채가 좋지만 전형적인 학자처럼 보이는 백두용이 미소를 지었다.

"위창이 자네에게 큰 숙제를 내줬다는 소문이 파다하던데……."

백두용은 호기심에 들뜬 소년 같은 표정으로 전형필을 바라보았다. 오세창은 백두용이 펴낸 《해동 역대 명가필보》를 비롯해, 박제가와 유득공 등 조선시대 문인 4인의 시에 주석을 단 《전주사가시箋註四家詩》 등 한남서림에서 출간하는 책의 제목을 여러 번 써줘, 두 사람은 잘 알고 지내는 사이였다.

"그러잖아도 그 숙제 때문에 뵈러 왔습니다."

전형필이 빙그레 웃으며 대답하자 백두용도 따라 웃으며 말했다.

"그래, 위창의 비급秘笈을 보니 눈이 좀 트이던가?"

한남서림과 백두용

백두용이 한남서림翰南書林 간판을 걸고 고서를 취급하기 시작한 것은 1905년이다. 처음에는 인사동 170번지에서 문을 열었는데, 조선 말 괴석과 난초, 그림과 글씨로 유명한 몽인夢人 정학교丁學敎가 간판을 써줄 정도로 서화계에 발이 넓고 아는 지식인도 많아, 고서 재고가 몇 년 만에 만여 권에 이를 정도로 번창했다. 그래서 1919년부터는 책을 출판하기 시작했다. 1920년대 들어서면서 교육열과 함께 책에 대한 수요가 증가해 관훈동 18번지의 2층 건물로 옮겼다. 아래층은 서점, 위층은 책을 인쇄하고 관리하는 인출부로 사용했다. 여기서 역사학자들의 원고를 책으로 출판하고 귀한 서화 자료는 영인본으로 만들었다. 그러나 급격히 변해가는 사회 환경 속에서 우리나라 고서에 대한 관심은 점점 줄어들었다. 지식인과 학생들은 일본에서 들어온 사상서적을 많이 갖춰놓은 일본인 서점을 주로 찾았다. 문인들도 일본 작가들의 문학작품과 수필집 그리고 구미 각국 작가들의 번역 책을 구하러 진고개 일본인 서점을 드나들었다.

한남서림(아래)과 그 주인 백두용이 펴낸 《해동 역대 명가필보》. 책의 제자는 오세창이 썼다.

북촌의 조선인 고서점은 관훈동에 열한 곳, 인사동과 안국동에 한 곳씩 있었다. 옥인동, 삼청동, 계동 일대에 살던 양반가에서 생활고 때문에 내놓은 귀한 한적漢籍들로 단골손님을 확보하고 있었지만 운영은 쉽지 않았.

백두용이 한남서림을 경영한 데는 선친의 영향이 컸다. 그는 1926년 《해동 역대 명가필보海東歷代名家筆譜》 여섯 권을 간행했는데, 신라의 김생부터 역대 명필 700여 명의 글씨를 모은 책이었다. 선친과 자신이 평생 모은 글씨로 책을 만든 것이다.

전형필이 설레설레 도리질을 했다.

"어르신! 자꾸 놀리지만 마시고, 좋은 그림 한 점만 양보해주시지요."

양보, 당시에는 팔라는 말을 이렇게 점잖게 표현했다.

"아니, 책 파는 사람에게 와서 그림을 찾다니! 우물가에서 숭늉 찾는 격 아닌가? 옥정연재가 급하긴 어지간히 급한가 보네, 하하하."

백두용은 전형필을 놀리는 게 재미있는지 웃음을 멈추지 않았다.

"저도 어르신 장롱 안에 보물이 가득하다는 소문은 익히 들었습니다. 제 속 그만 태우시고 한 점만 양보해주십시오."

전형필도 부채질을 하며 능청을 떨었다.

"그거 다 헛소문일세. 아니, 전에는 좀 있었는데 책 몇 권 출판한다고 좋은 건 다 처분해서, 이제는 빈털터리가 되었네. 허허……."

"그럼, 혹시 겸재 그림을 갖고 계신가요?"

전형필이 결코 그냥 물러나지 않겠다는 듯 정색을 하며 백두용을 바라보았다.

"겸재? 아니, 단원이나 현재가 아니라 겸재 정선?"

당시만 해도 겸재보다는 단원 김홍도나 현재 심사정을 더 알아주었으니, 백두용이 의외라는 듯 고개를 갸웃거리는 것도 당연했다.

"예, 겸재 그림 중에서도 금강산 같은 진경을 그린 그림을 한 점 구하고 싶습니다."

"허, 그거 참 모를 일이네. 그러나 위창의 비급을 공부한 옥정연재가 겸재를 찾을 때는 그만한 연유가 있을 텐데…… 아쉽게도 금강산은 없고 한양 진경을 그린 조그만 그림이 있으니, 하루이틀 후에 들르게."

"고맙습니다, 어르신."

전형필은 흡족한 미소를 지으며 백두용의 책상 뒤 서가에 꽂힌 책들을 살펴보기 시작했다. 그곳에는 일반 손님이 아니라 단골들에게만 파는 책이 진열돼 있었다. 백두용은 책상 서랍에서 책 한 권을 꺼내 전형필에게 건네주었다.

"《옥하만록玉河漫錄》이라는 책인데, 희귀서일 뿐 아니라 내용도 읽을 만하네. 설봉 강백련이라는 분이 지방관직을 두루 역임할 때 보고 들은 사실들 중 후손들에게 살아가면서 주의하고 경계하라고 이를 만한 것들을 엮은 책이지. 현종 1년(1660) 동지사은부사冬至謝恩副使로 청나라에 갔을 때 연경(북경) 옥하관에서 완성해, 책 제목을 옥하만록이라 지었다는군."

"이런 귀한 책을 권해주시다니, 제가 오늘 횡재수가 있나 봅니다."

전형필이 기쁜 듯 활짝 웃자, 백두용이 웃음을 터뜨리며 말했다.

"서화뿐 아니라 고서도 잘 모아 앞으로 큰 문고文庫를 만들어보라는 뜻으로 양보하는 걸세."

"예, 저도 일본인들이 우리나라의 귀중한 책을 다 갖고 가기 전에 조그만 문고 하나 만들고 싶다는 생각을 하고 있습니다."

"역시 옥정연재다운 생각이네. 언제고 그 결심이 확고해지면 찾아오게. 내 이 책방을 통째로 자네에게 넘김세, 하하하!"

백두용의 말은 농담이 아니었다. 이제 나이도 있고, 고서점만으로는 운영이 어려워 몇 번이고 책방 문 닫을 생각을 했다. 그러나 서점의 책을 인수할 조선인 책방을 찾을 수가 없었다. 모두들 운영난으로 여윳돈이 없었다. 그러면 남촌의 일본인 서점으로 넘어갈 게 불문가지인데, 그들이 허름한 책만 인수하려고는 하지 않을 테니 꽁꽁 숨겨두었던 귀중

한 책까지 넘겨줘야 할 터였다. 그래서 적자를 내면서도 책방 문을 닫지 못하고 있었다.

당시 일본인 서점에서는 일본에서 오는 학자들을 위해 우리나라 고서적도 취급했다. 그들은 조선인 거간꾼들을 각 지방에 보내 몰락한 권세가들의 서고에 있는 한적들을 사들이게 했고, 열 배 이상의 가격을 붙여 일본인 학자들에게 팔았다. 이렇게 재미를 본 일부 서점 주인은 조선인 서점의 책을 모두 사들이려고 시도하다가 실패하기도 했다.

백두용의 제안을 들은 전형필은 가슴이 뛰었다. 그러나 한남서림 같은 큰 서점을 인수하려면 목돈이 필요했다.

"어르신, 지금은 제가 삼년상 중이라 선친께서 남겨주신 재산을 제 마음대로 사용할 수 없습니다. 그러니 탈상 때까지 기다려주시면 저도 그동안 진중하게 생각해보겠습니다."

"그러세, 옥정연재. 내가 자네 삼년상이 끝날 때까지는 힘껏 한번 버텨보겠네."

백두용은 선선히 대답하는 전형필을 대견한 눈길로 바라보았다.

"그럼 이틀 뒤에 다시 들르겠습니다."

한남서림을 나온 전형필은 전차를 타기 위해 안국동 쪽으로 걸어가다가 멈춰 서서 뒤를 돌아보았다. 그때까지 백두용은 서점 앞에서 전형필을 바라보고 서 있었다. 전형필이 한남서림 간판을 바라보며 허리를 굽히자, 백두용은 어서 가라고 손짓을 했다.

첫
수집품

첫
수집품

전형필이 오세창 앞에 무릎을 꿇고 건넨 그림은 겸재 정선의 〈인곡유거〉였다. 인곡은 인왕산 아래에 있던 인왕곡을 줄인 말로, 지금의 옥인동이다. 그래서 그림의 왼쪽에는 인왕산이 자리 잡았다. 오른쪽에 조그만 기와집이 있고, 마당에는 큰 버드나무 한 그루가 담장 밖까지 뻗어 있다. 버드나무 아래 넝쿨이 마당에 가득하고, 문이 활짝 열려 있는 방 안에는 사방관을 쓴 선비가 책을 읽고 있다. '인왕산 골짜기 아늑한 집'이라는 뜻의 화제 '인곡유거仁谷幽居'가 제대로 어울리는 그림이다.

그림을 물끄러미 들여다보던 오세창이 입을 열었다.

"그림은 작지만 깨끗하고, 겸재의 작품이 틀림없네."

"한남서림에서 구득求得했습니다."

"백두용이 권하던가?"

"제가 겸재의 진경 그림을 부탁드렸습니다."

"그래? 하필 왜 겸재인가?"

정선, 〈인곡유거〉, 종이에 옅은 채색, 27.4×27.4cm, 간송미술관 소장.

오세창은 흥미로운 듯 전형필을 바라보았다.

"선생님의 《근역화휘》를 살펴보니, 겸재 이전의 그림에는 우리나라 진경을 그린 작품이 없었습니다. 모두 중국 화보풍을 모방했는지, 사람의 옷도 중국 옷이고, 소도 중국의 물소였습니다. 그런데 겸재는 중국 화보풍 그림도 있지만, 금강산 같은 우리나라의 진경을 많이 그렸습니다. 선생님께서 쓰신 《근역서화징》에서 겸재에 대한 평을 찾아보니, 강세황이 '정겸재가 동국 진경을 가장 잘 그렸다'고 했습니다. 그래서 겸재가 처음으로 우리나라 진경을 그린 화가라고 생각되어 한남서림에 부탁했는데, 보여준 몇 점 중에 인왕산과 조선 선비의 모습이 보이는 이 작품을 구득했습니다."

말을 마친 전형필의 얼굴이 붉게 물들었고, 이마에서는 땀이 송골송골 배어나왔다. 오세창은 그런 전형필을 뚫어지게 바라보다가 크게 웃음을 터뜨렸다.

"두 달 만에 겸재를 알아보다니…… 하하하!"

"아닙니다, 선생님. 선생님께서 《근역화휘》를 워낙 꼼꼼하게 정리하신 덕분입니다."

"그 화첩을 꽤나 꼼꼼히 살펴본 게로군! 사실 겸재는 80세 이상 수를 누렸지. 기록을 보면 더러 94세의 수를 누렸다고 하지만, 그건 착오일 게고…… 아무튼 장수하면서 대단히 많은 그림을 남겼네. 그렇다 보니 잘 된 그림도 있고 못 된 그림도 있어, 겸재를 대수롭지 않게 여기는 수장가들도 있지. 하지만 겸재는 동국 진경산수화를 처음으로 그리며 일가를 이뤘고, 나이 들면서 좋은 그림을 많이 남겼다네. 김조순이 《풍고집楓皐集》에서 전하길 장동 김문壯洞金門의 몽와 김창집이 겸재에게 도

오세창이 신라시대 솔거부터 조선 말 철종 때까지 1,117명의 서화가에 대해 정리한 《근역서화징》의 제자(왼쪽)와 1권의 시작 페이지.

- 안동 김씨는 구안동과 신안동으로 나뉘는데, 특히 신안동 김씨 중 좌의정을 지낸 김상헌의 후손이 세도가 문으로 우뚝 섰다. 김상헌의 가문이 대대로 한양의 장동에 살았으므로 장동 김씨라고도 한다.

화서에 들어가도록 권했다고 하지만, 이 또한 자신이 직접 본 게 아니라 누대에 걸쳐 내려온 말을 옮긴 것이니 믿을 바가 못 되네. 도화서 화원이면 중인인데, 겸재 때만 해도 단원 때와는 달리 양반과 중인의 신분 차이가 하늘과 땅만큼 대단했는데 어떻게 공재 윤두서나 관아재 조영석 같은 사대부 화가들과 어울릴 수 있었겠는가. 당연히 사천 이병연 같은 당대의 시인과 금란지교를 맺을 수도 없었을 테고. 그러니 겸재도 사대부 화가라고 봐야겠지만, 나는 겸재가 양반이었다는 자료 또한 찾지 못했네. 다만 아직도 묻혀 있는 자료가 많고, 《도설경해圖說經解》라는 책을 썼다는 기록도 있으니 언젠가는 밝혀지리라 믿네."

오세창은 《근역서화징》의 자료를 모으기 위해 20여 년간 공을 들였지만, 전해지는 자료만 집대성했을 뿐 자신의 의견은 싣지 않았다. 이미 그림이 전해지지 않는 화가가 많았고, 한두 점 본 것만으로 평가할 수

겸재 정선과 간송학파

미술사가이자 간송미술관 연구실장인 최완수는 겸재 집안의 족보와 주변 인물들의 문집에 언급된 자료를 찾아, 겸재가 도화서에 주로 들어가던 중인이 아니라 양반 출신 사대부 화가였음을 밝혀냈다.
최완수는 또 '인곡유거'가 겸재가 살던 집의 택호宅號로 지금의 옥인동 20번지 부근이라고 밝히면서, "그의 생활 모습을 그린 자화경自畵景"이라고 했다.
최완수는 이와 함께 겸재가 진경산수화를 창시한 시대적 배경을 밝히는 논문을 발표했다. 그에 따르면, 숙종 대에 이르러 조선 사대부들 사이에서, 명나라의 멸망으로 중국에 들어선 만주족 청나라의 문화보다 우리 문화가 우월하다는 자긍심이 일반화됨에 따라, 조선 고유의 풍물과 산천에 대해 새로이 인식하게 되었다. 이로써 문학에서는 조선의 산천을 시와 산문으로 표현하고, 미술에서는 사실적으로 묘사할 이념적 기반이 형성되었다. 겸재는 이를 바탕으로, 관념의 세계를 그리던 기존의 기법에서 벗어나 조선의 산수를 있는 그대로 그리는 진경산수화를 창시했다는 것이다. 최완수는 숙종(재위 1674~1720) 대에서 정조(재위 1777~1800) 대에 이르는 시기를 '진경시대'라고 이름 붙였다.
최완수의 이러한 주장에 동조하는 학자들을 '간송학파'라고 부르는데, 전형필이 수집한 자료를 바탕으로 이뤄낸 학문적 결과이기 때문이다.

없기 때문이었다. 전형필에게 겸재에 대한 의견을 피력했듯이, 각 서화가에 대한 의견이 없지 않았지만, 자신의 저서에서는 전혀 언급하지 않은 것이다.

전형필은 오세창의 이야기를 들은 후 겸재에 대한 관심이 더욱 커져 겸재의 작품을 161점이나 모았다. 현재 국립 중앙박물관에서 수장하고 있는 겸재의 그림보다 40점이 더 많다.

오세창은 전형필이 들고 온 〈인곡유거〉를 계속 바라보면서 간혹 고개를 끄덕이기도 하고 미소를 짓기도 했다.

"첫 수집품으로 아주 훌륭한걸! 이 정도면 값을 꽤 불렀을 텐데?"

"아닙니다, 선생님. 아직 그림 값은 잘 모르지만, 적당하게 치른 것 같습니다."

전형필은 담담하게 대답하며 값은 말하지 않았다. 그는 훗날 서화와 전적을 본격적으로 수집할 때도 자신의 입으로는 산 가격을 말하지 않았다. 판매자 주변을 통해서 경매 낙찰가가 알려졌을 뿐이다.

"그렇게 생각한다니 다행이네. 그래, 첫 수집품을 구득한 소감이 어떤가? 할 만하겠는가?"

전형필은 그제야 긴장이 풀린 듯 숨을 내쉬었다.

"아직 눈이 트이지 않은 저에게 이 일이 어찌 쉽겠습니까. 한남서림에서 나온 그림이니 진위야 틀림없겠지만, 선생님께서 뭐라 하실지 불안했습니다."

"하하, 숙제가 그렇게 어렵던가?"

"예, 선생님. 저는 아직 멀었다는 생각뿐입니다."

"뭐든지 처음은 어렵지. 그러나 서화는 열심히 보는 것도 중요하지만, 돈을 주고 하나둘 구득할수록 안목이 늘고 진위를 판단하는 능력도 생기는 법일세. 내 몇 가지 조언을 해주겠네. 가장 먼저, 모든 서화는 제값을 주고 구득하겠다는 마음을 잊어서는 안 되네. 무슨 말인고 하니, 값을 깎으려 하면 좋은 그림을 절대 만날 수 없다는 뜻이야. 서화상들은 장사꾼이지만, 대부분 서화를 좋아하고 아끼는 사람들이기 때문에, 자신이 갖고 있는 작품을 알아주고 대접해주면 좋은 작품이 나왔을 때 얼른 연락해주지. 하지만 흠을 잡으며 깎으려고 하는 사람에게는 절대 먼저 연락하지 않는다네."

"명심하겠습니다."

"둘째, 믿을 수 있는 사람과 거래를 하게. 그래야 위작을 피할 수 있네. 위작은 지금 시대뿐만 아니라 오래전 조선시대에도 만들어졌다네. 그런데 진위를 구분할 수 있는 능력은 하루이틀에 쌓이지 않을 테니, 한동안은 믿을 수 있는 사람하고만 거래하는 게 좋을 것이야."

전형필은 화가가 생존했던 시대에도 가품假品이 만들어졌다는 소리에 깜짝 놀랐다. 그러나 오세창의 말은 사실이었다. 단원 김홍도의 그림, 추사 김정희의 글씨, 대원군의 난 등 유명한 서화가의 가품은 당대부터 나돌았다. 중국 역시 마찬가지다.

"예, 선생님. 구득을 하게 되면 꼭 선생님께 갖고 와서 진위 자문을 받겠습니다."

"그러게, 내가 아직은 보는 눈이 좀 있으니 도와줌세."

오세창은 사실 '당대의 감식안'으로 손꼽혔다. 그가 진품이라고 하면 진품이고, 가품이라고 하면 가품이었다. 그는 《근역서화징》과 《근역화

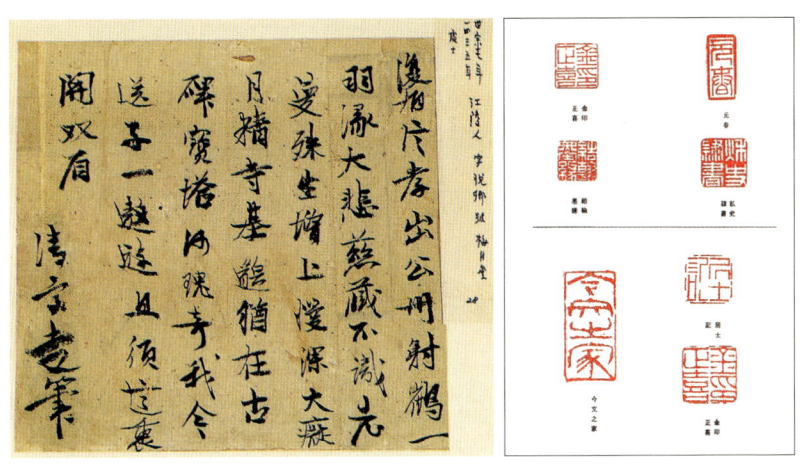

오세창이 엮은 《근묵》(성균관대학교 소장)에 실린 김시습의 글씨(왼쪽)와
《근역인휘》(국회 도서관 소장)에 실린 추사 김정희의 인장.

휘》뿐 아니라, 옛 명필들의 서찰을 모은 《근묵槿墨》과 옛 서화가들의 인장을 모은 《근역인휘槿域印彙》도 만들 정도로 서화와 인장을 많이 접했기 때문이었다.

"고맙습니다. 선생님께서 감식까지 도와주신다니 기운이 납니다."

"그럼 계속 화첩을 보면서 공부하고, 한두 달 후에 또 좋은 작품을 구해 가지고 와보게!"

오세창은 제자가 길을 잘 가고 있다는 듯 흡족한 표정이었다.

"그런데 혹 추천해주실 만한 서화점이 있는지요?"

"서화점이라…… 요즘은 경매 구락부에도 좋은 작품들이 나오긴 하지만, 자네가 거기 가서 노련한 수장가들과 경쟁하기는 아직 이르니, 당주동에 있는 조선미술관의 우경 오봉빈을 찾아가보게. 지난해에 안국동 부근에서 문을 열었다가 최근에 광화문 근처 당주동으로 옮겼는데, 나

101

와 가까이 지내는 천도교인으로 한때 고서화를 수집하기도 했네. 믿어도 좋을 사람이지. 요즘 화가나 서예가들이 작품을 전시할 곳이 없어, 내가 전시와 판매를 병행해보라고 권했다네."

"그런 분이 계셨군요. 제가 일본에서 돌아온 후 바깥출입이 많지 않아 몰랐습니다. 한번 찾아가보겠습니다."

"그러게. 나는 그럼 다음 구득품을 기대하고 있겠네."

전형필은 처음으로 수집한 작품을 칭찬받아 마음이 가벼웠다. 오세창의 가르침을 따라 1년쯤 공부하면 어느 정도 안목이 생기지 않겠는가. 그러다가 삼년상을 마친 후 한남서림을 인수하면 서화와 전적을 좀 더 쉽게 만날 수 있을 것이었다.

다시 《근역서화징》과 《근역화휘》를 붙잡고 씨름하던 전형필은 당주동에 있는 조선미술관을 찾아가기 위해 문을 나섰다. 무더운 8월이었지만, 시내구경도 할 겸 걸어서 가기로 했다.

종로통은 예전에 비해 한산했다. 상업의 중심이 종로통에서 일본 상인들이 자리 잡은 황금정(지금의 을지로)과 본정통(충무로)으로 옮겨갔다는 세간의 말이 실감났다.

당시 경성은 청계천을 경계로 조선 사람이 많이 사는 북촌과 일본 사람이 많이 사는 남촌으로 나뉘었다. 통감부가 있던 남산을 중심으로 그 일대가 일본인들의 거류지가 되었다. 그곳에 르네상스식 3층짜리 건물의 미쓰코시 백화점(현재 신세계 본점 자리) 외에도 조지아, 미나카이, 히라다 등 일본 백화점들이 문을 열면서 상업의 중심지가 되었다. 게다가 일본 상인들이 몰려 있던 본정통은 자동차나 우마차의 통행도 금지시켜서 사람들이 좌우편을 마음대로 다니며 물건을 살 수 있게 하였다. 이런 특혜로 본정통은 빠른 속도로 번창했다.

1932년 화신백화점이 들어서기 전 종로통에서는 그 전신前身인 화신상회가 종로 네거리에서 귀금속과 양복 그리고 다양한 잡화를 취급했다. 인사동 모퉁이의 동아부인상회 역시 대형 잡화점 형태로 운영되었다. 종로 2가와 3가 사이에는 대창양화점이나 한경선양화점 같은 구둣방과 김윤면포목점이나 구정상회 같은 포목점, 지물포, 어물전, 문구류를 파는 필방筆房, 금은방 등이 있었다. 하지만 남촌의 백화점들에 비해 구색이 적어 손님이 자꾸만 줄어들었다.

같은 조선인이 운영하는 상점이라고 무조건 이용해주는 시대가 아니었다. 사람들은 일본인 가게라도 물건이 싸고 좋으면 그리로 몰려들었다. 일본인이 경영하는 미쓰코시, 조지아, 미나카이 같은 백화점들은 종로의 조선인 잡화점보다 물건 종류가 다양했고, 전차를 타고 왕복해도 전찻값이 빠질 정도로 쌌다. 백화점 안에는 맛있는 음식을 싸게 먹을 수 있는 식당까지 있어, 중산층 이상의 가정부인이나 젊은 멋쟁이들은 남촌으로 몰렸다. 남촌에 들어서면 번화하고 활기가 넘쳤지만, 북촌의 중심인 종로통은 한산했다.

종로를 지나면 조선총독부 청사가 보이는 광화문 네거리다. 그러나 광화문은 이미 삼청동 입구 건춘문 옆으로 옮겨져 보이지 않았다. 전형필은 한동안 광화문이 사라진 자리를 바라보다 한숨을 내쉬었다.

당주동 입구에서 광화문 쪽으로 조금 걸어가자 3층 건물의 2층에 '조선미술관' 간판이 보였다. 조심스럽게 문을 열고 들어가자 의자에 앉아 웃으며 얘기하던 세 사람이 일제히 이쪽을 바라보았다. 전형필은 그들

일제강점기, 광화문의 수난

조선왕조의 정궁正宮인 경복궁의 정문 광화문! 태조 4년(1395)에 창건되었고, 세종 7년(1425) 집현전 학자들이 '빛이 사방을 덮고, 감화가 사방에 미친다光被四表 化及萬方'는 의미로 광화문이라고 명명했다. 임진왜란 때(1592)불탄 것을 300여 년 만인 고종 2년(1865) 경복궁 재건 당시 함께 중건했다. 1926년 조선총독부 청사를 완공한 일제는, 1927년 총독부 앞에 있는 광화문을 삼청동 입구인 건춘문 북편(지금의 국립 민속박물관 정문 자리)으로 옮겼다. 그때 광화문 입구 육조거리 양편에 있던 장랑들도 헐었다. 그뿐 아니다. 그들은 조선총독부 청사를 경복궁 좌향인 계좌정향癸坐丁向과 어긋나는 자좌오향子坐午向에 배치함으로써, 풍수지리적으로 조선왕조의 맥을 끊었다.

일제는 광화문을 옮기기 전인 1915년부터 경복궁을 유린하기 시작했다. 강점통치 5주년을 기념한다면서 각 지방의 특산물을 전시하는 조선물산공진회를 경복궁에서 열어, 궁궐 구내에 남아 있는 근정전勤政殿, 교태전交泰殿, 경회루慶會樓 등 중요 건물을 모두 전시장으로 이용했다. 그리고 5천 평이 넘는 땅에 서양식 건물을 지었다. 강점 20년째가 되는 1929년에는 또 '조선박람회'라는 이름으로 경복궁을 다시 한 번 유린했으니, 나라를 빼앗겨 수난을 당한 것은 사람뿐이 아니었다.

1925년 무렵 광화문(◁)과 1929년 건춘문 옆으로 옮긴 후의 광화문(▽). 차양 모양의 가건물이 덧붙어 3층으로 개조되었다.

에게 고개를 숙여 인사하며 말했다.

"우경 선생님을 뵈러 왔습니다."

짧게 깎은 머리에 동그란 안경을 낀, 40대 후반으로 보이는 남자가 의자에서 일어나 전형필 앞으로 다가왔다.

"제가 오봉빈입니다."

"위창 선생님 소개로 찾아온 전형필입니다."

오봉빈이 오른손을 내밀어 악수를 청하며 말했다.

"아! 간송이시군요. 위창 선생님께 말씀 많이 들었습니다. 이쪽으로 앉으시지요."

오봉빈은 오랜 친구를 만난 듯 반갑게 맞으며 전형필에게 의자를 권했다.

"이렇게 만난 것도 인연인데, 두 분과도 인사를 나누시지요. 〈동아일보〉 학예부에서 삽화를 그리는 청전 이상범 화백입니다."

전형필이 일어나 고개를 숙이자, 말쑥한 신사복 차림에 하이칼라 머리를 한 이상범도 일어나 악수를 청했다.

"이 분은 〈중외일보〉 학예부에 있는 심산 노수현 화백입니다."

전형필이 선 채로 인사를 하자 노수현도 일어나 악수를 했다. 얼굴이 통통한 노수현 역시 양복을 입고 있었다.

"자, 다들 앉으세요. 간송 전형필 선생은 위창 선생님으로부터 서화 수집과 감식을 배우고 있는 수장가이십니다. 위창 선생님이 대단한 기대를 걸고 계신 분이지요!"

"아직 배우는 중이라 아는 게 없습니다. 앞으로 우경 선생님께서 많이 가르쳐주시기 바랍니다."

두 사람의 대화가 시작되자 이상범이 먼저 일어섰다.

"간송, 오늘 뵙게 되어 반가웠습니다. 퇴근 시간 전에 신문사에 들어가야 해서 먼저 일어납니다."

"예, 저도 유명하신 청전 화백님을 뵙게 되어 영광입니다. 다음 전시회 때 알려주시면 찾아뵙겠습니다."

청전 이상범과 심산 노수현의 청년 시절

청전青田 이상범(李象範, 1897~1972)은 충남 공주에서 태어났다. 두 살 나던 해 아버지를 여의고 편모슬하에서 자라다가, 열 살 때 어머니와 함께 서울로 왔다. 보통학교를 졸업한 후 중학교에 진학할 형편이 못 되어, 서화미술학원에 학비 면제 장학생으로 들어가 3년 동안의 수업을 마치고 2회 졸업생이 되었다.

서화미술학원은 조석진, 안중식, 정대유, 김응원, 이도영 등 조선시대 마지막 화가들이 조선 서화의 전통을 잇기 위해 만든 학원으로, 입학생은 많았으나 3년 과정을 마치는 경우는 드물었다. 1회 졸업생으로는 정재 오일영·묵로 이용우·무호 이한복·이용걸이 있었고, 2회에는 이당 김은호·청전 이상범, 3회는 심산 노수현·정재 최우석 정도가 졸업했다. 이상범은 졸업 후에도 마땅히 기거할 집이 없어, 심전 안중식의 화실인 경묵당에서 지내면서 계속 그림공부를 했다. 조선미술전람회 1회부터 3회까지 연속 입선했고, 이후 계속 특선을 하다가 1929년 제8회 때 최고상인 창덕궁상을 받았다. 1927년 〈조선일보〉 학예부에 입사해 삽화를 그렸고, 이듬해 〈조선일보〉가 정간당하자 〈동아일보〉로 자리를 옮겼다. 당시 〈동아일보〉에는 노수현이 삽화를 그리고 있었으나, 서화미술학원에서 같이 그림을 배운 친구를 위해 〈중외일보〉로 옮기면서 자리를 양보했다. 이상범은 1936년 손기정 선수의 일장기 말소 사건에 연루되어 옥살이를 할 때까지 〈동아일보〉에서 연재소설 삽화를 그렸다.

심산心汕 노수현(盧壽鉉, 1899~1978)의 선대는 황해도 곡산에서 살았지만 부모가 고향을 떠나 개성에서 살 때 태어났다. 그러나 부모가 일찍 세상을 떠나 조부가 있는 황해도 곡산으로 돌아와 어린 시절을 보냈다. 1914년 서울로 올라와 보성고보에 입학했으나, 1학년을 마치고 서화미술학원에 입학해 그림을 배웠다. 심전 안중식 밑에서 같이 공부한 청전과는 평생지기로 지냈다.

스승인 안중식도 이들 두 제자를 가장 아꼈다. 그는 자신의 호 심전心田을 나눠, 노수현에게는 '심' 자를 주어 '심산', 이상범에게는 '전' 자를 주어 '청년 심전'이라는 뜻으로 '청전'이라고 호를 지어주었다.

전형필과 이상범은 서로 명함을 교환하고 악수로 헤어졌다. 뒤이어 노수현도 일어났다. 오봉빈이 두 사람을 배웅하러 나간 사이 전형필은 벽에 걸린 그림과 글씨들을 둘러보았다.
　추사 김정희와 대원군 석파 이하응의 글씨, 단원 김홍도의 연꽃 그림, 민영익의 묵란, 심전 안중식의 깔끔한 산수화 〈계산유취〉, 소림 조석진의 〈어해도〉, 오세창의 조카 오일영의 중국 화보풍 그림, 조금 전에 나간 심산 노수현의 〈장수산 천불봉〉, 청전 이상범의 추경산수 〈풍림독조〉, 이당 김은호의 목단 그림이 눈길을 끌었다.
　"문을 연 지 얼마 되지 않아 부족한 게 많습니다."
　언제 들어왔는지, 오봉빈이 전형필 옆에 서서 그림들을 바라보며 입을 열었다.
　"아닙니다. 위창 선생님 말씀대로 좋은 작품이 많습니다. 특히 청전 선생의 작품이 독특한 것 같습니다."
　"예, 이 작품은 청전이 북한강에 나가 직접 사생하면서 그린 실경산수입니다. 청전은 서화미술학원 동문 등과 동연사同研社를 결성해서 같이 들과 산을 누비며 현실 풍경을 사실적으로 묘사하는 작품을 많이 그렸지요. 청전은 20대 청년 시절까지는 그림을 그릴 조그만 방 한 칸이 없어 스승인 심전 선생님 댁에 기거하면서 죽어라 그림만 그리더니, 이제 제법 이름을 날리는 화가가 되었습니다."
　"아, 그런 사연이 있으셨군요. 그래도 이제는 이렇게 훌륭한 작품을 그리는 화가로 명성을 얻으셨으니 참 다행입니다."
　"예. 그런데 이름은 얻었어도 그림만 그려서 생활하기가 쉽지 않아 저렇게 신문에 삽화를 그리고 있으니, 안타깝다는 생각이 듭니다."

이상범, 〈풍림독조〉, 비단에 채색, 28.5×21.5cm, 간송미술관 소장.

노수현, 〈장수산 천불봉〉, 종이에 옅은 채색, 37.0×22.2cm, 간송미술관 소장.

"아직 조선에서는 그림만으로 생활이 쉽지 않군요."

"예, 전시회 때 몇 점 팔아봐야 한지에 붓에 안료에 표구비 제하면 손에 쥐는 돈이 별로 없으니까요."

전형필은 고개를 끄덕이며 심산 노수현의 작품 앞으로 다가갔다.

"이 작품은 황해도 장수산을 그린 것 같은데, 맞나요?"

"맞습니다. 장수산에 가보셨습니까?"

"예, 연백 쪽에 갔을 때 경치가 좋아 잠시 둘러본 적이 있습니다."

"심산의 고향이 황해도 곡산이라, 휴가 때 갔다가 그린 것입니다. 심산 말에 의하면 '황해 금강'이라고 부른다더군요."

"예, 제가 갔을 때도 동네 분들이 그렇게 말씀하셨습니다. 제가 가본 곳이라 그런지 이 그림이 더욱 반갑습니다."

"그림을 보고 반가워하시는 모습을 보니, 간송은 단순한 수장가가 아니라 그림을 사랑하는 애장가이십니다, 하하하! 사실 그림을 그린 사람은 물론이고 저처럼 소개하는 입장에서도, 간송처럼 그림을 보고 흐뭇해하는 애장가를 만날 때가 장삿속을 떠나 기분이 제일 좋습니다. 제가 이렇게 기분 좋게 웃는 것도 미술관 문을 연 후로 처음인 것 같습니다, 하하하!"

두 사람은 계속 주거니받거니 이야기를 이어가며 그림과 글씨들을 둘러본 다음 책상 앞으로 와 의자에 앉았다.

"우경 선생님 덕분에 좋은 그림을 잘 감상했습니다. 청전과 심산 두 분의 그림은 경성과 황해도 손님이 많은 사랑에 걸어야겠습니다."

이렇게 청전 이상범, 심산 노수현과 만난 전형필은 두 화가와 인연의 끈을 놓지 않고 음으로 양으로 많은 후원을 했다. 훗날 전형필이 세운

박물관(보화각) 개관 기념식 때 청전과 심산이 찾아와 축하해주는 모습이 사진에 남은 것도 바로 이런 인연에서다.

"처음 오시자마자 이렇게 여러 점을 거둬주시니 감사합니다. 제가 알아서 잘 올리겠습니다."

당시 서화점 주인들은 수장가와 거래할 때 '얼마 주세요' 혹은 '얼마 내세요'가 아니라 '얼마에 올린다'는 표현을 썼다. 그러면 점잖은 수장가는 두말 않고 지불하고, 점잖지 못한 수장가는 흥정을 했다.

당시 청전 이상범과 심산 노수현의 그림 값은 30원 정도였다. 쌀의 가치는 요즘에 비해 훨씬 컸으므로, 기와집 값으로 계산해야 이해가 쉽다. 청전과 심산의 그림 값은 기와집 한 채 값인 천 원의 30분의 1이었으니, 요즘으로 치면 천만 원 정도다. 요즘 중견작가의 그림 값과 비슷하다.

"감사합니다. 그러나 위창 선생님께서 서화는 제값을 주고 구득해야 한다고 하셨으니, 너무 신경 쓰지 않으셨으면 합니다."

오봉빈은 크게 웃음을 터뜨리며 즐거워했다.

"하하하! 위창 선생님께서 저희 같은 서화점 주인들을 크게 생각해주시는 말씀을 하셨군요. 그러나 결국에는 간송을 위한 말씀이십니다. 앞으로 많이 겪으시겠지만, 그렇게 하시면 오히려 조심해서 값을 부르고 좋은 물건이 나오면 제일 먼저 연락을 드리는 게 저희 서화상들입니다. 결국 돈보다 중요한 게 마음이니까요!"

"사실 제가 오늘 우경 선생님을 찾아뵌 것은, 전에 모으신 수장품 중 한두 점을 나눠주실 수 있을지 여쭙기 위해서입니다."

'나눠달라'는 말은 '양보해달라'와 같은 뜻으로, '팔라'는 말의 정중한 표현이었다. 당시에는 이런 표현에 따라 수장가의 품격을 판단했다.

"위창 선생님께 말씀을 들었을 때, 간송이 누구의 작품을 염두에 두고 계실지 궁금했습니다. 그런데 저도 이 미술관을 여느라 좀 처분을 해서, 남아 있는 작품이 변변치 못합니다."

"공재 윤두서나 관아재 조영석의 작품을 구하고 싶습니다."

《근역서화징》에 두 화가의 그림 솜씨가 예사롭지 않다는 평이 많았기 때문이었다.

"위창 선생님께 지난번에 겸재의 좋은 소품을 구득하셨다는 말씀을 들었을 때도 독특하다고 생각했는데, 이번에는 공재와 관아재라니, 이 또한 의외입니다!"

오봉빈은 흐뭇한 표정으로 전형필을 바라보며 말을 이었다.

"공재의 그림은 조선시대 때부터 해남 윤씨 종손들이 보이는 대로 사들여 돌아다니는 게 별로 없습니다. 그리고 관아재는 남긴 작품이 워낙 적습니다. 저에게 관아재의 그림이 몇 점 있기는 한데, 속화입니다."

오봉빈(吳鳳彬, 1893~1945 이후)

호는 우경友鏡. 우리나라 화랑 역사에 큰 족적을 남긴 인물이다. 평안북도 영변 출신으로, 20세가 되던 1913년 보성학교를 졸업했다. 고향으로 돌아가 봉명학교에서 교사 생활을 하다가, 상해로 가서 도산 안창호를 만나 항일독립 운동을 했다. 3·1 만세운동 직후 서울로 돌아와 체포되었다. 징역 6년에 집행유예 6년을 선고받고 출옥한 후 일본으로 건너가 1927년 동양대학교 철학과를 졸업했다.

서울로 돌아와 위창 오세창의 권유로 조선미술관을 차렸는데, 이런 인연으로 오세창은 조선미술관에서 기획전이 꾸려질 때마다 자신의 수장 서화들을 출품하면서 힘을 실어주었다. 훗날 전형필도 이에 동참했다.

"속화라면 단원의 풍속화 같은 그런 그림인지요?"

"맞습니다. 물론 단원의 속화와는 좀 다릅니다만, 당시의 풍속을 그린 것입니다."

전형필은 《근역화휘》에서 단원의 풍속화만 한 점 보았을 뿐, 관아재 조영석의 풍속화에 대해서는 금시초문이었다. 《근역서화징》에도 풍속화에 대한 언급은 없었다. 전형필은 단원보다 빠른 시기의 풍속화는 어떻게 그려졌을지 궁금했다.

"언제쯤 볼 수 있을까요?"

"약속을 정하시면 그때 맞춰서 갖고 나오겠습니다."

"그럼, 이틀 후에 오겠습니다."

"예, 그렇게 알고 준비해놓겠습니다."

세상의 눈에서 멀어져야
문화재를 지킨다

세상의 눈에서 멀어져야
문화재를 지킨다

전형필은 오세창 앞에 관아재 조영석의 그림 두 점을 펼쳐놓았다. 한 점은 초가집 옆 나무 아래서 여인네가 절구질하는 모습이 담겨 있고, 다른 한 점은 소나무 아래 펼쳐진 돗자리에서 장기판을 놓고 한판 승부를 겨루는 노인 양반과 훈수 두는 사람들의 모습이 재미있게 표현되었다.

"우경에게서 구득했다는 이야기는 들었는데, 별로 알려지지 않은 관아재를 생각한 이유가 무언가?"

오세창이 물었다.

"지난번 겸재의 그림을 구할 때 선생님의 《근역서화징》을 보니, 겸재 시대의 화가로 공재 윤두서, 관아재 조영석 그리고 겸재에게 그림을 배운 현재 심사정의 이름이 언급되어 있었습니다. 그런데 공재와 관아재는 모두 어진(御眞, 임금의 초상화) 작업에 참여하라는 어명이 내리자, 선비가 환쟁이 취급을 받았다면서 붓을 꺾은 공통점이 있는 선비 화가였습니다. 선생님께서 찾아 소개한 자료에 두 사람의 그림 솜씨가 예사롭지 않다는 평이 많고, 또 숙종 시대 화가들의 작품을 모으면 그 전후의 화가들이 어떻게 다른지 알 수 있을 것 같아서 우경 선생에게 두 화가를 이야기했더니 관아재의 그림을 양보해주었습니다."

오세창이 고개를 끄덕였다. 전형필이 유명 화가의 그림보다는, 조선시대 미술의 흐름을 파악할 수 있는 작품을 수집하고자 함을 알 수 있었던 것이다. 호고好古의 벽癖 때문에 마구잡이로 수집하는 것이 아니라, 자료를 찾고 공부하면서 체계가 있는 수집 계획을 세웠다는 것이 대견했다.

"자네 말이 맞네. 조선시대 그림은 숙종 때부터 화격畵格 높은 그림이 많이 나왔지. 화원들도 그렇고 사대부 화가들의 그림도 마찬가지네. 왜놈들은 숙종을 당쟁에 휘둘리고 장희빈 등 여인네들 치마폭에 휩쓸린 왕으로 폄하하는데,• 내 생각은 다르네. 만약 숙종이 그렇게 무능한 임금이었고 사회가 어지러웠다면 그 시대의 학문과 문화가 풍요로울 수 없겠지. 하지만 숙종 때의 시와 그림을 보면 이전 시대보다 수준이 높다네. 그런 기운이 영조와 정조 때로 이어졌기 때문에 그렇게 책이 많이 출판되고 학문 연구가 활발했던 것 아니겠나. 물론 이는 훗날 조선이 독립되면 우리 역사학자들이 연구해야 할 몫이지만, 글이나 그림을 보면 그 시대를 간접적으로 알 수 있기 때문에, 숙종과 영·정조 때의 그림과

• 당시 일본 역사학자들은 조선시대를 '당쟁의 왕조'로 규정했고, 조선은 당쟁 때문에 망할 수밖에 없었다고 가르쳤다. 그들에게 배운 우리나라 역사학자들은 광복 후에도 이런 역사인식으로 학생들을 가르쳤다. 그러나 세월이 흐르면서 스승들의 '식민사관'을 비판하는 소장학자들이 나타났다. 간송미술관의 최완수 연구실장은 간송이 수집한 서화를 연구·분석하면서 당쟁을 새롭게 해석하는 논문을 연달아 발표했다. 왕권과 신권 강화에 대한 정치적 입장이 다른 정파 간의 권력투쟁이, 일본처럼 칼을 휘두르는 무력투쟁이 아니라, 학문적 바탕 위에서 이루어진 이론투쟁이었기에 조선왕조의 정치와 학문이 발달했고, 중국왕조 평균 수명의 두 배인 500년을 유지할 수 있었다는 것이다.

조영석, 〈시골집 아낙이 하는 일村家女行〉, 종이에 옅은 채색, 23.5×24.4cm, 간송미술관 소장.

조영석, 〈현이도賢已圖〉, 비단에 채색, 31.5×43.3cm, 간송미술관 소장.

글씨가 많이 보존될수록 우리 역사 자료가 풍부해지는 거지. 자네가 이번에 구득해온 이 두 점은 단원 이전에도 풍속화가 그려졌다는 증거가 되는 아주 귀한 그림이네. 당시에는 세속을 그렸다고 해서 '속화'라고 불렀는데, 김홍도처럼 중인 출신 도화서 화원도 아니고 사대부인 관아재가 무슨 이유로 평민들의 삶에 관심을 가졌는지는 나도 짐작하기가 쉽지 않구먼. 그렇지만 이 그림은 훗날 조선시대 속화의 유래를 연구하는 데 좋은 자료가 될 테니 잘 보관하게. 아무튼 공부한 지 두 달 만에 겸재를 찾아내고, 이번에는 관아재를 주목해서 귀한 그림을 구득했으니, 자네의 수집 안목이 보통이 아닐세."

전형필은 오세창의 설명을 듣고서야 관아재 풍속화의 가치를 실감했다. 오봉빈이 정말 큰 양보를 해준 것이었다.

"사실 이번 그림은 우경 선생이 선생님의 체면을 생각해서 양보해준 거라고 생각합니다. 저는 아직 제 힘으로 그림을 알아볼 수 있는 안목이 턱없이 부족합니다."

조영석(趙榮祏, 1686~1761)

호는 관아재觀我齋. 인왕산 아래에 살면서 겸재 정선과 이웃이 되어 절친하게 교유했다. 40세 이전에는 중국 화보풍畵譜風의 그림을 그리다가 50대에 사생과 풍속에 관심을 보였고, 60대를 넘어서면서는 수묵 위주의 시적인 정취에 몰두했다.

생전에 그린 풍속화 14점을 '사향노루의 향기가 나는 그림'이라는 뜻의 《사제첩麝臍帖》으로 남기면서, 화첩 표지에 "이 책을 남들에게 보이지 말라. 이를 범한 자는 내 자손이 아니니라"라는 금기禁忌를 만들었다. 풍속화가보다는 담백한 그림을 그린 선비 화가로 인정받기를 원했기 때문일 것이다. 그러나 금기란 깨지기 위해 존재하는 것! 《사제첩》은 1984년 세상에 모습을 드러냈고, 관아재 조영석은 조선시대 미술사에서 풍속화가로서 선구자적 위치를 인정받았다. 그러나 《사제첩》이 공개되기 전 세상에 알려진 관아재의 풍속화는 전형필이 수장한 작품뿐이었다.

"당연한 일이네. 그림을 본 지 몇 달 만에 안목이 트이는 건 불가능한 일이지. 하지만 자네가 생각하고 있는 수집 방향은 탁월하네. 훌륭한 수장가가 되려면 작가와 시대에 대한 공부도 함께 해야 서화 전적의 진가 眞價를 꿰뚫어볼 수 있는 안목이 생기고, 그래야 단순한 수집이 아니라 조상의 유산을 보존하는 가치를 얻게 되는 것이네. 참으로 멀고도 지난한 길이고, 자네가 지금 생각하는 것보다 훨씬 더 막대한 자금이 필요할 수도 있네. 영조 때 유명한 수장가 상고당尙古堂 김광수(金光遂. 1699~1770)는 이조판서의 아들이었는데, 벼슬길에 나가지 않고 평생에 걸쳐 수많은 서화 전적과 골동을 모았네. 그러나 재산을 모두 수집에 쏟아부어 말년에 생활이 힘들어지자 '평생 눈에 갖다바쳤던 것을 이제는 입에다 갖다바칠 수밖에 없다'면서 수장품을 팔았고, 결국 그의 수장품은 뿔뿔이 흩어졌지. 이처럼 수장가에게는 모으는 일보다 지키는 일이 더 힘들고 어려운 게야. 나 역시 그런 경험을 많이 했지. 자네도 알다시피, 나는 선친으로부터 많은 유물과 재산을 물려받았네. 그러나 일본으로 도망도 갔다 오고, 3·1 만세운동 때 감옥에도 다녀오니 남은 재산이 별로 없더군. 생활이 힘들 때마다 선친이 남겨주신 서화를 몇 점 처분하고 싶다는 생각이 들기도 했네. 그런 마음을 경계하기 위해 선친의 유품과 내가 모은 서화들을 화첩과 서첩으로 만들며 마음을 다잡았지. 그러니 자네도 힘들게 수장한 물건을 절대 다시 내놓지 않아도 될 만큼만 모으게나. 만약 그렇게 하지 않는다면, 자네가 오랫동안 애써서 모은 수장품이 자네 스스로 또는 자손들에 의해 뿔뿔이 흩어지고 말 것이니, 내 말을 명심하고 또 명심하게."

오세창의 목소리는 단호했다. 전형필은 아득한 눈길로 오세창을 바라보았다. 쉬운 일이 아니라는 것은 짐작했지만, 그동안 어떻게 모을 것인가만 생각했지, 후대에 의해 흩어질 수도 있다는 생각은 하지 못했다. 그러나 옛 명문가의 자손들이 가문의 보물을 내다팔고 있는 현실을 보면, 오세창의 염려는 지극히 당연한 것이었다.

"예, 선생님. 제가 아직 나이가 어려 전혀 예상하지 못한 큰 가르침이십니다. 명심하고 또 명심해서, 후대에도 흩어지지 않을 방법을 깊이 생각해보겠습니다."

이날의 대화는 전형필에게 '보존'하는 방법을 강구하는 계기가 되었다. 이후 전형필은 많은 생각 끝에, 우리나라 최초로 사설 박물관을 세우겠다는 결심을 하기에 이른다.

"또 한 가지, 어떠한 경우에도 정치적 우여곡절에 휩쓸리지 말고, 오로지 조상님들의 얼과 혼을 모으고 간수하는 데만 힘써 매진하기 바라네. 그렇게 하는 것만이 이 식민지 시대에 자네의 존엄을 지키는 길일 것이야."

전형필은 정신이 번쩍 들었다. 오세창은 재산을 지키기 위해 일제에 협력하는 상황을 우려하고 있었다. 그뿐 아니다. 많은 재산가가 중국에서 활동하는 독립운동 세력이나 국내의 사회주의자들에게 포섭 대상이 되고 있는 현실에서, 어느 쪽이든 일단 발을 들여놓으면 종국에는 비극적 최후를 맞을 수도 있다는 우려를 간접적으로 표현한 것이다. 그러나 아직 사회 경험이 일천한 전형필로서는 어려운 화두를 하나 더 받아든 심정이었다.

전형필이 아무 대꾸도 하지 못하자 오세창이 덧붙였다.

"지금 내 말을 이해하기가 쉽지 않겠지만, 내가 온몸으로 사무치게 겪

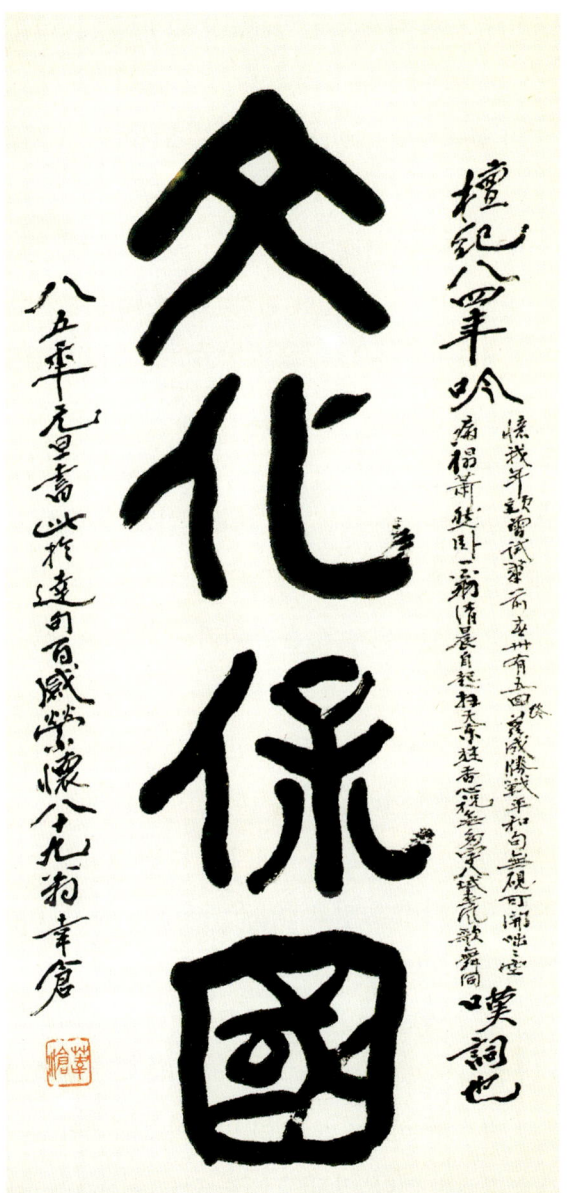

문화보국, 오세창이 자신의 생애를 표현한 붓글씨다. 3·1 만세운동으로 감옥을 다녀온 후, 오세창은 문화를 지키는 일이 곧 민족정신을 지키는 일이라고 생각했고, 평생 실천에 옮겼다.

어 하는 얘기일세. 나와 함께 3·1 만세운동에 참여했던 이들 중 상당수가 감옥에서 나온 후 일제와 손잡은 걸 알고 있나? 참으로 개탄스럽지만, 그게 지금의 현실일세. 그런데 일제가 독립선언서 작성에 깊이 관여한 나를 어쩌지 못하는 이유가 뭐라고 생각하나?"

전형필은 마른침만 꿀꺽 삼켰다.

"이유는 단 한 가지야. 내가 서화 전적이나 모으며 조용히 살 거라고, 자기들에게 더 이상 반기를 들지 않을 거라고 본 거지. 덕분에 나는 내 수장품들을 지킬 수 있는 것이고…… 물론 언제까지 이런 상태가 유지될지는 알 수 없지만 말이야."

전형필은 아득한 눈길로 오세창을 바라보았다. 스승은 서화 전적에 미친 사람 행세를 하면서 일제의 회유뿐 아니라 세상의 눈에서 벗어났던 것이다. 그러면서 민족의 얼과 혼을 지키는 작업을 조용히 하고 있지 않은가!

"나는 조선의 독립을 확신하고 또 확신하네. 그러니 자네도 그 희망을 잃지 말고, 앞으로 어떤 어려움이 닥치더라도 이를 악물고 참고 넘기기 바라네. 지금 변절하는 이들은 그 희망의 끈을 놓은 사람들이지. 그러나 우리 조선은 꼭 독립되네. 동서고금에 문화수준이 높은 나라가 낮은 나라에 영원히 합병된 역사는 없고, 그것이 바로 문화의 힘이지. 그렇기 때문에 일제가 수단 방법을 가리지 않고 우리의 문화유적을 자기네 나라로 가져가려고 하는 것일세. 물론 일본에 있다고 해서 우리의 문화가 왜놈의 문화가 되는 건 아니지만, 우리 민족의 눈앞에서 자꾸 사라지면 남은 문화가 초라해질 테니, 지킬 수 있는 만큼은 지켜야 하네. 아직 어린 자네에게 이렇게 막중한 소임을 맡겨서 마음이 편치 않네만, 이 일이 자네가 할 일임을 잊지 말아주기 바라네."

"오늘 선생님께서 해주신 말씀을 평생 가슴에 간직하겠습니다."

전형필의 목소리에 저절로 힘이 들어갔다.

오세창의 집을 나온 전형필은 크게 심호흡을 했다. 자신이 지금 가려고 하는 길이 생각했던 것보다 훨씬 멀고 험난할 것이라는 생각이 들었다. 그러나 그만큼 빛나고 값진 일이 될 터였다.

9월이 지나고 10월이 되자 오봉빈에게서 연락이 왔다. 청전 이상범이 근무하는 〈동아일보〉 학예부의 후원으로 10월 17일부터 22일까지 신문사 3층 강당에서 '조선 고서화 진장품珍藏品 전람회'를 연다고 했다. 위창 오세창과 당시 조선서화협회 간사인 관재貫齋 이도영李道榮이 작품을 선정했다면서 꼭 들러달라고 부탁했다.

이 전시회는 신문사 강당에서 열렸지만, 상업화랑이 주최한 우리나라 최초의 전시회였다. 오봉빈은 이때부터 10년 동안 계속해서 기획 전시회를 열었고, 우리나라뿐 아니라 일본과 중국에서도 대규모 기획전을 개최했다. 그는 우리나라 최초의 전시기획자로 평가된다.

전시회가 시작된 1930년 10월 17일, 전시장에는 육당 최남선이 가보로 여기던 '안평대군의 사경寫經', 오세창이 수장하고 있던 고구려 고성 각자 성벽 돌과 고려시대의 해인사 기와, 고려 활자본인 《산곡시집山谷詩集》, 오봉빈의 비장품인 '단원의 풍속도', 진주의 수장가 박재표가 출품한 '강희안의 산수화'와 '이상좌의 나한도羅漢圖', 경성의 수장가 박영철의 '오원 장승업 2폭 병풍', 또 다른 수장가 윤정하의 '정약용 해조海鳥' 등 보물급 작품들이 전시되었다. 전시장은 서화계 인사와 수장가들로

오봉빈의 조선미술관이 1930년 10월 〈동아일보〉 강당에서 개최한
'조선 고서화 진장품 전람회' 광고(왼쪽)와 관련 기사(〈동아일보〉, 1930년 10월 4일).

발 디딜 틈이 없었다.

오세창은 서화계 인사와 수장가들에게 전형필을 인사시켰다. 저쪽에서 오세창과 전형필을 발견한 오봉빈이 반가운 얼굴로 다가왔다.

"간송이 와주셨군요. 감사합니다. 그런데 손님이 너무 많아 출품작을 제대로 감상하실 수 없게 되어 송구합니다."

말은 그렇게 했지만 기분 좋은 얼굴이지 송구한 표정은 아니었다.

"천만의 말씀입니다. 이렇게 좋은 작품만 골라 전시를 하니 성황일밖에요. 참으로 보기 좋습니다."

전형필도 이렇게 사람이 많이 모인 전시회는 처음이라 기분이 흐뭇했다. 무엇보다도 같은 조선 사람들이 이처럼 좋은 작품을 많이 수장하고 있다는 사실에 놀랐다.

오봉빈이 오세창을 바라보며 말했다.

"위창 선생님이 도와주셨으니 이만큼 된 겁니다. 저 혼자 했다면, 누가 저를 믿고 이런 가보들을 출품해주었겠습니까? 게다가 선생님이 친히 작품의 자리까지 잡아주셨으니, 오늘의 성황은 선생님 덕분입니다."

"나야 옆에서 조금 거들었을 뿐, 우경 자네의 지혜로 이루어진 큰 경사일세. 나도 이렇게 성황을 이룬 모습을 보니 감개 무량하네. 서화가들과 수장가들이 이렇게 한자리에 모여 큰잔치를 벌인 적이 없지 않은가, 허허허."

오세창이 기분 좋게 웃자 오봉빈이 신이 나서 말했다.

"선생님 말씀대로 제가 갖고 있던 단원의 풍속도를 내놓는다고 하니까, 서로 질세라 이런 보물들을 출품한 겁니다. 사실 저는 수장가들이 그동안 꽁꽁 숨겨두었던 가보들을 이렇게 대거 출품할 줄은 몰랐습니다. 서로 지지 않으려는 수장가들의 경쟁심을 꿰뚫어보신 선생님의 조언 덕분입니다."

"아무튼, 우경 자네가 애 많이 썼네."

전형필은 오세창이 이렇게 즐거운 표정으로 들떠 있는 모습은 처음 보았다. 비단 오세창과 오봉빈만이 아니었다. 전시장을 찾은 모든 사람이 전시된 서화 골동을 그윽한 눈길로 바라보다가 아는 이를 만나면 싱글벙글 반갑게 인사하며 대화를 나눴다. 이들도 선조들이 남긴 그림과 글씨 속에서 민족의 얼과 혼을 만나고 있는 것일까?

오봉빈이 출품자들을 위한 저녁 자리를 마련했다면서 함께 가자고 했지만, 전형필은 자신이 낄 자리가 아니라며 먼저 전시장을 빠져나왔다.

전형필은 종로통을 따라 집으로 가며 생각에 잠겼다. 진짜 좋은 서화와 골동을 모으려면, 조금 전에 만난 조선인 수장가들, 그리고 그들과는 비교도 되지 않을 만큼 어마어마한 자금력을 보유한 일본인 대수장가들과 맞서야 한다. 그들과의 경쟁에서 이겨야만 좋은 서화를 모을 수 있다. 머릿속이 다시 한 번 아득해졌다.

1930년이 지나고, 1931년 2월 26일 대상大祥이 끝났다.

조선의 대수장가들

일제강점기, 조선인들 중에도 열심히 서화 골동을 모으는 수장가가 여러 명 있었다. 그중 으뜸은 오세창이었고, 그 다음이 구한말 내시 출신인 송은 이병직이었다.

그는 김두량의 〈목우도(현재 '소몰이꾼'이라는 이름으로 북한 국보)〉, 김명국의 〈심산행려도〉, 조속의 〈매작도〉, 변상벽의 〈웅자계장추도〉, 오원 장승업의 '홍백매 10곡 병풍' 등의 서화 200여 점과 100점 이상의 청자를 수장한 대수장가였다. 그러나 이병직은 자신의 집을 찾는 수집가들에게 싸게 구입한 수장품을 비싸게 팔기도 해서, 오세창은 그를 장사꾼으로 취급했다. 훗날 전형필은 경매에 나온 그의 수장품을 여러 점 낙찰받았다.

〈동아일보〉 사장 인촌 김성수와 광복 후 초대 외무부장관과 국무총리를 지낸 창랑 장택상도 손꼽히는 대수장가였다. 김성수는 주로 백자를 모았는데, 해방 때까지 모은 수장품이 화물트럭 두 대 분량이었다고 한다. 그러나 수장품을 한탄강 북쪽 연천에 있는 별장에 보관했기 때문에 분단 후 그의 수장품은 북한 땅에 남았다.

장택상은 1917년부터 서화와 도자기를 수집했는데, 추사의 글씨를 많이 수장했고, 장승업의 〈한산추성도〉와 같은 보물급 그림, 그리고 '조선백자 매화형 필통', '청화백자 연적', 난 위에 나비가 날아드는 그림이 있는 '청화백자 화접문수주' 같은 일급 백자를 수장하고 있었다. 그러나 일제 강점의 끝이 보이지 않자, 일급 백자들은 일본으로 보내 처분했고, 서화는 경성 미술구락부 경매에 출품했다. 당시 전형필은 추사 김정희의 〈지란병분〉을 비롯해 몇 점을 낙찰받았다.

이렇게 수장품을 처분하며 수집을 포기했던 장택상은 광복 후 경찰청장의 지위를 이용해 다시 수집을 시작했는데, 출처가 불분명하다는 이유로 헐값에 빼앗은 경우도 있고, 그런 횡포에 가게가 풍비박산 나서 자살한 골동품상도 있었다. 그러나 그가 정치에 뜻을 두면서 그의 수장품은 정치자금으로 사용되어 다시 사방으로 흩어졌다.

이완용의 외종질인 변호사 한상억도 대수장가였다. 그는 한성은행장인 한상룡의 동생으로 물려

그러나 집안 풍습으로는 대상이 끝나고 두 달 후 담제禪祭를 지내야 탈상脫喪할 수 있었다.

"간송, 급히 상의할 일이 있어요. 지금 바로 위창 선생님 댁으로 좀 와주세요."

대상이 끝나고 며칠 후 오봉빈이 전화를 걸어왔다. 전형필은 직감적으로 뭔가 대단한 물건이 나왔음을 느꼈다.

받은 재산이 많았다. 당시 기와집 20채 값을 호가하던 '신라 관음상', 단원 김홍도와 현재 심사정 등 조선시대 화가 41명의 작은 그림을 모아 81폭 병풍으로 만든 '조선 백납병' 등 보물급 그림을 수장하고 있었다. 그는 좋은 백자도 많이 모았는데, 구입하는 물건의 최저가가 기와집 한 채 값이라는 소문이 나돌 정도였다.

안동 김문의 후손이자 대원군의 외손녀사위인 영운 김용진도 빼놓을 수 없다. 김홍도의 《병진년화첩》, 최북의 〈관폭도〉, 심사정의 〈하마선인도〉와 추사의 좋은 서화를 많이 수장했는데, 훗날 전형필이 그중 상당수를 인수받았다.

화가인 무호 이한복은 〈불이선란도〉, 〈묵란도〉, 〈완당수찰첩〉 등 추사의 작품을 비롯해 서화 400점, 도자기 200점 이상을 수장한 대수장가였다.

평양 3대 부자 김가진의 장남이자 화가인 김찬영도 대수장가였다. 그는 삼국시대 불상을 비롯해 격이 높은 서화와 백자를 많이 수장했는데, 그가 모은 고려자기는 '조선 제일'이라고 평가되었다. 그러나 그 역시 일제 강점이 길어지자 수장품을 일본으로 처분했고, 그때 전형필이 중요한 몇 점을 인수했다.

치과의사 함석태도 있었다. 1912년 일본 치과의료 전문학교를 졸업하고, 1914년 귀국해 삼각지에서 개업한 치과가 번창하면서 백자를 주로 수집했다. 산과 구름이 멋지게 그려진 '청화백자 산수접시', '조선백자 용무늬 필통', '매화와 대나무 무늬 백자병' 등 보물급 백자를 많이 모았다.

이 외에도, 대한제국 황실 친척으로 친일파였던 자작 윤덕영, 백병원 설립자인 백인제, 광복 후 초대 내무부장관을 지낸 윤치영, 동일은행(조흥은행의 전신) 전무 민규식, 광복 후 성모병원장을 지냈고 평생 모은 백자를 국립 중앙박물관에 기증한 수정 박병래, 진도 갑부 손병익의 손자로 겸재의 〈인왕제색도〉를 수장했던 손재형, 연암 박지원의 후손으로 위창 오세창에게 서화 수집의 조언을 받은 호남 거부이자 조선 상업은행장 박영철, 강화도 제일 갑부 전용순, 낙원동에서 외과를 개업해 큰 재산을 모은 의사 박창훈 등이 손꼽히는 수장가였다.

고서화 수집의 전진기지, 한남서림

고서화 수집의 전진기지,
한남서림

전형필이 오세창의 집 응접실에 들어서니, 오봉빈은 이미 도착해 심각한 얼굴로 오세창에게 열변을 토하고 있었다. 전형필이 오세창에게 큰절을 하고 앉자, 오봉빈은 전형필에게 두툼한 도록을 한 권 건넸다. 표제는 '조선 명화 전람회'였다.

"작년 10월 〈동아일보〉 전시가 성황리에 끝나, 이번에는 일본 한복판에서 우리나라 명품들을 보여주려고 준비한 전람회입니다. 장소가 일본이라 제가 총독부 미술 관계자들을 만났습니다. 사실 그 사람들을 만나는 게 기분 좋은 일은 아니지만, 조선의 훌륭한 문화유산을 일본 사람들에게 보이는 것도 의미 있는 일 아니겠어요? 그런데 의외로 이야기가 잘 진행되어 총독부 박물관 수장품 전부와 이왕가李王家 박물관 수장품 전부 그리고 일본 수장가들의 작품까지 출품을 받을 수 있도록 협조하겠다고 하지 뭡니까! 물론 조선 문화가 이제는 자기네 문화라고 선전하려는 심보라는 걸 모르지 않지만, 저는 이번 전람회가 조선 민족의 우수성을 알리는 계기가 된다고 생각하기 때문에, 좋은 작품이 많이 출품될수록 좋다는 입장입니다. 아무튼 올 1월부터 총독부 도서관에서 이왕가박물관과 총독부 관계자들이 모두 모여 조선 측 위원회와 일본 측 위원회를 만들어서 작품을 모으기 시작했는데, 무려 400여 점이나 되었습니다. 그 작품들로 이달 20일부터 4월 5일까지 도쿄 우에노 미술관에서 전람회를 개최하는데, 제가 간송에게 중요한 작품 한 점에 대해 상의하고 싶어 연락을 했습니다."

오봉빈은 이야기를 하다 속이 타는 듯, 주전자를 들어 컵에 물을 따르더니 벌컥벌컥 마셨다. 그러고는 전형필을 빤히 쳐다보며 말했다.

"간송, 이번 출품작 중에 안견의 〈몽유도원도〉가 있습니다."

당시 전형필은 〈몽유도원도〉가 어떤 그림인지 전혀 알지 못했다. 그래서 얼른 오세창을 바라보았다.

"나도 지금 막 우경에게 이야기를 듣고 깜짝 놀랐네. 현재 안견의 작품으로 전해지는 것들은 진품이라고 확증할 수 있는 결정적 증거가 없는데, 우경이 직접 본 〈몽유도원도〉에는 안평대군의 발문과 찬시 그리고 신숙주, 박팽년 등 당대의 명현 스물한 명의 찬시가 붙어 있다고 하니, 진품임에 틀림없겠지. 작년 총독부 잡지에 그 작품이 소개되었다고 해서 깜짝 놀랐는데, 그 보물이 이번에 매물로 나온 건 정말 반가운 일일세. 우경, 자네가 이야기를 계속 해보게."

"이번에 제가 본 〈몽유도원도〉는 길이가 1미터 넘는 대작인데, 그림의 내용은 크게 세 부분으로 나눌 수 있습니다. 왼편에는 현실세계의 일상적인 마을이 자리를 잡았고, 가운데는 깎아지른 절벽과 무릉도원으로 가는 동굴 등 험난한 길이 이어집니다. 그리고 오른쪽에 복숭아꽃 만발

한 무릉도원이 있습니다. 그런데 더 놀라운 사실은, 안평대군이 정유년 4월 20일 꿈속에서 박팽년과 함께 무릉도원엘 다녀왔다는 내용의 제발을 썼다는 겁니다. 그 외에도 성삼문, 신숙주, 박팽년, 김종서, 정인지, 서거정 등 이름만 들어도 놀랄 명현들의 육필이 이어지는데…… 〈몽유도원도〉는 이제까지 제가 본 그림 가운데 정말 보물 중의 보물이었습니다."

오봉빈은 조심스러운 눈빛으로 전형필을 바라보았다. 전형필은 오봉빈과 오세창이 이렇게 감탄할 정도의 작품이라면 틀림없이 보물급일 거라는 생각에 가슴이 두근거렸다.

"간송, 제가 수장자를 설득해서 〈몽유도원도〉를 처분해도 좋다는 허락을 받았습니다."

전형필의 표정이 밝아졌다.

"우경 선생님, 정말 큰일을 해내셨습니다."

전형필의 말에 오세창과 오봉빈도 안도의 숨을 내쉬었다.

"천우신조지요. 지금 일본도 미국의 경제공황 여파로 가업이 몰락한 사람이 한둘이 아닙니다. 수장자의 가문 역시 마찬가지고요. 〈몽유도원도〉는 길이도 어마어마하게 길고, 발문들을 보니 진품이 틀림없었습니다. 물론 매우 오래된 작품이라 견본(비단)이 삭아서 바삭바삭했지만, 색채는 크게 변하지 않았습니다. 저는 지금도 밤에 자리에 누우면 천장에서 〈몽유도원도〉가 어른거려 벌떡 일어나곤 합니다."

오봉빈이 신이 나서 이야기하는 동안에도 전형필의 가슴은 계속 두방망이질했다.

"그런데 간송, 〈몽유도원도〉가 워낙 보물이다 보니 부르는 값이 엄청납니다. 사실 웬만하면 제가 전 재산을 처분해서라도 구득하고 싶은데,

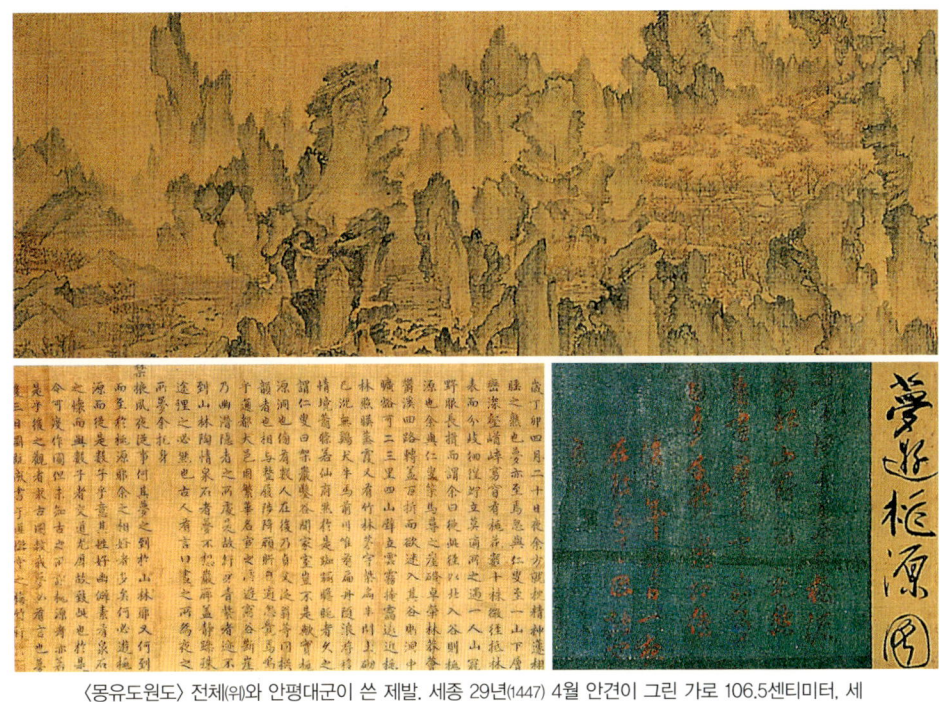

〈몽유도원도〉 전체(위)와 안평대군이 쓴 제발. 세종 29년(1447) 4월 안견이 그린 가로 106.5센티미터, 세로 38.7센티미터의 대작으로, 작품이 거의 남아 있지 않은 조선 초기 회화의 수준을 가늠해볼 수 있는 국보급 작품이다. 세종의 아들인 안평대군이 꿈에서 본 도원 이야기를 들려주며 그림으로 그리게 해 안견이 사흘 만에 완성했다고 한다. 안평대군이 세상을 떠난 후 종친 누군가에게 비장되어 전해지다가, 1893년 이전에 일본으로 반출된 것으로 추정되고 있다. 〈몽유도원도〉가 세상에 처음으로 소개된 것은, 1929년 일본에서 발행된 《동양미술》에 논문이 발표되면서였다. 그리고 1930년 조선총독부에서 발행하는 잡지 《조선》에도 간략하게 소개되었다. 당시에는 〈몽유도원도〉의 존재에 대해서도 아는 사람이 거의 없었다. 오세창의 《근역서화징》에도 언급은 없다.

제 능력으로는 도저히 어찌해볼 수 없는 금액이라…….”

오봉빈은 말을 잇지 못하고 다시 전형필을 바라보았다.

"일인 수장자가 부른 가격을 여쭤봐도 되겠는지요?”

전형필의 질문에 오봉빈이 침을 꿀꺽 삼켰다. 오세창도 궁금한 듯 오봉빈의 입만 쳐다보았다.

"그래서 제가 간송을 뵙자고 한 겁니다. 일인 수장자는 3만 원을 불렀습니다.”

순간, 천하의 전형필도 흠칫했다. 서울에 있는 웬만한 기와집 서른 채 값이었다.

잠시 침묵이 흘렀다. 오세창도 놀라긴 마찬가지였다. 전형필이 오세창을 바라보았다. 전형필의 눈길을 느낀 오세창도 마주 바라보았다. 오세창의 눈빛은 간절했다. 다만 너무 어마어마한 돈이라 선뜻 권하지 못하는 것일 뿐. 전형필은 잠시 눈을 감았다. 큰돈이긴 하지만 감당하지 못할 금액은 아니었다.

"위창 선생님 그리고 우경 선생님. 〈몽유도원도〉는 제가 꼭 찾아오고 싶습니다. 그런데 제가 며칠 전에 대상은 마쳤지만, 두 달 후 담제와 길제吉祭를 지내야 탈상을 하는데, 그 날짜가 4월 26일입니다. 가문의 가르침에 따라, 그날이 지나야 후계자인 제가 아버님이 물려주신 재산을 사용할 수 있습니다. 그러나 수장자에게 그때까지 무작정 기다려달라고 할 수는 없을 테니, 일단 천 원을 약조금으로 내놓겠습니다. 우경 선생님께서 일인 수장자를 설득해주십시오.”

전형필로서는 비상금 조로 간직한 돈이지만, 사실 천 원만 해도 당시 서민들에게는 전 재산일 정도로 큰돈이었다.

"간송, 큰 결심을 하셨습니다. 물론 일본에서도 눈독을 들인 수장가들이 있으니 장담은 할 수 없지만, 내 힘껏 설득해보겠습니다."

"그러세, 우경. 〈몽유도원도〉를 꼭 되찾을 수 있도록 자네가 있는 힘을 다해보게. 그리고 간송, 자네도 정말 큰 결심을 했네. 물론 수장자가 두말 못하게 지금 당장 준비가 되면 좋겠지만, 약조금까지 걸었으니 하늘의 뜻에 맡기고 기다려보세."

전형필 역시 지금 당장 돈을 건넬 수 없는 것이 안타까웠다. 그러나 당시 가문의 전통은 신성불가침의 영역이었다.

전형필의 9대조 할아버지가 병자호란 때 강원도 홍천으로 피난 가서 가족들에게 먹일 식량을 찾아 산을 헤매던 중 작은 동굴에서 쌀 다섯 말을 발견했다고 한다. 그러나 다른 사람의 것이라 손대지 않았는데, 그 후 가문이 부富를 쌓아가며 오늘에 이르렀다는 것이다. 그때부터 집안 재산을 사용하는 데 있어서 이런저런 금기가 유난히 많았다. 탈상 때까지 고기와 술은 절대 입에 대지 말아야 할 뿐 아니라, 유산 또한 움직여서는 안 되었다. 할아버지와 아버지는 그것이 후손에 대한 선조들의 시험이고, 그 시험을 통과하지 못한 자손에게서는 재산을 거둔다고 입버릇처럼 말씀하셨다. 따라서 전형필로서는 3만 원이라는 큰돈을 당장 움직일 수 없었다.

전형필은 이를 악물고 초조하게 기다렸다. 그런데 전람회가 끝나고 얼마 후인 4월 12일자 〈동아일보〉에 오봉빈이 쓴 급박한 내용의 기고문이 실렸다.

오봉빈이 〈몽유도원도〉와 관련해 〈동아일보〉에 게재한 호소문, 1931년 4월 12일.

〈몽유도원도〉는 참으로 위대한 걸작입니다. 이 그림은 폭 3척이 넘는 세화細畵로, 안견의 자字인 가도可度 인장이 분명하고, 그림의 초두에 안평대군 친필 찬과 그림 말미 30~40척 종이에 김종서 등 20여 인의 발跋이 있는데, 모두 서명 날인이 명확합니다. 조선에 있어서 무이無二한 국보입니다. 금번 명화전의 최고 호평입니다. 일본 문부성에서 국보로 내정되었는데, 가격은 3만 원가량이랍니다. 내 전 재산을 경주하여서라도 이것을 손에 넣었으면 하고 침만 삼키고 있습니다. 나는 이것을 수십 차례 보면서 단종애사를 재독하는 감상을 갖게 됩니다. 이것만은 꼭 내 손에, 아니 조선 사람 손에 넣었으면 합니다.

이 기사를 보는 순간 전형필은 가슴이 철렁 내려앉았다. 다른 일본인 수장가가 달려들지 않고서야 오봉빈이 이렇게 급박한 기고를 할 리가 없었다.

다급해진 오세창도 자신의 집을 드나들며 서화 수집을 상의하던 조선 상업은행장 박영철에게 말을 건넸지만, 〈몽유도원도〉의 가치가 제대로 알려지지 않아서인지 아니면 기와집 서른 채 값은 그에게도 거금이라 결심이 쉽지 않았는지, 오세창의 제의를 정중히 사양했다. 결국 〈몽유도원도〉는 전형필이나 다른 우리나라 수장가와 인연을 맺지 못하고, 훗날 덴리天理 대학의 수장품이 되었다.

눈앞에서 〈몽유도원도〉를 놓친 전형필의 상처는 깊었다. 오세창과 오봉빈 역시 마찬가지였다. 세 사람은 그 후 이심전심인지 〈몽유도원도〉에 대한 이야기는 한 마디도 입 밖에 내지 않았다. 참으로 통탄할 일이라 가슴에 묻었고, 그래서 세상에 알려지지도 않았다.

그러나 아픔 없이 이루어지는 성취가 있던가! 이 아픔과 아쉬움은 전형필이 본격적으로 수집 활동을 할 때 큰 교훈이 되었고, 이후 귀중한 문화재가 나타나면 혹여라도 일본인들의 손에 넘어갈까 봐 돈을 아까워하지 않고 재빨리 구득하게 되었다. 1931년, 전형필의 나이 26세 때의 일이다.

"제가 한남서림을 인수하면 어떨까요?"

오세창과 한담을 나누던 전형필이 불쑥 물었다. 오세창의 눈이 둥그레졌다.

"자네 생각인가, 백두용 생각인가?"

"사실은 탈상 전에 백 선생님이 그런 뜻을 비치셔서 좀 기다려달라고 했습니다."

오세창이 고개를 끄덕였다.

"한남서림을 인수하면 백두용이 비장秘藏해둔 좋은 고서들을 한꺼번에 인수할 수 있겠지."

"백 선생님도 그런 말씀을 하셨습니다. 일인 수장가에게 넘기고 싶지 않다고요."

"게다가 관훈동, 인사동 등 북촌으로 모여드는 서화 정보를 빨리 얻을 수 있으니 일석이조겠군. 좋은 생각이야."

그러나 문제는 서점의 운영이었다. 전형필은 미곡상은 물론 각지의 재산을 관리해야 하므로 한가하게 서점에 앉아 있을 처지가 안 되었다.

"선생님께서 서점 운영과 서화 구입을 맡을 만한 거간을 소개해주십시오."

그러나 오세창도 전형필도 마땅한 사람을 쉽게 찾지 못했다. 전형필은 백두용에게 사정 이야기를 하며 몇 달만 더 기다려달라고 부탁했다.

전형필이 다시 백두용을 만난 건 다음 해인 1932년 이른 봄이었다. 더 이상 기다려달라고 하기 어려웠던 것이다. 마침 옛글을 좀 읽은 조카가 있어서 임시로 맡길 작정이었다.

"어서 오게, 옥정연재. 그동안 위창에게 많이 배웠는가?"

백두용은 빙그레 웃음을 띠며 물었다.

"아닙니다, 눈이 트이려면 아직도 멀었습니다. 그래서 이렇게 어르신을 뵈러 왔습니다."

"위창도 어제 들렀다 갔네. 그래, 서점을 맡길 만한 사람이 있다고?"

"조카뻘 되는 친척에게 임시로 맡길 생각입니다."

"그거 잘됐군. 나는 이 한남서림을 옥정연재가 꼭 인수하기를 내심 바라고 있었네. 사실 나도 평생 책 장사를 했지만 좋은 문고를 하나 남기고 싶었어. 하지만 내 처지가 장사를 해야 할 형편이니 좋은 책들을 팔 수밖에 없었지. 그래도 미련을 버리지 못하고 남겨둔 책들이 제법 있으니, 자네에게 이 서점과 함께 넘기겠네."

백두용은 책상 서랍에서 손때가 묻은 조그만 책을 꺼내 전형필에게 건네주었다. 전형필이 받아들어 표지를 보니 '심재장서心齋藏書'라는 제목이 보였다.

"그동안 내가 모은 전적들도 넘겨줄 테니, 그걸 바탕으로 후세에게 전할 수 있는 좋은 문고를 만들어보게."

백두용은 말을 멈추고 전형필의 손을 잡았다. 백두용의 눈시울이 붉어졌다.

"어르신, 이 귀한 전적들을 이렇게 한꺼번에 저에게 보내시면 마음이 허전하실 텐데, 좀 더 갖고 계시다가 나중에 양보해주셔도 됩니다."

전형필은 백두용이 그 책들을 평생 모았고, 각별하게 간직해왔다는 사실을 누구보다 잘 알고 있었다.

"아닐세. 이제 나는 살 만큼 살았고, 평생을 책 속에서 살았네. 나중에 목록을 보면 알겠지만, 제목에 줄을 그어놓은 것은 힘이 들 때마다 처분한 것이네. 그중에서 아직도 내 가슴에 회한이 남는 건, 1912년과 1923년에 일본에서 온 후루야 호조古家寶三라는 학자에게 넘긴 책들이야. 다른 책의 출판 비용을 마련하기 위해 정말 아까운 책도 넘겼네. 조선 전기의 성리학자 김종직의 문집인 《이장길집李長吉集》, 안평대군의 문집인 《비해당선반산정화匪懈堂選半山精華》, 조선 전기의 문신 강희맹의 문집인

《사숙재집私淑齋集》, 조선 중기의 문신 김인후의 문집인《하서선생집河西先生集》같은 책은 그에게 넘긴 후 다시 수소문했지만, 아직도 찾지를 못했네."

백두용의 얼굴은 온통 회한에 차 있었다.

"어르신, 너무 상심하지 마십시오. 제가 어르신의 뜻을 받들어, 성심을 다해 좋은 문고를 만들어보겠습니다. 그동안 일본인들이 많이 가져갔겠지만, 그래도 남아 있는 책이 많을 테니, 중요한 책들이 제 눈에 보이면 놓치지 않고 꼭 갈무리하겠습니다."

전형필의 말에서 굳은 결의를 느낀 것일까, 백두용의 표정이 한결 밝아졌다.

"옥정연재가 그리 말해주니, 내 묵은 체증이 다 내려가는 것 같구먼. 꼭 그리 해주게. 그리고 내 자네에게 꼭 부탁하고 싶은 게 있네."

"말씀하시지요. 제가 할 수 있는 일이라면 무엇이든 하겠습니다."

"장서 목록을 보면 알겠지만, 내가《동국정운東國正韻》의 첫 권과 여섯째 권은 구했네. 세종 30년(1448)에 간행된 책인데, 여섯 번째 책이 마지막인 것 같아. 성삼문, 신숙주, 박팽년 등 아홉 명의 집현전 학자가 세종의 명을 받아, 한자음을 어떻게 발음해야 하는지에 대한 기준을 세운 책이지. 그래서 '우리나라의 바른 음'이라는 뜻으로 '동국정운'이라는 이름을 붙인 것일세. 그런데 경성제대 교수들에 의하면,《세종실록》에 '훈민정음訓民正音'에 대한 책이 완성되었다는 기록이 있다고 하네. 한자 발음 기준을 설명한《동국정운》처럼, 한글을 어떻게 발음해야 할지 설명한 책인 모양이야. 그러나 아직 훈민정음과 관련된 책은 세상에 나타나지 않았으니, 자네가 이 세상 어딘가 꽁꽁 숨어 있는 그 책을 꼭 찾아주

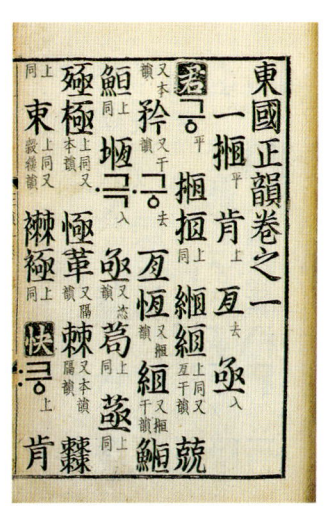

《동국정운》(국보 제71호) 6권 6책 중 1권의 첫 장, 간송미술관 소장.

었으면 좋겠네. 자네가 그것을 찾는다면, 나뿐 아니라 조선인 모두가 기뻐할 걸세."

백두용이 가벼운 눈빛으로 전형필을 바라보았다. 그러나 그 눈빛을 받는 전형필의 마음은 아득했다. 백두용의 장서 목록에 《동국정운》이 포함되었다는 사실도 놀랍지만, 한글을 설명한 책이 존재한다는 사실은 더욱 놀라웠다. 하지만 어떻게 생겼는지도, 정확한 이름이 무엇인지도 모르는 책을 찾으라니!

백두용은 훈민정음에 관한 책을 찾기 위해 반평생을 기다렸지만 만나지 못했다고 했다.

"너무 어렵게 생각하지 말게. 모든 서화와 전적에는 인연이 있네. 그러니까 나는 훈민정음을 만날 인연이 없었던 것이고, 자네에게는 그 인연이 닿을 수도 있는 것일세. 물론 인연은 뜻을 갖고 있을 때에만 닿는 법이니, 염두에 두고 기다리다가 인연이 오면 놓치지 말라는 뜻이네."

"예, 말씀 잊지 않겠습니다."

전형필은 그렇게 대답하며 '훈민정음'을 마음에 담았다.

잠시 후, 백두용이 조심스러운 목소리로 입을 열었다.

"옥정연재, 내 자네에게 또 한 가지 부탁이 있네. 내가 기력이 딸리기는 해도 아직 거동할 만은 한데, 아무 일도 하지 않으면 폭삭 늙을 것 같네. 그러니 이번에는 책방만 인수하고, 2층의 인출부는 나에게 세를 주면 어떻겠나? 돈이 생기면 꼭 출판하고 싶은 책이 몇 권 있어서 그러네. 2층을 사용하는 월세는 줌세."

"어르신, 저는 아래층 서점만으로도 충분하니 월세 생각 마시고 편하게 사용하십시오. 그동안 어르신이 베풀어주신 가르침에 대한 보답이라고 생각하시고요."

"그래도 계산은 계산인데, 그렇게 하면 내가 부담되지."

"아닙니다, 저도 어르신께 부탁드릴 일이 있습니다."

"옥정연재의 부탁이라면 무엇이든 들어줄 테니 말해보게."

"어르신도 짐작하시겠지만, 조카가 책은 좀 봤지만 책방 경험은 없습니다. 지금 일하시는 김동규 아저씨가 계속 일을 하시도록 말씀 좀 해주십시오."

"그 친구야말로 불감청고소원不敢請固所願 아니겠나? 그래도 내가 얘기해놓음세."

"감사합니다. 그럼 나머지는 어르신이 말씀해주시는 대로 따르겠습니다."

백두용이 소유하고 있는 건물 값은 시세가 있어 계산이 어렵지 않지만, 만 권에 가까운 재고와 장서를 어떻게 값해야 할지 물은 것이다. 그러나 백두용의 대답은 의외였다.

"아닐세, 옥정연재가 알아서 하게."

"그래도 말씀을 해주셔야……."

전형필이 당혹스러운 표정으로 바라보자 백두용은 웃음을 터뜨렸다.

"옥정연재, 나는 자네가 책 장사를 하려고 이 서점을 인수하는 것이 아니라는 걸 잘 아네. 그런 자네와 내가 무슨 흥정을 하겠는가. 그동안 내가 모은 책을 바탕으로 좋은 문고를 만들어주겠다는 자네의 말이 고마울 뿐이지. 그리고 이 근처로 오는 귀한 서화들을 조선 땅에 남기려는 의지 또한 고맙기 이를 데 없네. 이제 자네는 선조들이 남긴 서화 골동과 전적들을 지키는 수문장이야. 전에 위창과도 이야기했지만, 우리 늙은이들도 미약한 힘이나마 보탤 테니, 자네가 지킬 수 있는 만큼 열심히 지켜주기를 바랄 뿐이네."

백두용은 다시 한 번 전형필의 손을 잡았다. 전형필도 그의 손을 맞잡았다.

"어르신 말씀대로, 있는 힘을 다해 노력하겠습니다. 앞으로도 많은 가르침 주십시오."

백두용은 미소를 지으며 전형필의 손을 굳게 잡았다.

며칠 후 전형필은 백두용에게 만 원을 건넸다. 백두용이 깜짝 놀라 돈을 전형필 쪽으로 밀었다.

"옥정연재, 이건 너무……."

많다는 것이다. 전형필이 다시 돈을 밀었다.

"건물 값이 3천 원인데, 시세니까 따질 것 없습니다. 서점의 재고 만여 권 값으로 2천 원, 어르신이 개인적으로 비장한《동국정운》등 서화 전적 값으로 5천 원입니다. 절대 많지 않고, 적당한 가격입니다."

"나도 시세를 알아봤네. 건물 값은 2천 원이면 족하고, 내 수장품도 너무 많이 쳤네. 3천 원이면 충분해. 그러니 7천 원만 내게. 그것도 적지 않아."

백두용이 사뭇 기를 세웠으나 전형필의 고집을 꺾을 수는 없었다. 전형필은 이렇게 한남서림을 인수했다.

그러나 한남서림 운영은 생각보다 쉽지 않았다. 책 관리는 백두용 밑에서 오랫동안 일해온 김동규가 꼼꼼하고 경험이 많아 문제가 없었지만, 서화는 보관증을 써주고 맡아놓으면 전형필이 하루에 한 차례씩 들러 살펴야 했다. 그러나 이 방법에도 한계가 있었다. 거간꾼이 아니라 돈이 급해 가지고 나온 사람들은 물건을 맡기려 하지 않았기 때문이다. 조상 대대로 내려오는 서화를 갖고 나왔다는 사실이 창피해서 두 번 걸음을 하기는 싫다며 다른 곳으로 가기 일쑤였는데, 사실 그들이 가져온 서화 중에 좋은 작품이 많았다. 그렇다고 진위와 가치를 판단할 줄 모르는 조카에게 일임할 수도 없는 일이었다. 한남서림을 인수하고 몇 달 동안은 이렇게 우왕좌왕하면서 지나갔다.

"그래, 미곡상은 여전한가?"

전형필은 이제 큰집이나 작은집에 가는 것처럼 자연스럽게 오세창의 집을 드나들었다.

"선대부터 해오던 일이라 집사들이 맡아서 잘하고 있습니다."

"그래야지, 자네가 잘되어야 계속해서 좋은 서화들을 모을 수 있으니, 장사라고 낮춰 생각하지 말고, 열심히 하게."

"예, 선생님."

오세창은 돈의동에서 이사를 해 탑골공원 근처 권농동에 살고 있었다. 수입 없이 지낸 지가 오래되면서 생활이 어려워지자, 돈의동 집을 팔고 값이 싼 집을 보러 다녔는데, 그 사실을 안 전형필이 장만해준 집이었다. 전형필은 돈의동 집을 다시 사들이려 했지만, 오세창이 한사코 만류해 종로 4가와 한남서림 중간인 권농동에 자리 잡은 것이다.

오세창은 자존심이 강했다. 제자에게 이렇듯 큰 신세를 질 수 없다며, 일곱 권으로 정리했던 《근역화휘》 중 반을 전형필에게 보냈다. 이로써 《근역화휘》는 둘로 나뉘었고, 반은 현재 간송미술관에, 나머지 반은 서울대학교 박물관에 수장되었다.

전형필은 오세창이 보물처럼 아끼던 그림을 받고, 1년치 생활비를 들고 찾아갔지만, 끝내 거절하는 오세창의 고집을 꺾을 수 없어 그때부터 매달 쌀가마니를 보냈다.

"오늘은 빈손으로 왔으니 서화를 봐달라고 온 건 아닐 테고……."

"그동안 선생님도 알아봐주시고 저도 찾아봤지만, 한남서림에 상주해서 일을 봐줄 사람을 찾기가 쉽지 않습니다. 서화를 볼 줄 아는 사람들은 거간 일을 해서 제법 돈을 벌기 때문에, 한남서림에서 아무리 월급을 많이 준다고 해도 있으려 하지 않습니다."

"그러게 말일세. 나도 몇 사람에게 얘기를 해봤지만, 거간 구전이 만만치 않기 때문에 결심을 하는 사람이 없었네. 그래서 자네 생각엔 어떻게 했으면 좋겠는가?"

"정말 능력 있는 거간꾼을 한남서림에 붙잡아두려면 그에 상응하는 대우를 해줘야 할 것 같습니다. 양심적이고 안목이 있는 사람에게 한남서림의 재고와 운영권을 주고, 대신 들어오는 서화는 저에게 먼저 선택권을 달라고 하는 방법이 가장 현실적이지 않을까요?"

믿을 만한 사람에게 한남서림을 양도하겠다는 말이 아닌가. 오세창이 잠시 놀란 표정을 지었다가 곧바로 고개를 끄덕였다.

"어려운 결심을 했구먼. 자네 말이 맞네. 거간꾼이란 신기루를 좇는 사람들이거든. 배를 쫄쫄 굶다가도 한 건만 제대로 성사시키면 목돈이 생기니, 웬만한 월급으로는 진득하게 붙어 있으려고 하지 않지. 백두용의 장서는 이미 자네의 문고가 되었으니, 한남서림의 재고는 그렇게 양보해도 자네에게 큰 부담이 아닐 테고…… 그래, 그렇게 해줄 사람은 찾았는가?"

오세창은 전형필이 이제 제법 큰 세상으로 나가려 한다는 느낌이 들었다. 그런 제자가 자랑스럽기도 하고 부럽기도 했다.

"아닙니다, 선생님. 그렇게 생각만 하고, 이렇게 하는 게 맞는지, 만약 맞다면 그렇게 맡아줄 거간을 소개해주실 수 있을지 상의 드리려고 찾아뵌 겁니다."

"허허, 이거 매우 힘든 부탁을 하는구먼. 거간들이란 부나비처럼 눈앞의 큰 이익을 좇는 이들이어서 언제 배반할지 모르는 사람이 태반인데, 그중에서 믿을 만한 사람을 찾아달라니, 이거 참. 내가 아무리 친하다고 해도 그 사람 속엘 들어가본 게 아니니……."

장안에서 제법 내로라하는 거간은 모두 알고 있다고 해도 과언이 아닌 오세창이었지만, 뒤로 딴짓 하지 않을 사람을 찾기란 쉬운 일이 아니었다. 그래도 얼핏 떠오르는 거간이 없지는 않았다.

"알겠네, 내 몇 사람과 이야기를 해본 다음 기별을 주겠네."

"고맙습니다, 선생님."

보름 후, 오세창은 종로 4가 전형필의 집으로 30대 중반의 사내 하나를 데리고 왔다. 보통 키에 가슴을 쫙 벌린 당당한 자세가 믿음직한 이순황이었다. 동그란 안경을 낀 얼굴에서는 날카로움과 온화함이 적당히 조화를 이루고 있었다.

전형필이 반갑게 맞이하며 사랑으로 안내했다. 오세창이 두 사람을 번갈아보다가 전형필에게 이순황을 먼저 소개했다. 연장자에 대한 예우였다.

"이 사람은 이순황이라고, 서화 골동계에서 잔뼈가 굵은 사람일세."

"전형필이라고 합니다. 앞으로 잘 부탁드립니다."

"이순황입니다. 위창 선생님께 말씀 많이 들었습니다."

두 사람의 인사가 끝나자, 오세창이 전형필을 쳐다보며 말했다.

"내가 자네에게 이 친구를 천거하는 이유는, 서화 골동계에 발이 넓을 뿐 아니라, 조선미술관의 오봉빈, 문명상회의 이희섭과 함께 요즘 경매를 많이 여는 경성미술구락부의 조선인 주주로 참여하고 있기 때문이네. 그러니 앞으로 경매에 참가할 때도 큰 도움이 될 적임자고, 무엇보다도 주주를 할 정도로 재산도 있고 배짱도 있으니, 두 사람이 의기투합하면 이루지 못할 일이 없을 것이네."

오세창의 칭찬에 이순황의 얼굴이 불그레하게 달아올랐다.

"어르신, 과찬의 말씀입니다. 일본인 주주들에 비하면 저는 아주 미미한 수준입니다. 그저 조금이라도 더 빨리 정보를 얻을 수 있지 않을까 해서 참여한 것뿐이지요. 사실 위창 어르신이 말씀을 건네셨을 때, 간송이 젊은 분이라 염려가 없지는 않았습니다. 그런데 오늘 직접 뵈니까, 인품이 넉넉하신 용모라 마음이 놓입니다. 제가 성심껏 보필하면서, 좋은 뜻을 이루시는 데 미력한 힘이나마 보태겠습니다."

말을 마친 이순황이 전형필을 향해 목례를 했다.
"감사합니다. 앞으로 많이 도와주십시오."
전형필은 그렇게 이순황을 만났다.

전형필은 하루에도 몇 번씩 이순황과 함께 시간의 강을 건넜다. 흐르는 강물을 따라 세월이 녹아내린 그곳에서는 나그네가 매화를 찾아 길을 떠나고, 선비는 서재에서 책을 보고 있었다. 희미한 안개 사이로 산이 보이고, 매화 위로 둥근 달이 떠올랐다. 온 세상을 하얗게 덮은 눈이, 눈부신 봄 햇살 속에 파릇파릇 피어나는 나뭇잎이 산들바람에 흩날렸다. 소나무 그늘에 모여앉아 도란도란 이야기꽃을 피우는 시인들도 보이고, 버드나무 위를 날아가는 종달새의 울음소리도 들렸다. 묵향 가득한 사군자가 눈앞을 어른거리는가 하면, 벌과 나비가 그윽한 꽃향기 속을 날아다녔다. 선비 몇 명이 너럭바위에 걸터앉아 이야기를 나누는 동안, 하인들은 강에서 웃통 벗고 천렵을 했고, 동네 아낙들은 마을 뒷산에서 봄나물을 뜯었다.

옛 화가들은 시간과 공간의 경계를 허물며 그렇게 전형필을 불렀고, 전형필은 그들의 숨소리 속에서 기쁨과 슬픔을 느끼고, 화구통 둘러메

김명국, 〈비급을 펼쳐보다秘笈展觀〉, 종이에 엷은 채색, 121.5×82.5cm, 간송미술관 소장.

고 뚜벅뚜벅 걸어가는 발자국 소리를 들었다.

　이순황은 전형필이 가고자 하는 길의 끝이 어디인지 도무지 가늠되지 않았다. 그동안 자신이 거래해온 수집가들은 명화, 명필, 명품만을 찾았는데 전형필은 아니었다. 이름이 거의 알려지지 않은 화가의 그림도 소중하게 여겼고, 듣도 보도 못한 화가의 이름을 대며 작품을 구해달라고 했다.

　거간들에게 전형필은 최고의 고객이었다. 북촌이나 서울 근교, 지방의 몰락한 양반집을 찾아다니며 서화 전적을 구해오는 거간들이 한남서림에 들르면, 좋고 나쁨을 가리지 않고 모두 구입했을 뿐 아니라, 먼 길에 수고했으니 목이라도 축이라며 술값까지 얹어주었다.

황금광
시대의 꿈

황금광
시대의 꿈

"간송, 여쭤보고 싶은 게 있습니다."

이순황이 몇 번인가 입술을 움찔거리다 조심스럽게 말문을 열었다. 늘 그렇듯 이날도 흰 두루마기를 입고 한남서림에 와 책을 보던 전형필이 의아한 표정으로 물었다.

"웬일로 이렇게 정색을 하시오? 오히려 내가 무슨 일인지 궁금하오."

전형필과 이순황은 여덟 살 차이가 났다. 그러나 이순황이 지나친 경어가 부담스럽다며, 편하게 대해달라고 몇 번이나 부탁을 하는 바람에 전형필은 이순황과 대화할 때 '하오'체를 썼다.

"지난 1년간 모시면서 간송이 다른 수집가들과는 많이 다르다는 걸 느꼈습니다. 조선 초기 서화작품부터 체계적으로 수집하시는 걸 보면, 위창 선생님처럼 책을 만드시려는 것 같기도 하고요. 또 《근역서화징》에 겨우 한두 줄 언급된 화가와 서예가들의 작품까지 애지중지하시는 걸 보면, 무슨 특별한 계획이 있는 것 같은데, 그 심중을 도무지 짐작할 수 없어서 외람되게 여쭙는 겁니다."

전형필이 빙그레 미소를 지었다.

"이 선생, 지나간 세월이 어디 좋을 때만 있었겠소? 그림이나 글씨도 마찬가지라고 생각해요. 중국 그림이나 글씨를 모방하던 때도 있었고, 그런 모방에서 벗어나려던 과도기나 영·정조 때와 같은 번성기도 있었지요. 이도 저도 아니고 그저 암울하던 때도 있었고요. 내가 위창 선생님의 수집품을 보며 배운 것 중 하나가, 유명한 서화가의 명품과 명필만 모아서는 500년 조선 문화를 객관적으로 이해할 수 없다는 것이라오. 그래서 유명하지 않은 서화가의 작은 그림과 글씨도 작품 수준에 관계없이 소중하게 생각하며 모으는 겁니다. 그러잖아도 내가 계획한 몇 가지 일을 위창 선생님과 이 선생에게 의논 드리려던 참이었소. 이왕 말이 나왔으니 내일 두 분을 모시고 말씀드리리다."

다음 날, 전형필이 택시를 불러 오세창과 이순황을 데리고 간 곳은 혜화문(동소문) 밖에 있는 고양군 숭인면 성북리, 지금의 성북동이었다. 초가집과 기와집이 드문드문 보이는 한적한 마을인데, 밭에서는 아낙들이 분주한 손길로 고추를 따고 있었다.

"한 시간쯤 기다리시오."

전형필이 운전기사에게 말하고는 단풍이 울긋불긋 뒤덮인 산등성을 바라보며 휘적휘적 걸음을 옮겼다. 이순황이 오세창을 부축해 10분 정도 그 뒤를 따르니, 산 중턱에 프랑스식 건물이 나타났다. 전형필은 그 집 앞에서 걸음을 멈췄다. 세 사람은 말없이 산 아래를 내려다보면서 땀을 식혔다. 잠시 후 전형필이 입을 열었다.

"선생님, 제가 얼마 전에 이 건물과 부근 땅을 모두 구입했습니다. 아직 한두 필지가 남아 있어 말씀드리지 않았지만, 이 달 말이면 마무리가 될 것 같습니다."

주변을 둘러보던 오세창이 눈을 치떠 보이고는 물었다.

"조용해서 좋군. 별장이라도 지을 셈인가?"

전형필이 미소를 지으며 공손하게 대답했다.

"전에 저에게 수장품을 흩어지지 않게 지키는 일이 모으는 일보다 힘들고 중요하다는 말씀을 하셨잖습니까?"

"했지."

"그래서 그 방법을 오랫동안 생각해보았습니다. 그리고 이곳에 박물관을 짓기로 결심을 했습니다."

박물관! 오세창과 이순황의 눈이 동시에 휘둥그레졌다. 오세창이 벌렁거리는 가슴을 진정시키며 물었다.

"박물관이라면…… 창경궁에 있는 이왕가 박물관 같은 것을 말하는 것인가?"

이왕가 박물관은 1908년 9월 이토 히로부미의 사주를 받은 이완용이 폐위된 고종 황제를 위로한다는 명목으로 창경궁 안에 만든 박물관으로, 고려자기와 삼국시대 이래의 불교 공예품, 조선시대의 회화와 역사·풍속 자료, 도자기 등을 수집·진열하였다. 당시 우리나라에는 이왕가 박물관과 1915년 경복궁 안에 만든 조선총독부 박물관 그리고 경주와 부여에 총독부 박물관 분관이 있을 뿐이었다. 이런 상황에서 전형필이 우리나라 최초의 개인 박물관을 짓겠다고 하니, 오세창이나 이순황이 놀라지 않을 수 있겠는가.

"예, 선생님. 이곳에 튼튼한 박물관을 지어서 수장품을 진열할 생각입니다. 그동안 옥인동, 삼청동, 계동 등 북촌을 둘러봤지만 적당한 자리가 없어 집에서 그리 멀지 않은 이곳으로 정했습니다."

오세창이 두 팔을 활짝 벌리며 웅변조로 말했다.

"간송, 정말 큰 결심을 했네. 아니, 누군가 언젠가는 꼭 해야 할 결심을 했네. 그동안 내 주변에 수많은 부자 수집가가 있었지만 자네와 같은 생각을 한 사람은 없었어. 자네야말로 진정한 수집가고 애국자야!"

감개무량한 순간이었다. 오세창의 진심 어린 칭찬을 들은 전형필의 가슴도 같이 뛰었다. 아무리 부자라지만 나이 서른도 안 된 젊은이의 원대한 포부요 기개였다.

감격스럽기는 이순황도 마찬가지였다.

"간송, 정말 대단하십니다, 대단해요. 하지만 지난 1년 동안 거의 매일 저와 함께 계셨는데도 전혀 낌새를 채지 못하게 일을 추진하신 건 조금 서운하군요, 하하하. 그런데 건물 생김새가 일본식은 아니고 서양식이네요. 이 일대를 전부 매입했다면 만 평도 넘겠습니다."

전형필이 잔뜩 들떠 있는 이순황을 바라보며 말했다.

"다 합하면 만 평이 조금 넘겠지요. 이 건물은 프랑스식인데, 플레상(Plaisant, 한자로는 富來祥)이라는 프랑스 출신 나무장수가 살던 집이라오. 마침 운 좋게도 그 사람이 귀국하면서 매물로 나왔지요. 그런데 주변 땅들은 주인이 여럿이라 대리인을 시켜 조용히 일을 추진했던 겁니다. 그러니 너무 섭섭하게 생각지 마세요."

전형필은 입이 무겁고 신중한 사람이었다. 미곡상 일을 맡아서 하는 집사들은 전형필이 무엇을 수집하는지 전혀 몰랐고, 충청도와 황해도 등에 흩어져 있는 토지를 관리하는 사람들은 또 그들대로 자기 일에만 바쁠 뿐이었다. 당연히 오세창이나 이순황은 미곡상 일이나 그의 재산에 대해서는 짐작만 할 뿐 자세히 알지 못했다. 그렇게 해야 엉뚱한 소문이 나지 않고, 그로 인해 생길 수 있는 오해와 불이익을 피할 수 있었을 것이다.

전형필이 플레상이 살던 집과 부근 땅을 구입하는 데 지불한 돈은 기와집 쉰 채 값인 5만 원이었다.

"보면 볼수록 좋은 곳이군. 저 아래에는 유서 깊은 조선왕조의 선잠단 先蠶壇 자리도 있고…… 선잠단은 매해 음력 3월에 왕비가 행차하여 뽕나무가 잘 크고 살찐 고치로 좋은 실을 얻게 해달라고 풍악을 울리며 기원하는 곳이었다네. 왜놈들이 순종 임금 때 사직단으로 옮기면서 폐허가 되었지만…… 그런 뜻깊은 터 부근에 박물관이 세워진다니, 민족의 경사라고 해도 과언이 아닐세."

오세창의 설명에 전형필이 과장된 몸짓으로 즐거워했다.

"아이고, 저는 몰랐습니다. 선생님 설명을 듣고 나니 이 터가 더 좋아 보입니다, 하하하!"

"이렇게 좋은 터를 구했으니, 앞으로 할 일이 많겠구먼."

"마음먹고 시작한 일이니 서두르지 않고 적어도 100년은 갈 수 있는 튼튼하고 좋은 박물관을 지으려고 합니다. 그리고 이제부터는 이 박물관에 진열해도 부끄럽지 않을 좋은 작품을 본격적으로 수집하려고 합니다. 그러니 선생님과 이 선생께서 저를 더욱 도와주셔야겠습니다."

"이를 말인가. 더욱이 이제부터 자네의 수집은 개인의 수집이 아니고, 앞으로 세워질 박물관 또한 자네 개인의 박물관이 아닐세. 우리 민족의 수집품이고, 우리 민족의 박물관이 되는 것이야. 그러니 자손 대대로 전해야 할 작품을 만나면 이 박물관에 보존될 수 있도록 힘껏 노력하겠네. 그러나 나는 이제 너무 늙어 기운이 없으니, 순황이 자네가 이 박물관에 보물이 가득할 수 있도록 더욱 부지런히 움직여야 하네, 하하하!"

오세창이 호방하게 웃음을 터뜨렸다. 전형필의 쾌거가 한없이 대견하고 자랑스러운 듯했다.

"예, 어르신. 이제부터는 눈을 더욱 부릅뜨고 박물관에 진열되어도 부끄럽지 않을 작품들을 알아보겠습니다. 이런 막중한 일을 제게 맡겨주셨으니, 거간으로서 큰 보람이고 영예입니다."

전형필이 성북동에 지금의 간송미술관 터를 구입한 것은 1933년 봄, 그의 나이 불과 28세 때다. 돈이 있다고 할 수 있는 결심이 아니었다. 일본의 탄압이 점점 포악해졌기 때문에 박물관과 수장품을 강제로 빼앗으면, 고스란히 넘겨줘야 했다. 그런데도 전형필은 큰돈을 들여 박물관을 짓고, 일본인들이 탐내는 명품을 수장하려는 계획을 세웠다. 독립에 대한 확신이 없었다면 불가능한 결심이었다.

그러나 아무리 확신이 있더라도 불안감마저 없지는 않았을 것이다. 나약해지지 않는 것, 불안해도 그것을 밖으로 드러내 보이지 않는 것, 흔들리지 않고 의연하게 자신의 길을 가는 것, 그것이 아직 젊은 전형필이 세상과 부딪치는 최선의 방식이었다. 그는 박물관을 짓고 서화 전적을 묵묵히 수집해나갔다.

돈 문제도 마찬가지였다. 몇 년 동안 전국 쌀 생산량이 50퍼센트나 늘어났는데 세계공황의 여파로 쌀값은 절반으로 뚝 떨어졌다. 그래서 매년 들어오던 15만 원의 수입도 반으로 줄었다. 그러나 전형필은 그런 내색은 전혀 하지 않고, 한남서림을 인수해 거의 매일 한두 점씩 서화를 구입했고, 플레상의 집뿐 아니라 부근의 땅을 모두 사들였다.

미곡상에서 들어오는 돈이 쌓이지 않는 건 당연했고, 삼년상이 끝난 후로 단 한 푼도 은행에 저축하지 못했다. 그러나 전형필의 어머니와 아내는 그런 사실을 몰랐다. 매년 논과 밭을 늘려온 조상들이 알면 기절초풍할 일이었다.

전형필은 박길룡 건축사무소에 박물관 설계를 의뢰했다.
"설계가 끝나도 공사 기간이 3년쯤 걸리겠습니다."
전형필의 구상을 들은 박길룡의 말이었다.
"그렇게 오래 걸리겠소?"
"간송께서 원하는 수준을 맞추려면 일본에서 건축자재를 수입해야 합니다. 또 지하 수장고를 만드는 일이 그렇게 간단하지가 않아요."
당시 웬만한 건물을 짓는 데는 6~8개월이면 충분했지만, 전형필은 최고급 자재로 최대한 튼튼하고 우아한 건물을 짓고자 했다. 그래서 전형필은 설계도를 완성하고 허가를 받기까지 임시 수장고로 쓸 별장을 먼저 짓기로 했다.

여름이 시작되려는지 바람이 무더웠다.
"간송! 어서 서점으로 나오세요, 어서."
전화를 받자마자 이순황이 다짜고짜 말했다. 전형필이 뭐라고 대답하기도 전에 이순황이 덧붙였다.

박길룡(朴吉龍, 1898~1943)

조선총독부 건축기사로 있다가 1932년 관철동에 박길룡 건축사무소를 개설한 최초의 조선인 건축가다. 그의 건축사무소 또한 조선 최초인데, 여덟 명의 직원이 모두 조선인이었다. 조선총독부 건축과에 근무하던 시절, 최고 설계사 직위인 기사技師에 올랐고, 건축 기수技手로 들어온 시인이자 소설가 이상李箱의 상사이기도 했다.

박길룡은 전형필의 박물관을 설계한 후, 1935년 화재로 전소된 박흥식의 화신상회 자리(대지 325평)에 지하 1층 지상 6층 규모(연건평 2,034평)의 화신백화점을 설계했다. 명성황후의 조카인 민두식의 한옥도 설계했는데, 한옥에 현관을 만들고 화장실과 욕실을 실내에 넣고 이를 연결하는 긴 복도를 둔, 당시로서는 파격적인 형태의 개량 한옥이었다. 현재 인사동 부근 경운동에 있는 '민가다헌'이 바로 그 한옥이다. 동숭동 대학로 마로니에 공원에 있는 한국 문화예술위원회의 3층짜리 벽돌 건물도 그가 설계했다.

박길룡은 외부 장식을 최대한 배제하고, 세련되고 우아한 형태의 설계를 추구했는데, 그래서 간송미술관도 외부 장식이 거의 없다.

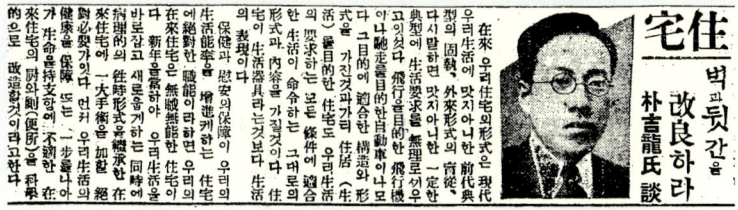

건축가 박길룡에 대한 신문 기사, 〈동아일보〉 1931년 1월 1일.

"겸재 화첩을 구했다니까요. 어서 나와보세요, 하하하!"

전형필은 대꾸도 하는 둥 마는 둥 전화를 끊고 한남서림으로 나는 듯 달려갔다.

이순황이 구해온 화첩의 겉면에는 '경교명승첩京郊名勝帖'이라고 씌어 있었다. 전형필은 한 장 한 장 조심스럽게 그림을 넘겼다. 모두 33폭인데, 그중 20여 점은 한강 주변을 그린 것이었다. 그리고 나머지는 북악산 즈음에서 남산을 바라보며 그린 그림, 선비가 서재 툇마루에 앉아 마당에 있는 화분을 바라보며 부채질하는 모습 등이었다. 한강 그림 1첩과 한양 그림 1첩 등 2첩으로 만들어진 화첩이었다.

서문에는 겸재 정선이 1740년 양천 현령으로 부임하면서 벗인 사천槎川 이병연(李秉淵, 1671~1751)에게 보낸 편지가 인용되어 있었다. '그대가 시를 지어 보내면 나는 그림을 그려 화첩을 만들겠다'는 내용이었다. 그리고 화폭마다 '千金勿傳(천금물전, 천금을 준다고 해도 남에게 전하지 말라)'이라고 새긴 인장이 찍혀 있었다. 겸재나 사천 두 사람 중 누군가가 찍은 인장일 것이다.

"이 선생, 아주 귀한 화첩을 구해오셨소."

"계동에 있는 양반집에서 돈이 급하다고 해서 구해왔는데, 겸재나 사천의 집안은 아닌 것 같습니다. 어쨌든 대를 이어 오래전부터 수장해왔답니다."

전형필은 고개를 끄덕이며 300년 전의 한양과 한강 부근의 진경을 넋 놓고 바라보았다. 그러다가 '압구정狎鷗亭'이라고 화제畵題가 씌인 그림에서 눈이 멈췄다. 전형필은 그림에서 눈을 떼지 않은 채 이순황에게 물었다.

"이 선생, 그림이 작기는 해도 다양하고 아주 좋구려. 이 언덕 위의 정자가 한명회의 별장 압구정이겠지요?"

압구정은, 단종을 몰아낸 수양대군이 세조가 되는 데 결정적인 공을 세우고, 사육신의 단종 복위 운동을 좌절시킨 권모술수의 대가 한명회(韓明澮, 1415~1487)가 한강변에 지은 정자다. 벼슬에서 떠난 후 갈매기와 친하게 지내며 시나 짓겠다고, 친할 압狎 자와 갈매기 구鷗 자를 써서 '압구정'이라고 이름 지었다. 그러나 세상 사람들은 한명회의 권모술수를 비웃으며, 갈매기가 날아오지 않으니 누를 압押 자를 써야 한다며 비아냥거렸다는 이야기가 전해진다.

"예, 그림 아래에 보이는 부분이 압구정나루입니다. 고종께서 철종의 부마 박영효에게 하사하신 한명회의 압구정이 맞아요. 오른쪽 검푸른색 산이 남산일 테니, 뚝섬 쪽에서 내려오는 방향에서 그린 것 같습니다."

"아무튼 겸재가 진경은 기막히게 그렸어. 배에 사람도 그리고, 압구정 아래에는 별서(별장)도 그리고······."

전형필은 다시 화첩을 넘겼다. 〈녹운탄綠雲灘〉, 〈독백탄獨栢灘〉, 〈광진〉, 〈송파진〉, 〈동작진〉 등 한강 상류 쪽 그림과, 〈행호관어杏湖觀漁〉와 같이 행주산성 부근을 그린 그림, 남산의 풍광을 그린 〈목멱조돈木覓朝暾〉과 〈장안연우長安烟雨〉도 있었다.

〈장안연우〉는 안개비 내리는 서울 풍경을 그린 그림이다. 정면에 남산을 그렸고 오른쪽으로 관악산, 우면산, 청계산이 아스라이 보인다. 전형필은 그림을 바라보며 연신 고개를 끄덕였다.

"이 선생! 이 그림은 비 오는 풍경이며 안개도 좋지만, 무엇보다도 옥인동, 통의동, 장동 일대가 아주 생생하구려."

전형필은 말을 하면서도 그림에서 눈을 떼지 못했다.

"육상궁 뒷산에 올라가서 그린 것으로 보입니다."

"나도 그렇게 보았소. 이 그림을 보니, 겸재가 이 부근에 살았던 것 같군요. 얼핏 세어보니 집이 백 채가 넘는데, 길도 아주 자세히 그렸어요. 거의 매일 오가는 동네 그리듯이 말이오. 그림 아래쪽 계곡이 청풍계 맞지요?"

"저도 그런 생각이 듭니다. 이 그림이 나온 집에 청풍계 위쪽을 아주

정선, 〈압구정〉, 비단에 채색, 20.0×31.0cm, 간송미술관 소장.

정선, 〈장안연우〉, 종이에 먹, 30.0×39.8cm, 간송미술관 소장.

잘 그린 겸재의 또 다른 그림이 있었습니다."

"이 선생이 직접 보셨소?"

"예, 제 눈으로 직접 봤습니다. 세로가 긴 대작인데, 볼만했습니다. 이번에는 팔지 않겠다고 했지만, 제 생각에는 조만간 구할 수 있을 것 같습니다."

"그래요? 이 선생이 볼만한 작품이라고 하시니 기대가 됩니다. 그런데 조만간 구할 수 있을 것 같다니, 무슨 말씀이오?"

전형필은 아직 겸재의 큰 그림과는 인연을 맺지 못한 터에, 조선시대 선비들의 유명한 쉼터였던 청풍계淸風溪를 그린 대작이라니, 관심이 쏠리는 건 당연했다. 이순황이 빙그레 웃으며 대답했다.

"간송, 그 집 주인이 요즘 금광에 푹 빠졌습니다. 간송도 아시다시피, 금전꾼들은 한 군데 파서 금이 안 나오면 집안이 거덜날 때까지 돈을 퍼넣고야 포기를 하니, 몇 달 안에 연락이 올 겁니다."

그렇다. 당시 집에 돈이 좀 있고 일제 치하에서 딱히 할 일을 찾지 못한 많은 사람이 금을 찾아나섰다. 신문과 잡지에서 금맥을 찾아 벼락부자가 된 사람들의 이야기가 심심치 않게 보도되자, 더 이상 가문도 필요 없고 돈이 사람대접을 해주는 시대가 되었다며, 너도나도 일확천금의 꿈을 안고 금맥을 찾아 산으로 들어갔다.

이런 '황금광 시대'였지만, 전형필은 한눈팔지 않고 묵묵히 박물관을 지으며 서화를 수집했다. 이순황의 예상대로, 〈장안연우〉를 수장하고 얼마 후 겸재의 득의작 〈청풍계〉도 전형필에게 왔다. 몇 달 동안 곡괭이질을 해도 금맥이 보이지 않자 다른 산을 사기 위해, 〈청풍계〉뿐만 아니

정선, 〈청풍계〉, 비단에 채색, 133.0×58.8cm, 간송미술관 소장.

황금광 시대

전형필이 박물관 터를 구입한 1933년, 조선총독부 광산과에서 허가해준 금은광 개발 건수가 3,222건이었으니, 토요일과 일요일을 빼고 계산하면 하루에 열 명 이상이 허가를 받아간 셈이다. 1934년에는 그 수가 두 배로 증가했다. 당시 대중잡지였던 《삼천리》에 '황금광 시대'라는 용어가 등장했고, 곡괭이로 산을 파다 금맥을 발견해서 '황금왕'이 된 사람들의 성공담이 끊이지 않고 실렸다.

'황금광 시대'를 연 주인공은 최창학이었다. 1890년 평안북도 구성군에서 태어난 그는 20대 초반부터 금맥을 찾아 떠돌다가 더 이상 돌아다닐 여력이 없어 고향으로 돌아왔다. 그러나 그는 농사 대신, 다른 사람들이 금을 찾다 포기하고 떠난 고향의 뒷산에서 5년 동안 곡괭이질을 한 끝에 금맥을 발견했다. 한 해에 무려 700만 원어치의 금이 생산되는 엄청난 금맥이었다. 1924년의 일이다.

최창학은 어느 소설보다 흥미진진한 인생역전을 이루며 '황금왕'으로 등극했다. 당시 조선에서 제일 좋은 승용차인 1만 8천 원짜리 뷰익 리무진을 타고 다니며 돈을 물 쓰듯 썼다. 으리으리한 저택을 짓고, 국보급 도자기로 집 안을 장식했다. 그의 일거수일투족에 세상의 관심이 쏠렸다. 돈 벌고 싶어 하는 사람들의 '신화'가 된 것이다.

홀아비로 숱한 기생과 염문을 뿌리던 최창학은 1938년 1월 다시 한 번 세상을 깜짝 놀라게 했다. 마흔아홉 살의 홀아비가 스물넷의 이화여전 출신 인텔리 여성과 조선호텔에서 결혼식을 올린 것이다. 그는 돈만 있으면 뭐든지 다 할 수 있다는 걸 온몸으로 보여주었고, 세상은 그런 최창학을 부러워했다. 수많은 사람이 너도나도 금맥을 찾아 곡괭이를 메고 산으로 갔다.

최창학의 뒤를 이어 신화가 된 사람은 1883년 평안북도 정주군에서 태어난 방응모였다. 그는 젊은 시절 〈동아일보〉 정주 지국을 맡아 운영했지만, 신문대금이 제대로 걷히지 않아 〈동아일보〉에 빚을 지고 지국 경영을 포기했다. 1924년, 정주를 떠나 삭주군 교동으로 가서 최창학 소유의 폐광을 불하받아 곡괭이질을 시작했다. 최창학이 포기하고 문을 닫은 곳이었기 때문인지, 파고 또 파도 금은 나오지 않았다. 동업자가 다 떠나고, 빚쟁이들이 몰려와 괴롭혔지만, 그는 계속 곡괭이질을 했다. 그러기를 3년, 1926년 7월 대규모 금맥이 발견되었고, 최창학의 뒤를 잇는 또 하나의 인생역전 신화가 탄생했다.

금맥을 발견한 방응모는 최창학의 뷰익 리무진에는 못 미치지만, 포드 승용차를 타고 정주 시내를 달렸고, 아흔아홉 칸짜리 집을 지었다. 금광에서 나오는 돈으로 평안도와 함경도의 금광 몇 개를 더 구입한 후, 1932년 교동 금광을 일본인에게 기와집 1,350채 값인 135만 원을 받고 팔았다. 그리고 1933년 1월, 경영난에 처해 있던 〈조선일보〉를 인수했다. 빚쟁이 지국장에서 신문사 사주가 된 것이다. 그야말로 또 하나의 인생역전 신화였다.

〈동아일보〉 지국을 하다 그만두고 금을 찾으러 다니던 방응모가 사장으로 취임하자, 〈조선일보〉의 일부 기자들은 금전꾼 사장 밑에서는 기자 생활을 할 수 없다며 사표를 던졌다. 팔봉 김기진도 그중 한 명이었다. 그는 신문사를 그만둔 후 자신도 금맥을 발견해 신문사 사장이 되겠다면서 곡괭이를 둘러메고 평안남도 안주로 떠났다. 그러나 김기진은 몇 년 만에 물려받은 재산을 탕진하고 다시 글쟁이로 돌아왔다. 당시 지식인 중에서 금맥을 찾아 떠난 사람은 그뿐만이 아니었다.

《삼천리》는 1938년 11월호에 '금광신사'라는 기사를 통해 당시 금광업에 투신한 지식인 명단을 실었다. 신간회 경성 지회장이자 연희전문 교수였던 조병옥, 〈동아일보〉 편집국장 설의식, 사회주의 운동과 신간회 활동을 하던 이황, 상해 임시정부에서 활동하던 최현, 조선 노동총동맹 중앙 집행위원장이었던 정운영 등을 소개하면서, "이 밖에도 실로 다수한 인사가 있으나 이번 호에서는 여기서 그친다"고 했다. 당시의 '금광열풍'이 어느 정도였는지 짐작할 수 있다.

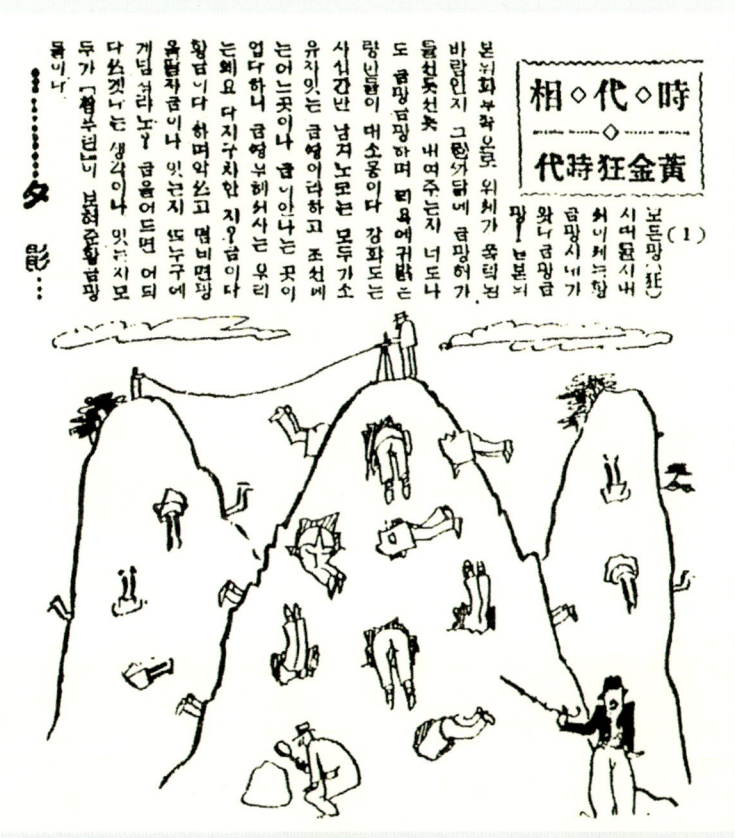

일제강점기, 황금을 좇아 여기저기 산을 파헤치는 세태를 풍자한 신문 만평, 〈조선일보〉 1932년 11월 29일.

라 현재 심사정의 초충도草蟲圖 14점을 화첩으로 만든 《현재첩玄齋帖》도 일괄로 처분했다.

《현재첩》에 실린 꽃과 나무와 곤충은 실로 다양했다. 붉은 열매가 주렁주렁 달린 산수유나무 아래서 이슬을 마시는 베짱이, 붉은 난꽃 옆 잎사귀에 매달린 방아깨비, 단풍으로 물들어가는 맨드라미 잎과 남빛의 달개비꽃, 붉은 꽃술을 뽑아낸 백합꽃과 넓은 잎에서 붉은 더듬이를 움직이는 사마귀, 바위 옆에 함초롬히 핀 패랭이꽃 위를 날아다니는 잠자리, 모란꽃 위를 선회하는 호랑나비와 노란 표범나비, 망우초라고도 불리는 원추리꽃을 향해 날아오는 호랑나비, 바위 위로 피어오른 붉은 금낭화와 하얀 나비 등 영조 시대 초충도로서는 최고의 격조를 갖춘 그림들이었다.

"이 선생, 표암豹菴 강세황(姜世晃, 1713~1791)이 현재 심사정은 화훼초충을 가장 잘 그렸다고 하더니, 그 말이 빈말이 아니구려. 이 정도면 이

심사정(沈師正, 1707~1769)

호는 현재玄齋. 조선 숙종 때 태어나 영조 때 활동한 선비 출신 화가다. 그림은 잘 그렸지만, 할아버지를 잘못 만나 평생 고생한 '불운의 화가'다. 그의 할아버지 심익창은 숙종 25년(1699) 10월에 실시된 증광시(과거시험)에서 답안지를 바꿔치기하는 부정을 저질러 10년이 넘게 귀양살이를 했다. 당시 과거 부정은 사대부 사회에서 가장 수치스러운 범죄였기 때문에 후손들은 과거시험을 볼 수 없었다. 가문이 몰락하고 귀양에서 풀려난 심익창은, 훗날 영조가 되는 연잉군이 왕세제로 책봉되자 이에 불만을 품고 왕세제를 폐위 시해하려고 한 '신임사화'에 가담했다가 실패했다. 따라서 그의 손자 심사정이 영조 때 어떻게 처신하며 살아야 했는지를 상상하기란 어렵지 않다.
결국 심사정은 세상의 멸시와 천대 속에 죽어라 그림만 그렸다. 그러나 그가 세상을 떠났을 때는 집에 관 살 돈이 없었다는 기록이 전할 정도로 가난하게 살았다. 심사정은 중국 화보 책인 《고씨화보》나 《개자원화전》의 그림을 참고했고, 후원자였던 상고당 김광수가 마련해준 서대문 부근의 집 마당에 여러 종류의 화초를 키웠다는 기록이 있다.

제까지 본 초충도 중에서는 가장 뛰어나다고 할 수 있겠소."

"그렇습니다. 저도 이제까지 이렇게 잘 그린 초충도는 보지 못했습니다. 간송도 보셨겠지만, 위창 선생님의 《근역서화징》에 보면, 심사정은 어렸을 때 겸재 정선에게서 그림을 배웠다는 기록이 있습니다. 그러나 역적의 후손으로 밖에 나다니는 것도 부담스러웠는지, 집에서 이런 초충도를 많이 그린 모양입니다."

전형필은 《현재첩》에서 눈을 뗄 수가 없었다.

"현재가 자신에게 닥친 험한 세월을 이겨내기 위해, 기약 없는 희망을 꿈꾸면서 그린 그림들 같아요. 그렇지 않고서야 어떻게 이렇듯 꼼꼼하고 차분하게 그릴 수 있었겠소. 내 생각에는 심사정이 꽤 많은 그림을 남겼을 것 같으니, 겸재뿐 아니라 현재의 그림도 힘껏 알아봐주시오."

"예, 간송. 무슨 말씀이신지 알겠습니다. 현재의 그림도 눈에 띄는 대로 구해오지요. 그런데 간송! 이제 별장도 거의 완성되어가는데, 고려청자와 조선백자는 언제 시작하시려는지요? 저는 요즘도 경매에서 일인들에게 넘어가는 고려청자를 보면 가슴이 아픕니다."

"이 선생, 말씀 잘하셨소. 내가 그동안은 서화와 박물관 짓는 일에 치중하느라 도자기에 미처 신경을 쓰지 못했지만, 앞으로는 모을 수 있는 만큼은 모을 생각이오."

"간송이 이렇게 말씀하시니, 앞으로 골동품계에 회오리바람이 불 것 같습니다, 하하하! 그런데 간송, 제가 한 가지 미리 말씀드릴 것이 있습니다."

이순황의 심각한 말투에 순간 침묵이 흘렀다.

"예, 말씀해보세요."

심사정, 〈베짱이가 이슬을 마시다絡緯飮露〉, 종이에 옅은 채색, 19.0×16.6cm, 간송미술관 소장.

심사정, 〈원추리와 벌과 나비萱草蜂蝶〉, 비단에 채색, 22.0×16.1cm, 간송미술관 소장.

이순황이 숨을 한 번 들이켜고는 입을 열었다.

"사실 제가 서화는 어느 정도 보지만, 청자에는 어둡습니다. 이건 제가 간송을 만나기 전부터 경성 구락부 경매에 참가할 때마다 느낀 건데, 서화에 비해 값이 엄청난 청자는 일본인 골동품상들이 주도하고 있습니다. 그래서 인촌 김성수 선생이나 창랑 장택상 선생도 청자에 비해 값이 저렴한 일급 백자는 수장했어도, 일급 청자는 수장하지 못했지요. 일급 청자들이 일인 손에 낙찰되어 일본으로 건너갈 때마다 얼마나 안타까운지 모릅니다. 고려청자는 저의 한계이자 취약 부분입니다. 청자에 대한 고급 정보는 아직도 일본 상인이나 거간들의 손에 있으니, 일본인 거간을 따로 구하시는 게 좋을 것 같습니다."

전형필은 이순황을 지그시 바라보며, 경험 많은 거간의 솔직한 자기 고백을 경청했다. 충분히 일리가 있는 말이었다.

"이 선생이 제가 미처 생각지 못했던 아주 귀한 말씀을 해주셨구려. 그렇다면 일본인 거간 중에 믿을 만한 분을 알고 계시오?"

"그동안 제가 본 거간 중에서는 진고개에 온고당이라는 상점을 갖고 있는 신보 기조新保喜三가 진중한 것 같았습니다. 나이는 저보다 몇 살 위인데, 큰 물건을 많이 취급하면서도 거만한 적이 없었습니다. 조선에서 20년 넘게 장사해서 조선말도 곧잘 하고, 경성 구락부 주주이면서 세화인•도 겸하고 있으니, 경매를 하실 때에도 도움이 많이 될 겁니다."

"이 선생, 그럼 언제 신보 선생과 저녁 자리를 한번 만듭시다. 나도 어떤 분인지 궁금하고 신보 선생도 마찬가지일 테니 그렇게 상견례를 하는 게 좋을 것 같아요."

"그럼, 내친김에 지금 전화를 넣어볼까요?"

이순황은 그동안 경매장에서 고려청자를 싹쓸이하듯 낙찰받아가던 일본인들에게 눌렸던 울분을 금방이라도 풀겠다는 듯 결연한 표정으로 전형필에게 물었다.

"경매 이야기가 나오니까 이 선생 얼굴에 화색이 도는구려. 그럼 약속을 명월관으로 잡으세요."

이순황은 주머니에서 명함을 뒤적이더니 교환을 불러 2국에 6915번을 대달라고 했다. 신보가 연결되자 명월관에서 저녁이나 하자면서 몇 마디 건네더니 전화를 끊었다. 신보 역시 이순황 같은 세화인이 전화를 걸어 명월관 같은 큰 요릿집으로 나오라고 했을 때는 큰 손님을 소개한다는 뜻임을 알고 흔쾌히 약속한 것이다.

이순황이 통화를 마치자 전형필은 미곡상 집사에게 전화를 했다.

"명월관에 4인분 저녁식사를 예약해주세요. 거문고 켜는 예기藝妓도 부탁해주시고."

오세창과 동행할 생각이었다.

● 세화인(世話人. 주선인)은 경매 주관자다. 그러니까 경성 미술구락부는 경매 장소만 제공하고, 세화인 자격이 있는 이들이 소모임을 만들어서 서화 골동을 위탁받아 경매를 개최하는 것이다. 그리고 출품자와 낙찰자로부터 받은 10퍼센트의 수수료에서 도록 제작 경비와 경매장 사용료를 뺀 이익금을 나눠 갖는데, 만약 낙찰가가 위탁자에게 보장했던 가격에 못 미치면 그 차액도 이익금에서 물어줬다. 그래서 세화인들은 누가 좋은 서화와 골동을 갖고 있고, 누가 그 물건에 관심이 있는지를 꿰뚫고 있었다. 세화인은 입찰자 중에서 직접 경매장에 나서고 싶어 하지 않는 이를 대신해서 입찰하는 대리인 역할도 했는데, 훗날 전형필도 대부분의 경매에서 이순황과 신보를 대리인으로 삼아 입찰했다.

우정과 헌신의 동지,
이순황과 신보

우정과 헌신의 동지,
이순황과 신보

거문고 소리를 따라 강이 흐르고, 강을 따라 거문고 소리가 흘렀다. 둔탁한 듯 맑아지고, 느린 듯 빨라지고, 높은 곳으로 올라가는 듯 낮은 곳으로 내려가고, 거센 듯 부드러워지면서, 물이 흐르듯 거문고 소리가 흘렀다.

시간이 얼마나 지났을까, 예기가 무릎 위에서 거문고를 내려놓았다. 그리고 지그시 눈을 감고 거문고 소리를 듣던 네 사람을 향해 고개를 숙였다. 네 사람이 박수를 치자 예기는 거문고를 들고 살포시 일어나 방문을 열고 나갔다.

전형필이 오세창과 신보, 이순황 순으로 술을 따르자, 신보가 전형필의 잔에 술을 따랐다. 전형필이 술잔을 비우면서 말했다.

"신보 선생, 일본인들이 청자를 가져가기 시작한 지 20년이 넘었는데 아직도 좋은 청자가 남아 있소?"

신보도 술잔을 비우고 말했다.

"간송의 말씀에도 일리가 있습니다. 그런데 20년 전에 고려청자를 수집했던 수장가들이 이제는 나이가 많이 들었습니다. 그들 중 대부분은 일본의 고향으로 돌아가기 전에, 자식들에게 도자기 대신 돈으로 유산을 물려주기 위해 수장품을 처분합니다. 사실 자식들이 도자기의 가치를 아는 경우가 드물어, 일본에서도 골동품을 30년 이상 수장하는 이는 그리 많지 않습니다."

전형필이 봉투에서 도록을 꺼내 펼치더니 신보에게 건넸다. 1933년 11월 2~5일 오사카 인근의 야마나카山中 상회 석조 진열장에서 개최될 예정인 석조물 야외 경매 도록이었다. 전형필이 도록에 표시한 것은 통일신라 3층 석탑, 고려 3층 석탑, 석조 사자탑, 조선 석등이었다.

"신보 선생, 이번 야마나카 상회 경매 도록에서 좋은 석조물 네 점을 봤는데, 저를 대신해서 참석해주실 수 있겠소?"

전형필은 이 석조물들에 입찰하기 위해 이순황을 오사카에 보내려고 하던 차에, 마침 신보를 소개받고 그의 실력도 알아보고 자신의 재력도 알리기 위해 계획을 바꿨다. 신보는 전형필이 석조물에 입찰할 거라는 이야기를 듣고 깜짝 놀라는 눈치였다. 옆에서 도록을 함께 보던 이순황도 내심 놀랐지만, 무슨 의도인지 알겠다는 듯 고개를 끄덕였다.

이순황은 궁금해하는 오세창에게 도록을 건네고 전형필을 바라보았다. 전형필이 고개를 두어 번 끄덕이자 이순황이 알았다는 듯 헛기침을 하더니 신보에게 말했다.

"신보 선생! 이 이야기는 아직 밖에 알려지면 안 되지만, 믿고 말씀드립니다. 간송께서는 혜화문 밖에 박물관을 지을 계획을 갖고 있습니다. 얼마 전에 설계도가 완성되었고, 지난달에 건축 허가가 났습니다. 현재는 수장고로 사용할 별장을 짓는 중이고요. 내년(1934) 봄부터는 박물관 공사를 시작할 겁니다."

신보가 깜짝 놀라며 물었다.

"개인 박물관을 짓는다고요? 일본에서도 개인 박물관을 갖고 있는 수장가는 몇 안 되는데, 정말 대단하십니다."

오세창이 고개를 끄덕이며 만면에 웃음을 띠었고, 오히려 전형필의 얼굴이 붉그레해졌다.

"신보 선생, 이만하면 간송의 뜻을 아시겠소?"

오세창이 묻자 신보도 크게 고개를 끄덕였다.

"이 선생이 간송을 소개하겠다고 했을 때 짐작은 했지만, 솔직히 놀랐습니다. 개인 박물관까지…… 오늘 이렇듯 큰 인물을 뵙게 돼 영광입니다. 제가 비록 일본인이지만, 평소 위창 선생님도 흠모해왔습니다. 정말 영광입니다."

신보의 진심 어린 말에 모두들 표정이 편안해졌다. 신보가 다시 도록을 보며 계속 말했다.

"도록에 표시하신 석탑과 석등은 모두 대단한 물건입니다. 안목이 정말 출중하십니다. 드디어 조선에도 대수장가가 나타나셨군요. 제가 최선을 다해 간송께서 낙찰받으실 수 있도록 힘써보겠습니다."

신보가 전형필을 '대수장가'라고 표현한 건 노회한 세화인의 직감이었다. 전형필이 표시한 석탑과 석등 네 점의 예상가가 만 원을 훌쩍 넘었다.

"신보 선생이 그렇게 말씀해주시니, 마음이 든든합니다. 가격은 다른 사람만큼 치를 용의가 있으니, 힘차게 부르셔도 됩니다. 특히 통일신라

3층 석탑은 '불국사 전래佛國寺傳來'라는 출토 경위가 있으니 꼭 찾아오고 싶소."

조선의 석탑과 석등은 일본인들이 고려청자만큼 좋아하는 석조물이었지만, 반출 절차가 매우 까다로웠다. 조선총독부에서 1911년 11월 29일 '고비古碑, 석탑, 석불, 기타 석재에 조각이 있는 건설물 보호 방方 취재에 관한 건(관통첩 제359호)'이라는 문건을 각 지방에 발송했기 때문이었다.

근래 각 지방 폐사 유적과 기타 황폐되어 버려진 곳에 있는 고비, 석탑, 석불, 기타 석재에 조각된 건설물을 매매하거나 다른 곳으로 이전하려는 자가 종종 있는바, 앞의 폐사지와 기타 황폐된 땅에 정착하여 고대로부터 전래되는 물건은 역사의 고증이나 미술의 모범으로 영구히 보존해야 할 국가 귀중 보물로서, 원래부터 인민의 사유물이 아님은 물론이므로 지방 인민이 간교한 자의 유혹에 빠져 앞의 귀중한 국유물을 사칭하여 매매계약을 하거나 또는 다른 곳으로 이전하여 사적의 상실을 되돌아보는 것과 같이 비행을 감행하는 자가 없도록 엄중히 감시하여 주시기를 통보함.

그러나 이 문건은 법률이 아니었기에 조선총독부가 묵인하면 반출이 가능했다. 총독부는 이 문건을 조선인들에게만 적용하는 경우가 많았고, 실제로 전형필은 이 문건으로 인해 훗날 피해를 당하기도 했다.

이번에 석조물 경매를 주관하는 야마나카 상회의 주인 야마나카 사다지로山中定次郎는, 일제 강점 초기부터 고려청자를 대량으로 반출해서 일본뿐 아니라 유럽에도 팔아 큰돈을 번 거물급 골동품상이었다. 그는 조선총독부 박물관과 일본의 국립 박물관에 희귀 유물을 기증하면서, 석조물을 일본으로 반출할 수 있게 협조를 받았고, 그 석조물들을 가지고 일본에서 경매까지 개최하는 것이었다.

"알겠습니다, 간송. 한데 이번 경매에는 이 선생도 함께 참석했으면 합니다. 다른 건 몰라도 통일신라 3층 석탑과 고려 3층 석탑은 경합이 치열할 것 같아서요."

신보는 역시 노련했다. 전형필이 박물관을 지을 정도로 재력이 있다고는 하지만, 아직 경성 구락부 경매에 참가한 적이 없어 그의 배짱을 알 수 없으니 입찰을 할 때 이순황과 상의하고 싶었다. 또 이번 건은 이순황의 소개로 이루어진 일이니, 그도 대리인으로 참석시켜 사례비를 나누는 것이 도리라고 생각했다.

전형필이 빙그레 웃음을 띠며 말했다.

"신보 선생 생각이 그렇다면 그렇게 하시오. 이 선생이 지난 1년 동안 수고를 많이 하셨으니, 이번 기회에 바람도 한번 쐬시구려. 그럼 두 분이 이번 경매에서 좋은 성과를 이루기를 바라는 의미에서 건배합시다, 하하하!"

전형필이 호탕하게 웃으며 잔을 들자, 술을 못하는 이순황도 같이 잔을 들어올렸다.

"드디어 간송께서 경매에도 등장하시니, 앞으로 어떤 명품들이 박물관에 수장될지 기대가 큽니다. 오늘은 정말 뜻깊은 날이라 저도 한잔 마시겠습니다. 만약 제가 쓰러지면 간송이 택시를 불러주셔야 합니다, 하하하!"

모두들 유쾌하게 웃으며 잔을 비웠고, 네 사람의 이야기는 밤늦도록 이어졌다.

이순황이 신보 기조와 함께 오사카에 가 있는 동안, 전형필은 아침부터 한남서림에 나왔고 오세창도 말동무를 해주기 위해 자주 들렀다.

오세창이 한남서림에 자주 나온다는 소문이 돌자 거간과 골동품상들이 저마다 추사 김정희의 글씨를 들고 찾아왔다. 그러나 오세창은 보는 글씨마다 '모르겠다'고 할 뿐이었다. 전형필이 그 이유를 묻자 오세창이 허허 웃으며 대답했다.

"실은 저게 대부분 가짜일세. 그런데 가짜라고 하면 진짜를 왜 가짜라고 하느냐며 달려들고, 진짜를 진짜라고 해도 훗날 다른 사람에게 가짜라는 소리를 들으면 가짜를 왜 진짜라고 했냐면서 달려들 테니, 아예 모른다고 하는 게 상책일세. 대원군의 난蘭도 마찬가지일세. 대원군은 제자들에게 난을 그리게 하고 자신은 낙관만 찍었기 때문에, 진짜 대원군이 그린 난은 손에 꼽을 정도네. 그런데 이 집에 가면 추사 글씨, 저 집에 가면 대원군의 난이 걸려 있으니, 그게 다 저런 뜨내기 거간들에게서 나온 걸세."

"이 선생에게 각별히 주의하라고 일러두겠습니다."

"그건 그렇고, 건축 허가가 났다고? 그럼 내년 봄에는 공사를 시작하는가?"

"예, 선생님. 해가 바뀌면 건축자재들을 주문하려고 합니다. 그리고 별장이 여름쯤 완공되면 그 옆에 표구소를 꾸릴 생각입니다."

"음, 그거 좋은 생각이구먼. 진귀한 서화작품이 많아질 테니, 그리 하는 게 좋겠네. 나는 자네가 처음에 서화를 모으겠다고 했을 때, 박물관까지 지을 줄은 몰랐어. 정말 대단하네."

"전에도 말씀드렸지만, 선생님 말씀을 듣고 곰곰이 생각해보니 재산이란 지키고 싶다고 지켜지는 게 아니라는 생각이 들었습니다. 그래서 재산을 물려주기보다는 박물관을 남겨주는 게 수집품을 지킬 수 있는 길일 것 같아 그렇게 결심한 겁니다."

"맞는 말이네. 재산이란 본디 그런 것이니, 정말 잘 생각한 것이야. 그래, 아이들은 잘 크고 있는가?"

"예. 경우가 내년이면 다섯 살, 명우는 네 살이 됩니다. 그리고 집사람이 지금 회임 중인데 내년 6월이면 해산을 할 것 같습니다."

"그거 듣던 중 반가운 소식이구먼. 작년에 장녀가 그렇게 떠나 상심이 컸을 텐데, 또 손이 생긴다니 정말 다행이야."

세상에 부러울 게 없는 전형필이었지만, 그동안 자식 둘을 병으로 잃는 아픔이 있었다. 장남이었던 광우가 1928년 두 돌을 넘기자마자 세상을 떠났고, 장녀였던 명희도 작년에 다섯 살 어린 나이에 세상을 떠나고 말았다.

신보의 예상대로 통일신라 3층 석탑의 경합은 치열했다. '불국사 전래'라는 출토 경위가 분명하고, 통일신라시대 석탑은 흔치 않기 때문이었다. 그러나 신보가 6천 원을 부르자 경매장에는 탄성이 흘렀고, 잠시 후 낙찰을 알리는 경매봉 소리가 울렸다.

고려 3층 석탑 역시 입찰자가 많았지만, 신라보다는 연대가 떨어져

3,700원, 석조 사자탑은 2,500원, 조선 석등은 비교적 흔한 유물이라 550원에 낙찰받았다. 모두 12,750원이었고, 수수료와 경비를 합하면 14,000원이 들었다.

통일신라 3층 석탑은 훗날 고려시대 석탑으로 판명되었고, '불국사 전래'라는 출토 경위도 근거가 확실치 않아 인정받지 못했다. 그러나 유물적 가치가 높아 1974년 5월 12일 서울시 유형문화재 제28호로 지정되었다.

전형필은 이렇게 야마나카 상회와 인연을 맺었다. 사장 야마나카 사다지로와는 이후 경성 미술구락부 경매에서 대승부를 연출했는데, 결국 그를 꺾어 세상을 놀라게 했다.

석탑과 석등은 한 달 후인 1933년 12월 인천항에 도착했다. 전형필은 살을 에는 듯 매서운 겨울바람이 부는 부둣가에서, 역사의 풍랑에 떠밀려 일본으로 갔다가 경매에 붙여지는 수모까지 겪은 후에야 조선 땅으로 돌아온 석탑과 석등을 감격 어린 눈길로 맞았다.

'불국사 전래'로 알려진 3층 석탑은 탑의 상륜부까지 온전하게 보존되어 있었다. 기단에는 연꽃 문양이 새겨져 있고, 각 층의 비례가 안정적으로 작아지는, 온화하고 세련된 모습의 석탑이었다.

고려 3층 석탑 역시 온전했다. 기단 위 첫 번째 층에는 사리를 보관하는 문임을 알리는 문비와 자물쇠가 돋을새김으로 새겨져 있고, 각 층의 돌 지붕은 신라 석탑에 비해 소박하지만 단아한 느낌이었다.

이름 모를 폐사지에 있던 석탑과 석등이지만, 역사의 흔적과 옛 석공들의 체취는 푸른 이끼 속에 고스란히 전해졌다. 얼마나 많은 선조들이

3층 석탑, 높이 220cm, 고려시대, 서울시 유형문화재 제28호, 간송미술관 소장.

고려 3층 석탑, 높이 250cm, 고려시대, 간송미술관 소장.

합장한 채 저 석탑을 돌며 가족의 무병장수와 극락왕생을 빌었을까. 전형필은 스님의 염불 소리와 신도들의 발자국 소리를 마음으로 들으며, 이순황과 신보의 손을 꽉 잡았다.

"두 분 모두 이번에 애 많이 쓰셨소."

"간송, 저는 이번 경매와 지금 배에서 내리는 저 석탑과 석등을 보며 느낀 점이 많습니다. 조선을 떠난 유물을 되찾는 일이 이렇게 힘들다는 사실을 이번 일로 절실히 느꼈습니다. 앞으로 꼭 조선에 남아 있어야 할 유물이 나타나면 가장 먼저 간송께 연락하겠습니다."

신보는 전형필을 향해 정중하게 허리를 굽혔다. 나이가 스무 살이나 많은 그였지만, 유물을 대하는 전형필의 진정성에 예를 표한 것이다.

이순황도 느낀 바가 적지 않았다.

"저도 이번에 정말 많은 걸 보고 느꼈습니다. 앞으로 더욱 열심히 좋은 서화들을 찾는 데 매진해서, 박물관에 국보급 보물이 가득 차도록 하겠습니다."

"두 분 말씀이 참으로 고맙소. 이번에 두 분이 수고를 많이 하셨으니, 석탑을 별장에 옮겨놓고 명월관에서 저녁이나 드십시다."

전형필은 오늘따라 거문고 소리가 듣고 싶었다. 천년 세월을 이어온 그윽하고 깊은 울림 속에서, 앞만 보고 달려온 1933년 한 해를 되돌아보며 술을 마시고 싶었다.

"불감청이언정 고소원입니다. 그런데 오늘도 위창 선생님께 기별을 하실 건지요?"

이순황이 미소를 띠며 묻자 전형필이 껄껄 웃었다.

"이 선생이 오늘은 어른 안 계신 곳에서 송년 풍류를 맘껏 즐기고 싶으신 모양이오."

"간송도 참, 제가 술을 못하는데 간송이 자꾸 권하시니, 혹시라도 위창 선생님 앞에서 실수를 할까 봐 그럽니다, 하하하!"

"무슨 말인지 알겠소. 오늘은 편안히 송년 풍류를 즐기실 수 있게 준비하지요, 하하하!"

당시 경성에서 유명한 요릿집으로는 명월관뿐 아니라 식도원, 조선관, 국일관, 천향원, 송죽원, 태서관, 동명관, 음벽정 등이 있었다. 전형필이 그중 명월관을 자주 찾은 것은, 집에서 가까운 종로 3가에 있었기 때문이다. 1909년 개업 당시에는 지금의 세종로 네거리인 황토마루에 있었지만, 1918년 화재로 건물이 전소된 뒤 종로 3가로 자리를 옮겨 새롭게 문을 열었다.

전형필은 거문고 소리를 들으며 계속 술잔을 비웠다. 지난 몇 년 동안의 일들이 주마등처럼 스쳐갔다. 옛책과 서화를 친구 삼아 지내온 세월이었다. 큰 재산을 물려받은 가장이기에 감당해야 할 집안 대소사에 남모를 고민과 힘든 일이 많은 건 당연지사였다.

아쉽게도 전형필에게는 허심탄회하게 흉금을 터놓을 동년배 친구가 없었다. 휘문 동기들은 전형필이 자신들과 너무 다른 세계에 산다고 생각했고, 대학 시절 조선인 친구들은 조선총독부 등 관공서에서 근무하거나 변호사가 되어, 전형필이 만나고 싶지 않았다. 그래서 전형필은 가끔 술잔 속에 자신만이 알고 있는 아픔과 괴로움을 털어내곤 했다.

노래가 끝나고 술이 한 순배 돌자 전형필이 얼굴이 발그레해진 신보와 이순황을 바라보며 물었다.

"오늘 송년 풍류가 마음에 드셨소?"

"예, 간송. 아주 흡족한 송년 풍류를 즐겼습니다."

신보의 대답에 이순황도 고개를 끄덕이며 빙긋 웃었다.

그렇게 술이 몇 순배 돌고 송년 풍류는 막을 내렸다. 1933년은 그렇게 저물었다.

추사를
만나다

추사를
만나다

해가 바뀌어 스물아홉 살이 된 전형필은 새해 인사를 할 겸 이야기도 나눌 겸 외종 형 박종화의 집을 찾았다. 박종화는 프로문학이 문단을 휩쓸자 붓을 꺾었다. 김기림, 이효석, 유치진 등이 '구인회'●를 조직해 순수문학의 혈통을 지키겠다고 열을 올렸지만, 그 그룹에도 참여하지 않고 칩거했다.

"형님, 그동안 무탈하셨는지요?"

전형필이 서재로 들어서며 인사하자, 박종화가 반갑게 맞았다.

"책이나 보면서 세월을 보내는 게 일인데 탈이 있을 게 무언가. 그래, 박물관 짓는 일은 잘 진행되지? 아우님 성격이 워낙 꼼꼼하니 어련히

● 1933년에 결성된 순수문학을 지향하는 문학동인회. 처음에 김기림, 이효석, 이종명, 김유영, 유치진, 조용만, 이태준, 정지용, 이무영 등 아홉 사람이 결성해 구인회九人會가 되었다. 이후 이종명, 김유영, 이효석이 탈퇴하고 박태원, 이상, 박팔양이 가입했으며 다시 유치진, 조용만 대신 김유정, 김환태로 바뀌었지만 항상 아홉 명의 회원을 유지했다.

잘 알아서 하겠나. 그 박물관에 어떤 물건들이 진열될지 기대가 크네."

"형님이 그렇게 말씀하시면 제가 부끄럽습니다. 그동안은 공부하는 마음으로 모았기 때문에 아직은 형님의 기대에 미치지 못할 겁니다. 이제부터 본격적으로 모아보려고 합니다. 형님은 언제쯤 다시 글을 쓰시려는지요?"

"글쎄…… 요즘 김동인이나 현진건, 염상섭, 나도향 등이 신변잡사로 새로운 경향의 단편소설을 발표하고 있지만 내게는 잘 안 맞는 것 같아. 20대에 여러 종류의 글을 써봤지만, 아무래도 나는 역사소설이 적성에 맞는 것 같네. 그래서 요즘은 영운穎雲● 어른 댁을 드나들며, 조선 말기의 대원위(대원군) 이야기를 듣고 있는데, 그 집에 좋은 그림과 글씨가 아주 많더군."

"위창 선생님께 얼핏 이야기는 들었습니다. 그런데 특별히 기억나는 그림이나 글씨가 있던가요?"

"나야 보는 눈이 짧으니 추사 글씨와 단원 그림 외에는 잘 모르지. 내 생각에는 아우님이 직접 보면 좋을 것 같은데, 내가 영운 어르신께 말씀을 드려볼까?"

"형님이 이렇게 말씀하시는 걸 보면, 볼만한 서화를 꽤 많이 수장하신 모양이네요. 한번 친견할 수 있게 도와주시면 저에게 큰 공부가 되겠습니다."

● 김용진(金容鎭, 1878~1968). 영운穎雲과 구룡산인九龍山人이라는 아호를 함께 사용한 김용진은 세도가였던 안동 김씨 가문에서 태어났다. 할아버지는 영의정을 지낸 김병국, 어머니 임천 조씨가 흥선대원군의 외손녀다. 조선왕조와 대한제국에서 수원 군수 등 여러 관직을 거쳤지만, 나라를 잃은 뒤에는 심전 안중식, 소림 조석진 등 당대의 화가, 서예가들과 교유하며 글씨를 쓰고 그림을 그렸다. 집안에 전해내려오는 서화가 많아 골동품계에서는 알아주는 수장가였다.

"내가 며칠 내로 다시 찾아갈 일이 있으니, 그때 말씀드려보마."

"고맙습니다. 형님은 요즘 대원군에 대한 소설을 쓰고 계신가 보오."

"아니, 아직 그런 단계까지는 아니고…… 영운 어른 자당께서 대원위의 외손녀시니까 기억이 쇠하시기 전에 자세한 이야기를 들어두려는 거지."

박종화는 사상적으로 격동하는 사회에서는 몸을 숨겨 은둔했지만, 역사에 대한 관심은 놓지 않았다. 1936년부터 연산군을 다룬 《금삼의 피》, 병자호란 전후의 긴박한 상황을 그린 《대춘부》, 공민왕과 노국공주의 사랑을 다룬 《다정불심》, 대원군과 안동 김문의 갈등을 그린 《전야》를 잇달아 발표하면서 우리 문학사에서 역사소설가로서의 위치를 굳힌다.

며칠 후, 전형필은 박종화를 따라 탑골공원 뒤 익선동에 있는 김용진의 집을 찾아갔다. 명문가임을 한눈에 알 수 있을 정도의 규모와 고풍스러운 격조를 갖춘 한옥이었다. 김용진은 사랑채에 있었는데, 넓은 대청이 대갓집 사랑임을 짐작케 했다. 방 안에는 사방탁자와 책장 그리고 서안이 가지런히 갖춰졌고, 벽에는 고서화가 걸려 있었다. 책장에는 옛책들이 가지런했고, 김용진 앞의 서안에는 은장식 담배함과 재떨이가 놓여 있었다.

동그란 얼굴형에 머리가 많이 벗겨진 김용진이 안경 너머로 책을 읽고 있다가 두 사람을 맞았다. 전형필이 박종화를 따라 큰절을 올렸다.

"그동안 월탄뿐 아니라 여러 사람에게서 간송 이야기를 들었는데, 예까지 찾아와주니 반갑구먼."

김용진이 웃음 띤 얼굴로 전형필을 바라보았다.

"위창 선생님이 어르신의 수장품에 대해 여러 번 말씀하셨는데, 그동안 인연이 닿지 않아 찾아뵙지 못했습니다. 마침 월탄 형님이 어르신과 인연이 있다기에 어르신의 수장품을 친견할 기회를 만들어달라고 졸랐습니다. 흔쾌히 허락을 해주셔서 감사합니다."

"내가 모은 것은 내보일 만한 게 몇 점 안 되네만, 선대께서 물려주신 작품들 중에 간송 안목으로도 볼만한 게 좀 있을지 모르겠군. 자, 서재로 가세."

두 사람은 김용진을 따라 '향석서실香石書室'이라는 현판이 걸려 있는 서재로 들어갔다. 서재 안에는 추사의 글씨와 난 그림들이 가지런히 걸려 있었다.

글씨와 그림들을 찬찬히 둘러보던 전형필의 눈이 '호고유시수단갈好古有時搜斷碣, 연경루일파음시硏經屢日罷吟詩'라고 예서隸書로 쓴 두 폭의 글씨 앞에서 멈췄다. '옛것을 좋아해서 때로는 깨진 비석을 찾고, 경전 연구를 여러 날에 끝내면 시를 읊는다'는 내용인데, 글씨 옆에 '석파 선생에게 보이기 위해 쓴다'는 발문이 보였다. '석파石坡'는 흥선대원군의 아호였으니, 추사가 직접 그에게 써준 글씨였다.

전형필이 글씨에서 눈을 떼지 못하자 김용진이 말했다.

"간송이 그 글씨 내력이 궁금한 게로구먼."

"예, 어르신."

"이 글씨는 발문에 보이는 대로, 추사 선생이 대원위 대감께 드리려고 쓰신 것이네. 두 분은 영조 임금의 내외현손內外玄孫으로 팔촌의 척분戚分이 있으셨지. 그래서 추사 선생은 34세 연하의 대원위 대감께 편지를 쓸 때 '친척 되는 사람'이라는 뜻으로 '척종戚從' 또는 '척생戚生'이라 쓰

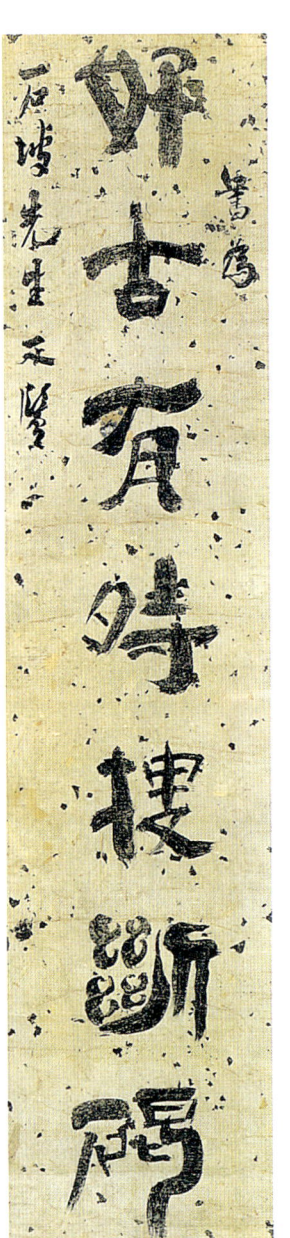

김정희, 예서 대련(호고유사수단갈, 연경루일파음시), 각 129.7×29.5cm, 간송미술관 소장.

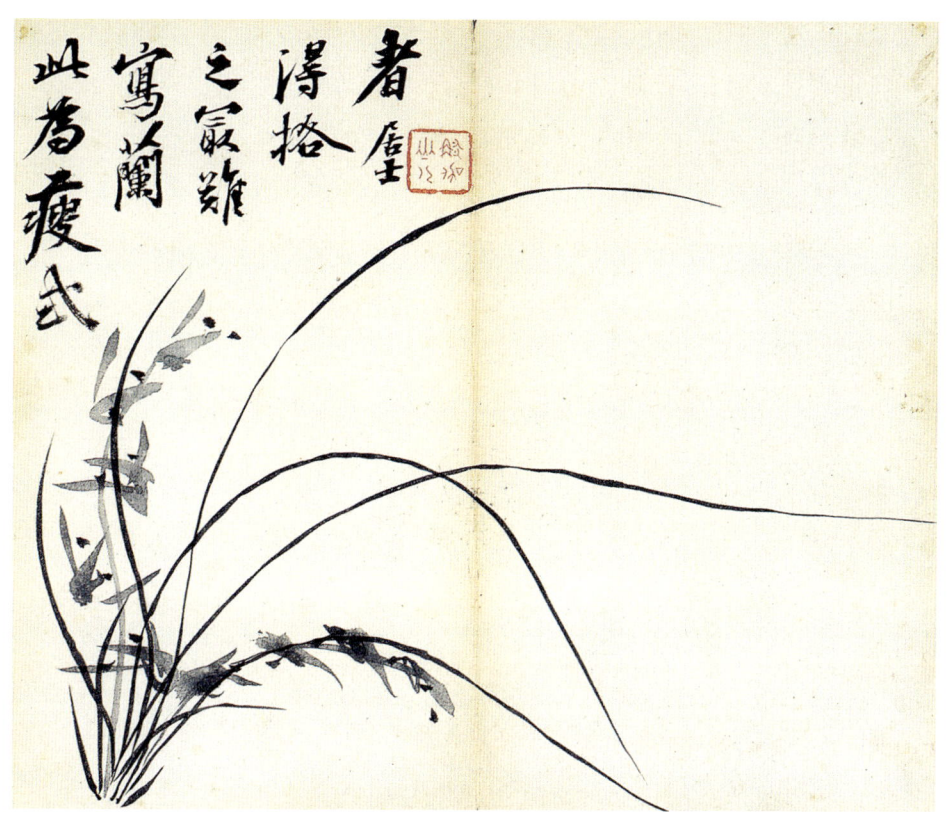

김정희, 《난맹첩》 중에서 '수식득격瘦式得格', 22.9×27.0cm, 간송미술관 소장.

셨고, 대원위 대감은 젊은 시절에 난이나 치며 세상일을 잊고자 한다면서 추사 선생의 집을 드나들며 난초 그림을 배우셨다는 이야기를 어머님께 들었네. 여기 있는 추사 선생의 글씨들은 어머님의 친척 어른들이 갖고 계시던 걸 내가 구해온 걸세. 추사 선생이 귀양살이에서 풀려난 지 얼마 안 되었을 때 대원위 대감이 난초 그림을 배우러 드나드셨는데, 추사 선생의 생활이 어려운 걸 알고 도움을 드리자 글씨로 보답을 하셨다는군. 그래서 그 수가 꽤 되네."

"추사 선생과 대원위 대감이 그런 척분 관계가 있으셨군요. 대원위 대감이 추사 선생께 난을 배웠다는 사실도 오늘 처음 알았습니다. 역시 어르신 댁에 온 보람이 있습니다."

전형필이 김용진에게 고개를 숙여 보였다.

"간송이 서화를 바라보는 눈길이 그윽하니 몇 가지 더 보여줘야겠는 걸. 월탄과 함께 자리에 앉아 잠시 기다리시게."

김정희(金正喜, 1786~1856)

호는 완당阮堂, 추사秋史 등. 어릴 때부터 글씨를 잘 썼고, 열 살 때 박제가의 문하에서 공부를 시작했다. 순조 9년(1809) 24세에 생원시에 입격했고, 같은 해 10월 '동지겸사은사'의 부사副使로 중국에 가는 아버지의 자제군관子弟軍官이 되어 동행했다. 이때부터 중국의 학자들과 교유하기 시작했고, 헌종 6년(1840) 55세에 제주도로 귀양살이를 떠날 때까지 글씨와 금석학으로 일세를 풍미했다. 벼슬도 성균관 대사성을 거쳐 형조참판에까지 올랐다.

제주도 귀양살이는 9년간 계속되었고, 헌종 14년(1848) 12월 63세의 나이에 방송되어 다음 해 초 한양으로 돌아왔다. 그러나 3년 뒤에 다시 함경북도 북청으로 유배되었다가 1년 후 풀려났고, 4년 후인 1856년 10월 10일 봉은사에서 눈을 감았다. 세상을 떠나기 3일 전에 쓴 글씨가 봉은사에 걸려 있는 〈판전版殿〉이다.

김용진이 안으로 들어갔고, 두 사람은 김용진의 서안 앞에 앉았다.

"아우님, 어떤가?"

"예, 역시 좋은 서화를 많이 갖고 계십니다. 저는 아직 추사의 글씨는 몇 점 모으지 못했는데, 정말 대단한 작품들입니다."

"영운 어르신이 어떤 서화를 보여주실지 모르지만, 안동 김문과 대원위 가문에서 수장하고 있던 진적珍籍들이니 볼만할 걸세."

"예, 저도 기대가 큽니다."

그때 김용진이 서화를 담은 오동나무 상자 몇 개와 화첩을 한 권 들고 나왔다.

"먼저 이 화첩을 보시게. 추사 선생이 난초 치는 여러 방법을 그리신 《난맹첩》인데, 설명도 명필이고 내용도 볼만하네."

화첩을 건네받은 전형필이 조심스럽게 장을 넘기다가, '이것은 가냘프게 그리는 법칙이니, 난 치는 데서 가장 제격을 얻기 어려운 것이다'라는 설명이 있는 장에서 눈길이 멈추었다.

바람에 흩날리며 허공으로 뻗어나간 가늘고 긴 이파리에서 알 수 없는 기운이 느껴졌다. 전형필은 문득, 추사의 화려한 삶 뒤에 가려진 한과 고통의 귀양살이를 떠올렸다. 그 한과 고통을 이렇듯 난초 이파리에 담아 허공을 향해 흩뿌렸을 것이다.

그렇게 한참을 들여다보던 전형필이 마지막 장을 덮었다.

"어르신 덕분에 눈이 호사를 했습니다. 난을 치는 격식을 그린 단순한 화첩인데, 추사 선생은 그 격식마저 뛰어넘으셨군요. 정말 대단하신 분입니다."

"하하하, 역시 간송의 안목이 범상치 않구먼. 바로 그걸세. 난초를 볼 때는 격식을 따지지 말고 기운을 느끼며 봐야 하네. 그럼 이번에는 혜원의 그림을 완상하시게."

김용진이 오동나무 상자에서 그림 한 폭을 꺼내더니 벽에서 글씨 한 폭을 내리고 그 자리에 걸었다.

전형필은 그림을 보는 순간 숨이 멎는 것 같았다. 세로 1미터가 넘는 화폭에 가냘프면서도 우수가 가득한 표정의 여인이 서 있다. 방 안이 답답해서일까, 금방이라도 화폭에서 걸어나올 듯 버선발이 그림 밖을 향하고 있다. 두 손으로 노리개를 만지작거리는 것을 보면, 혹 부잣집 첩으로 들어간 기생일까?

혜원蕙園 신윤복(申潤福, 1758?~1813 이후). 행적이 거의 전해지지 않는 불가사의한 화가다. 고령 신씨 족보에 의하면, 아버지는 유명한 화원이었던 일재 신한평이고, 어머니는 홍천 피씨라고만 적혀 있을 뿐, 부인이 누구고 자녀가 있었는지조차 기록되어 있지 않다.

전형필이 그림 앞으로 다가가 제화시題畵詩를 읽었다.

화가의 가슴속에 만 가지 봄기운이 일어나니
붓끝은 능히 만물의 초상화傳神를 그려내준다

_ 번역 : 최완수(간송미술관 연구실장)

그렇다면 신윤복이 연모하던 여인일까? 다른 사람의 여인을 그리면서 이런 제화시를 써넣을 수는 없지 않겠는가.

"혜원의 그림은 우리 가문 대대로 간직되어 내려왔네. 어떤 연유로 수장하게 되었는지는 모르지만, 귀하게 간직해와서 상태가 아주 좋은 편

신윤복, 〈미인도〉, 비단에 채색, 114.0×45.5cm, 간송미술관 소장.

이지."

"어르신 덕분에 귀하고 귀한 작품들을 배견拜見했습니다. 정말 큰 공부가 되었습니다. 어르신의 수장품을 보니, 저는 언제나 이런 훌륭한 작품들을 모을 수 있을지 아득하기만 합니다."

"조금이라도 눈 공부가 되었다니 다행이구먼. 아득할 것까지야 있겠는가. 간송은 아직 젊으니, 시간을 두고 모으다 보면 이보다 더 좋은 작품들을 모을 수 있을 게야."

그때 전형필의 마음을 알아차린 박종화가 끼어들었다.

"어르신, 사실 아우가 지금 성북리에 조그만 박물관을 짓고 있습니다. 이제 곧 수장고는 완공되고, 앞으로 이삼 년이면 박물관 건물 공사도 끝난답니다."

김용진이 놀란 표정으로 물었다.

"간송이 박물관을 짓는다? 그거 듣던 중 반가운 소리구먼. 그래 맞아, 이제 우리도 개인 박물관을 가질 때가 되었지. 정말 좋은 생각을 했네. 듣던 대로 대단한 젊은이로군."

전형필은 아무 말 없이 머리를 긁적이고, 박종화가 다시 말했다.

"아우가 그동안은 그림 모으는 데 집중했는데, 추사 선생의 작품을 친견하니 탐이 나는 모양입니다, 하하하!"

"흠…… 그 마음을 내가 왜 모르겠나. 게다가 큰돈을 들여 박물관까지 짓는다니, 더더욱 좋은 작품들을 수장하고 싶겠지. 하지만 간송, 이 작품들 대부분은 선대로부터 물려받은 것인데, 내 대에 와서 이걸 지키지 못하면 내 체면이 어찌 되겠나?"

김용진의 말에 전형필의 얼굴이 벌게졌다.

"제가 어르신의 수장품에 정신을 빼앗겨 결례의 마음을 품었습니다. 송구하기 이를 데 없습니다. 널리 혜량해주십시오."

"아닐세, 간송. 자네 심정 충분히 이해하니, 너무 마음에 두지 말게."

두 사람 사이에 잠시 침묵이 흐르자, 박종화가 몸을 일으켰다.

"어르신, 그럼 오늘은 이만 일어나겠습니다."

전형필도 따라 일어섰다.

"그러시게. 그리고 언제든 서화가 보고 싶으면 들르시게. 아직 더 보여줄 게 많네."

"감사합니다. 그 말씀 잊지 않고 또 찾아뵙겠습니다."

전형필은 김용진에게 인사한 후, 박종화와 함께 솟을대문을 나섰다. 그러나 조금 전에 본 추사의 대련對聯 글씨와 《난맹첩蘭盟帖》, 그리고 무엇보다도 〈미인도〉가 계속 눈앞에 어른거렸다. 생각하면 할수록 탐나는 명품 중의 명품이었다.

"아직도 아우님 머릿속에는 그림과 글씨 생각뿐인가?"

박종화가 침묵을 깼다.

"예, 형님. 눈에서 지워지질 않습니다."

"하긴 나도 탐이 날 정도니 아우님이야 오죽하겠는가, 하하하! 그런데 내가 느낀 바로는, 자네가 영운 어르신을 잘 설득하면 양보받는 일이 아주 불가능할 것 같지도 않으니, 궁리를 잘 해보시게."

"형님은 뭔가 짚이시는 게 있는 모양입니다그려."

"영운 어른이야 조상 대대로 내려온 작품들이니 꼭 지키고 싶으시겠지만, 자제분들 생각은 다를지도 모르지. 어느 집이나 그렇지 않겠어.

그럼 난 들를 데가 있어서 저쪽으로 가네."

익선동 골목을 나와 종로통에 접어들자 박종화는 광화문 쪽으로 발길을 옮겼고, 전형필은 종로 4가 집으로 돌아왔다.

서재에 앉아 책을 펼쳤지만, 여전히 〈미인도〉와 《난맹첩》이 눈앞에서 사라지지 않았다. 전형필은 서화를 모으기 시작한 후 처음 느끼는 이런 감정이 혼란스러웠다. 그동안은 팔려고 내놓은 서화를 수집했기에 좋은 작품을 수장한다는 뿌듯함이 있었지만, 지금은 다른 이가 소중하게 수장하고 있는 서화에 욕심을 내고 있으니, 그런 자신의 마음이 무엇인지 도통 알 수가 없었다. 전형필은 지금 이 욕심이 사유私有에 대한 집착이 아닐까 자문했다. 그럴 수도 있을 것이다.

전형필은 박물관 만들 결심을 굳혔을 때, 아무에게도 말하지 않은 꿈이 하나 있었다. 좋은 그림, 좋은 글씨, 좋은 도자기, 좋은 책을 각각 100점씩 박물관에 모으겠다는 꿈. 그래야 박물관을 통해 선조들이 남긴 문화의 궤적軌跡을 제대로 이해하고, 동포들에게 우리 민족의 위치가 지금 이 자리가 아니라는 것을 느끼게 해줄 수 있을 것 같았다.

과연 이것이 옳고 바른 길일까? 깊이 들어갈수록 더 아득하기만 했다. 가슴이 답답했다. 자리에서 일어난 전형필은 들창을 열고 어둑해진 하늘을 바라보았다. 밤이 지나면…… 아침이 올 것이다.

며칠 후, 전형필은 조그만 선물 보자기를 들고 김용진을 찾아갔다. 지난 며칠 동안 어떻게 해야 김용진에게 결례를 범하지 않으면서 추사와 혜원의 서화를 양보받을 수 있을지 궁리하고 또 궁리했던 생각들을 다시 한 번 머릿속으로 정리했다.

전형필이 서재로 들어서 큰절을 올리자, 김용진이 빙그레 웃음을 띠었다.

"간송이 아침부터 찾아온 걸 보니, 지난번에 제대로 보지 못한 작품들이 보고 싶었던 모양이구먼."

"예, 어르신. 지난번에 친견한 작품들이 자꾸 눈앞에 어른거려 이렇게 다시 찾아왔습니다. 이건 좋은 서화를 보여주신 어르신께 드리는 작은 정성입니다."

전형필이 선물 보자기를 김용진 앞으로 밀었다.

"허허, 선물이라……."

"집에서 빚은 술과 한과입니다. 약소하지만 적적할 때 드시라고 가지고 왔습니다."

강화된 주세령酒稅令● 때문에 집에서 술을 빚는 건 불법이었다. 그러나 전형필은 집에 오는 손님들에게 대접하기 위해 집에서 술을 빚었다. 그토록 설쳐대던 일제도 조선 최고의 부자 가운데 한 사람인 전형필을, 단지 술을 빚었다는 이유만으로 어떻게 하지는 못했다.

"간송 덕분에 오랜만에 진짜 술맛을 보게 되었구먼. 고맙네. 관직에서 물러나 방구들이나 지키고 있다 보니, 술이 벗이 되었네그려. 자, 잠시 기다리게. 내 서화를 가져오지."

"고맙습니다, 어르신."

김용진이 안으로 들어가자 전형필은 자리에서 일어나 벽에 걸린 추

● 일제는 1907년 주세령을 공포한 후, 1917년부터는 아예 집에서 빚던 가양주도 만들지 못하게 했다. 조선 전통주의 맥을 끊으려는 것이었다. 술의 종류도 약주·탁주·소주로 한정하고, 각 지역에 주류 제조업자를 선정해 일본식 주조법으로 일본 청주를 만들게 했다.

사의 글씨들을 찬찬히 살펴보았다. 과연 명품 글씨였다.

잠시 후, 김용진이 오동나무 상자 몇 개를 들고 나와서는 지난번과 같이 벽에서 글씨 한 폭을 내리고 〈미인도〉를 걸었다.

〈미인도〉 앞에서 전형필은 다시 넋을 잃었다.

"이 그림을 본 사람은 간송과 월탄뿐일세. 자네가 이렇게 그림에 푹 빠져드는 걸 보니 보여주는 이 늙은이도 보람이 있구먼, 하하하."

잠시 침묵이 흘렀다.

"간송, 이제 그만 앉아서 재미있는 글씨 한 폭 보시게."

그림에 넋을 빼앗겼던 전형필이 정신을 차리고 돌아보자, 김용진이 오동나무 상자에서 조그만 종이 한 폭을 꺼내 전형필에게 건넸다. 전형필이 그 종이에 가지런한 궁체로 씌어 있는 한글을 읽었다.

쥬상이 지통듕 달포 심녀로 다내옵시고 자로 미령하옵셔
셩톄 손상하옵시기 니라올거시 업사온대 츌현궁하시오난
일을 보옵시게 하옵기 차마 절박하옵고
지통을 겸하와 병이 이러 위듕하올 분 아니오라
셩궁위하옵난 넘녀가 간절하와 붓드옵고 못 가시게 하오니
이제 즉시 가려 하옵시니 지정을 생각해서
동가젼의 셩빙하옵고 알외게 하옵쇼셔

내용은 이해하기 힘들었지만, '쥬상'은 주상이니 임금을 뜻하는 단어가 아닌가. 전형필이 눈을 동그랗게 뜨고 김용진을 바라보았다.

"정조의 어머니이신 혜경궁마마님의 친필일세, 하하하!"

혜경궁 홍씨, 궁체 글씨, 34.0×43.3cm, 정조 13년(1789) 음력 10월 2일 추정, 간송미술관 소장.

전형필이 놀라 다시 글씨를 들여다보자 김용진이 말을 이었다.

"사도세자 묘소인 영우원을 수원으로 천장할 때, 정조 임금이 현궁玄宮, 즉 관 꺼내는 것을 보지 못하게 하라는 혜경궁마마의 부탁 편지일세."

영조의 뒤를 이어 왕위에 오른 정조는, 억울하게 죽은 아버지 사도세자를 장헌세자로 추증하고, 그 묘인 수은묘를 영우원永祐園이라 높였다. 그리고 정조 13년(1789) 음력 10월 2일, 영우원을 수원 화산으로 천장遷葬하고 현륭원顯隆園이라 고쳤다. 정조는 재위 24년간 30여 회에 걸쳐 아버지의 묘를 찾았다.

그의 수장품은 단순한 글씨와 그림이 아니라 역사의 한 자락이었다.

"이런 귀한 글을 친견하게 해주셔서 정말 고맙습니다. 어르신의 수장품들은 한결같이 역사의 보물입니다."

"간송이 그렇게 말해주니 고맙구먼. 지난번에도 말했지만, 내 수장품의 대부분은 안동 김문과 대원위 대감 일가에서 전해내려오던 서화들이라, 그중에는 이렇게 특별한 것이 좀 있다네. 그런데 왕실과 관련된 서화가 있다는 소문이 나면 좋을 게 없어서, 그동안 누구에게 보여준 적이 거의 없지."

말을 마친 김용진이 전형필을 바라보았다. 그 눈길이 무슨 신호라도 되는 양, 전형필이 심호흡을 하고는 드디어 말문을 열었다.

"어르신, 외람된 부탁인 줄은 알지만…… 이 보물들을 제가 준비하고 있는 박물관에 양보해주시면 안 되겠는지요?"

전형필이 간절한 눈빛으로 김용진을 바라보았다.

"그 답은 지난번에 주지 않았는가."

"알고 있습니다. 그러나 양보해주시기 어려운 이유가 사람들의 이목 때문이라면, 그 비밀은 지키겠습니다. 다시 한 번 외람되게 말씀드리지만, 제가 결례를 무릅쓰고 이런 말씀을 드리는 이유는, 저 개인의 소유욕이나 허영심 때문이 아닙니다. 저에게 양보하시는 것이 아니라 박물관에 양보해주시는 것입니다. 부탁드립니다, 어르신."

김용진은 머리를 조아리고 엎드린 전형필을 한참 동안 바라보았다.

제법 긴 침묵이 흘렀다.

"간송, 무슨 말인지 알겠으나 쉽게 결정할 일은 아닌 것 같네. 내가 생각을 좀 해본 후에 연락을 줄 테니, 여기에 집 주소를 쓰게."

"예, 어르신."

전형필은 김용진이 건넨 종이에 집 주소와 전화번호를 써서 건넨 후, 일어나 큰절을 올렸다.

겸재와
진경시대

겸재와
진경시대

2월이 되면서 날씨가 풀리자 별장 공사가 다시 시작되었다. 그때까지 김용진에게서는 아무런 연락이 없었다. 그렇다고 다시 찾아가는 건 결례일 것이다. 전형필은 한남서림을 통해 들어오는 서화 전적을 차근차근 모으면서 마음을 달랬다.

"간송, 지금 곧 손님 한 분 모시고 댁으로 찾아뵙겠습니다."

이순황의 전화였다. 웬만한 건 알아서 처리하는 이순황이다. 평소에 전화도 거의 하지 않는다. 그런 그가 손님까지 모시고 오겠다는 걸로 보아 귀한 물건이 나온 것이다. 손님은 거간일 것이고, 한시바삐 처리하지 않으면 놓칠 수도 있다는 뜻이다.

"간송, 이 사람이 겸재의 좋은 화첩을 구했습니다."

전형필의 짐작이 틀림없었다. 한걸음에 달려온 이순황은 싱글벙글한 얼굴로 함께 온 거간을 소개했다.

"장형수라고 합니다. 앞으로 잘 부탁드립니다."

장형수는 30대 초반으로 보였다. 이순황이 건넨 화첩을 펼치자, 금강산과 동해안 일대의 명승지를 그린 진경산수화가 가득했다. 전형필의 눈길은, 세 노인이 해안가 바위에 앉아 수평선 너머로 떠오르는 해를 바라보는 그림에서 멈췄다.

조선시대에도 해맞이를 했다니! 사진도 이렇듯 생생하게 동해의 해맞이를 담아내지는 못할 것이다. 앉아 있는 세 노인 가운데 한 명은 겸재일까? 전형필은 겸재의 환생還生을 보는 듯하여 자신도 모르게 미소가 번졌다. 전형필은 그림 속의 겸재에게 물었다. 어르신은 어떤 분이셨기에 이렇게 절묘한 구도의 그림을 그리셨습니까? 아니, 어르신 그림세계의 끝은 어디입니까? 그러나 겸재는 아무 대답도 없이 떠오르는 태양만 바라볼 뿐이었다.

장형수는 지방도시의 양반집을 찾아다니며 옛책과 서화를 사서 경성의 큰 거간이나 수장가에게 넘기는 일을 갓 시작한 거간이었다. 시골에는 기와집이 별로 없기 때문에 양반집을 찾는 건 어려운 일이 아니었다.

일제 치하가 되면서 서울에 올라가 벼슬할 꿈이 막힌 집 주인들은 시골까지 찾아와 양반대접을 해주는 거간들이 사학자쯤 되는 줄 알고 반겼다. 족보를 펼쳐 조상들의 관직과 명성을 자세히 알려주었고, 집안에 내려오는 가보를 꺼내 자신의 말을 입증해 보였다. 생활에 쪼들리는 집에서는 자의 반 타의 반으로 옛책과 서화를 쌀 몇 말 값에 넘기면서 제발 소문만 나지 않게 해달라고 신신당부했으므로 자본이 많이 필요하지도 않았다.

장형수가 화첩을 구한 곳은 경기도 용인이었다. 겨울이 끝나가면서

정선, 《해악전신첩》 중 〈금강내산〉, 비단에 채색, 32.5×49.5cm, 간송미술관 소장.

정선, 《해악전신첩》 중 〈문암관일출〉, 비단에 채색, 33.0×25.5cm, 간송미술관 소장.

날이 풀려, 서울에서 멀지 않으면서 양반들이 많이 살고 있는 용인 양지면에 갔던 것이다. 여기저기 둘러보는데, 고관대작이 많이 살던 서울 북촌에서도 보기 어려운, 풍수지리상으로도 명당임에 분명한 큰 기와집이 눈에 띄었다. 친일파의 거두 송병준(1858~1925)의 집이었다. 동네 사람들은 '친일파의 집'이라고 수군거렸다. 손자가 면장이어서 '면장 댁'이라고도 부른다고 했다.

장형수는 송병준의 집을 기웃거렸다. 아마도 집안 곳곳에 서화 골동이 그득할 것이었다.

"거, 누구요?"

깜짝 놀라 돌아보니, 관리 복장을 한 사람이 말을 탄 채 내려다보고 있었다.

"워낙 좋은 집이라, 지나다가 구경 좀 하려고 들렀습니다."

"뭐 하는 사람이오? 불령선인이 아닌지 수상쩍은데……."

위엄과 함께 경계심이 가득 담긴 눈초리였다. 친일파의 집이니 혹 테러 걱정을 하는지도 몰랐다. 장형수가 깜짝 놀라 손사래를 쳤다.

"아니, 아닙니다. 저는 옛책과 서화를 취급하는 골동품상입니다. 경성에서 왔습죠."

장형수의 말에 말 탄 사람의 얼굴에 활짝 화색이 돌더니 얼른 말에서 내렸다.

"아, 그렇소? 경성에서 왔단 말이지. 반갑소, 난 양지면장 지내는 송재구요."

송재구가 손을 내밀었다. 장형수가 엉겁결에 그 손을 맞잡았다.

"들어가서 경성 얘기나 좀 들어봅시다. 촌구석에 박혀 있으니 영 답답해서 말이야."

송재구는 장형수를 사랑으로 데리고 갔다. 친일파의 집답게 일본 서화가 몇 점 걸려 있고, 고려자기와 향합, 불상 등도 보였다. 놀라운 것은, 오원 장승업의 여덟 폭짜리 산수화 병풍이었다. 장형수는 침을 꿀꺽 삼키며 장승업을 감상했다.

"뭘 그리 보시오? 어서 경성 얘기나 해보시오."

송재구는 오랜만에 만난 서울 사람과 이런저런 이야기를 나누다 날이 어둑해지자 저녁상을 차려오게 했고, 하룻밤 자고 가라고 권했다.

그날 밤, 장형수가 잠자리에 들기 전에 소피를 보려고 사랑채 한쪽에 붙은 변소엘 가는데, 머슴 하나가 범상치 않아 보이는 종이뭉치를 들고 군불을 때고 있었다. 아궁이 쪽으로 가 살펴보니, 초록색 비단으로 꾸민 책이었다. 저렇듯 귀하게 만들어진 책이 불쏘시개감일 리야…….

"그것 좀 이리 내보시오."

난데없는 소리에 머슴이 힐끗 쳐다보더니 사랑채 손님인 걸 확인하고는 군소리 없이 내주었다.

급히 볼일을 보고 사랑방으로 돌아와 머슴이 건네준 책을 펼쳤다. 채 몇 장 넘기다 말고 눈이 휘둥그레진 장형수는, 송재구에게 화첩이 불쏘시개가 될 뻔한 상황을 설명했다. 그러나 송재구는 그저 멀뚱멀뚱 바라볼 뿐, 별 말이 없었다. 순간 장형수는 그동안 불쏘시개로 타버린 서첩이 얼마나 많을지, 가슴이 아렸다.

정신을 가다듬은 장형수는 불쏘시개가 될 뻔한 책이니 자신에게 팔라고 했고, 송재구는 선선히 고개를 끄덕였다.

"불쏘시개감이었으니 장작 값이나 놓고 가시오."

장형수는 얼른 20원을 꺼내 주고는 화첩을 봇짐에 갈무리했다. 그리고 다음 날 아침, 겸재의 화첩을 들고 서울로 올라와 이순황을 만난 것이다.

전형필은 잠시 천장을 바라보았다. 친일파의 후손이지만 그래도 글줄이나 읽었을 터인데, 조상이 남겨준 귀중한 옛책과 서화를 불쏘시개로 여기는 것은, 무식해서가 아니라 우리 문화 아니 나라에 대한 자부심이 없기 때문일 것이다. 답답한 마음에 긴 한숨이 새어나왔다.

1930년대, 세상은 그렇게 돌아가고 있었다. 친일파는 계속 늘어났다. 심지어는 3·1 만세운동 때 독립선언서를 기초한 육당 최남선까지 친일로 돌아서지 않았는가. 전형필은 애써 고개를 저었다. 그리고 민족의 문화를 지키는 일이 자신이 할 수 있는 최선의 독립운동이라는 생각을 다잡았다.

전형필은 다시 한 번 화첩을 살폈다. 겸재의 진경산수화풍이 원숙기에 접어들었을 때의 작품인 듯 하나같이 훌륭했고, 그림 옆에는 절친한 벗인 사천 이병연의 시와 당대의 명필 우산 홍봉조의 감상시(화제시)가 적혀 있었다.

"이렇게 훌륭한 화첩을 구해주셔서 정말 고맙소."

전형필은 그림 21폭과 글씨 21폭, 모두 42폭에 이르는 두툼한 화첩을 내려놓으며 장형수와 이순황을 바라보았다.

"20원에 횡재를 했지만 자네도 이문을 남겨야 하니 받고 싶은 가격을 말씀드리게."

이순황이 빙긋 웃으며 장형수를 바라봤다. 이순황이 가격을 정해줄 것으로 알았던 장형수는 당혹감을 감추지 못했다.

"저는 이 일을 시작한 지 얼마 되지도 않았고, 또 이렇게 귀한 서화는 처음이라 가격을 잘 모릅니다. 그래서 주시는 대로 받을 생각이었습니다만……."

장형수의 얼굴이 벌게졌다. 마음으로는 구입가의 열 배인 200원을 달라고 할 작정이었지만 차마 말하지 못한 것이다.

"서화 골동은 파는 사람이 값을 부르는 게 정상이지만, 자네가 간송 앞이라 어려워하는 것 같으니, 내 생각을 말씀드려도 되겠는가?"

"예."

장형수가 작은 소리로 대답하자, 이순황이 눈을 껌벅거리며 잠시 생각을 정리하고 나서 말했다.

"간송! 제 생각에는 그림 한 장에 20원씩, 글씨는 10원씩 계산해서 630원이면 적당할 것 같은데, 어떠신지요?"

200원만 받으면 좋겠다고 생각했던 장형수로서는 뜻밖의 금액에 깜짝 놀랐다. 전형필이 장형수를 바라보며 물었다.

"장 선생 생각은 어떠시오?"

장형수는 벌렁대는 가슴을 겨우 진정시키고, 이마에 맺힌 땀을 손으로 문지르며 솔직하게 말했다.

"제가 생각했던 금액보다 많습니다. 저는 200원 정도……."

전형필이 알았다는 듯 고개를 끄덕이더니 안채로 들어가 보자기를 들고 나왔다.

"장 선생! 이번에 정말 큰일을 하셨소. 1,500원이오."

장형수는 자신의 귀를 의심하며 전형필을 바라봤고, 이순황은 빙그레 웃으며 고개를 끄덕였다.

"1,000원은 그림 값이고, 500원은 글씨 값이오. 이런 귀한 작품이 불쏘시개가 되었을 생각을 하니 아찔해서 조금 후하게 계산했소."

전형필은 젊은 거간과 이렇게 소중한 인연을 맺었다. 이후 장형수가 좋은 서화를 발견하면 제일 먼저 전형필에게 달려온 것은 두말할 필요도 없다.

당시 전형필이 구입한 화첩이 현재 간송미술관에 수장된 《해악전신첩海嶽傳神帖》이다. 겸재 나이 72세 때의 완숙한 솜씨가 담긴 대표작으로 손꼽힌다.

경성 미술구락부에서 1934년의 첫 경매 날짜가 3월 3일로 잡히자 이순황과 신보가 전형필을 찾아왔다.

"간송, 이번 경매에는 추천할 만한 청자나 백자가 없습니다. 그래도 한번 살펴보시라고 갖고 왔습니다."

전형필은 신보가 건네준 도록을 한 장 한 장 천천히 넘겼다. 출품작이 많지 않아 살펴보는 데 그리 오랜 시간이 걸리지 않았다. 전형필의 눈은 한 쌍의 돌사자상에 머물렀다.

"신보 선생, 이번 경매에서는 출품 번호 188번의 돌사자 한 쌍에 입찰하고 싶소."

전형필은 도록을 펴서 다시 신보에게 건네며 조용히 미소를 지었다. 신보가 도록을 보며 고개를 끄덕이자, 이순황도 옆에서 도록을 살펴보고 말했다.

"작년에도 돌사자를 구입하셨는데 또 입찰하시는 걸 보니, 돌사자를

돌사자 한 쌍, 높이 약 115cm, 조선시대, 간송미술관 소장.
경성 미술구락부 경매 도록에 실린 사진(1934년).

좋아하시는 모양입니다."

"아, 그런가요? 하하하! 예로부터 사자는 좋은 조짐으로, 용감과 위엄을 상징한다고 하지 않소. 그래서 절의 탑이나 계단, 능묘의 입구에 많이 세웠지요. 이번에 출품된 사자는 조각 솜씨도 일품이지만, 모양이 독특하군요. 지난번 돌사자는 앞으로 지을 박물관 앞에, 이번 돌사자는 곧 공사가 끝날 별장 앞에 놓으면 좋겠소, 하하하!"

"제가 보기에도 절이나 무덤 앞에 있는 사자상과는 좀 다릅니다."

신보도 도록에서 눈을 떼지 않고 말했다.

"출토 경위가 없으니, 어디서 어떤 용도로 사용되던 사자상인지 가늠하기 어렵지만, 사자의 표정이 우리 민화에 나오는 호랑이와 흡사한 걸로 보아 우리나라 작품인 건 틀림없습니다."

신보와 함께 도록을 들여다보던 이순황의 말이었다.

"이 선생 말씀에 동의합니다. 사자의 표정이 민화의 호랑이처럼 정겹고 푸근해요. 앉아 있는 모양도 얌전하고, 다른 돌사자처럼 발톱이 날카롭거나 사납지도 않고…… 이끼가 많이 끼었고 출토 경위를 밝히지 못하는 것으로 보아, 혹 무덤 도굴품은 아니겠소?"

전형필의 말에 이순황과 신보는 다시 한 번 도록의 돌사자를 살폈다.

"무덤 속에 돌사자를 부장했다는 기록을 보셨는지요?"

신보가 조심스럽게 물었다.

"중국 책에서 보았소. 그러니 중국의 영향을 많이 받은 신라나 백제의 무덤에도 돌사자가 부장되었을 가능성이 있지 않겠소?"

전형필은 꾸준히 책을 읽으며 서화뿐 아니라 석조물에도 관심을 기울였다.

"그렇군요. 그럼 앞으로 좋은 연구 대상이 되겠습니다."

신보가 도록을 내려놓으며 전형필을 바라보았다.

"일단은 별장 지킴이로 세워놓고, 훗날 역사학자들의 연구를 기대해봅시다."

"저도 출토 경위와 관련해 좀 더 알아보겠습니다."

"신보 선생이 그렇게 도와주시면 고맙지요. 이 돌사자상은 값을 좀 치르더라도 꼭 낙찰받읍시다."

신보는 전형필의 단호한 표정에서 그의 굳은 의지를 느꼈다.

"잘 알겠습니다. 아직 이 돌사자상에 눈독을 들이는 사람이 있다는 얘기는 듣지 못했지만, 그래도 일본인들 또한 좋아하는 물건이니, 제 예상으로는 2천 원 안팎에서 낙찰될 것 같습니다. 이번에도 최선을 다해 간송께 올리겠습니다."

"신보 선생 말씀을 들으니 벌써 낙찰을 받은 느낌이오, 하하하. 앞으로도 갈 길이 머니, 신보 선생과 이 선생이 적극 도와주셔야 합니다."

전형필의 당부에 이순황이 기분 좋은 얼굴로 답했다.

"앞으로 가야 할 길이 멀다는 간송의 말씀에 속이 다 시원합니다. 신보 선생, 간송이 이런 분입니다. 명품 몇 점을 모은 다음엔 뒤로 쏙 빠지는 얄팍한 수집가가 아니라, 박물관에 조선의 보물을 가득 채워놓고도 부족함을 느끼실 분이에요, 하하하!"

3월 3일 경매에 출품된 돌사자상은 전형필에게 1,200원에 낙찰되었다. 전형필은 이 돌사자 한 쌍을 작년에 낙찰받은 석탑과 석등이 있는 별장 공사장 부근에 옮겨놓고, 수많은 자료를 찾아보았지만, 끝내 출토 경위와 용도에 대한 단서를 얻지 못했다.

돌사자상을 낙찰받고 며칠 후, 영운 김용진에게서 성북리 별장을 보고 싶다는 연락이 왔다. 전형필은 속으로 안도의 숨을 내쉬며 택시를 대절해서 김용진과 함께 성북리로 갔다. 마무리 공사가 한창인 별장을 둘러본 김용진이 시내를 바라보며 말문을 열었다.

"이곳에 박물관이 들어설 생각을 하니 마음이 뿌듯하구먼."

어렵게 한 마디 한 김용진이 다시 침묵을 지켰다. 하려는 말이 있을 것이지만 전형필도 채근하지 않았다.

한참 만에 김용진이 다시 입을 열었다.

"추사의 글씨를 비롯한 서예작품 모두와 혜원의 〈미인도〉를 자네에게 양보하겠네."

전형필이 감격을 이기지 못하고 김용진의 두 손을 잡았다.

"어르신!"

김용진도 전형필의 손을 힘주어 잡았다가 놓으며 말했다.

"이런저런 포부를 펼쳐보고 싶어 하는 자식들에게 더 이상 고리타분한 선비의 삶을 강요할 수 없어, 서화 전적들을 어떻게 해야 할지 고심하던 중이었네. 마침 자네 이야기를 듣고 조상님들께 물려받은 작품들이 어떤 곳에 자리를 잡을지, 내가 직접 살펴보고 결정하려고 와보자고 했네. 자네의 지극정성이야 이미 알아봤고, 이런 곳에 세워지는 박물관이라면 나도 마음 편하게 양보할 수 있을 것 같으이. 그러나 한 가지 조건이 있네."

김용진이 말을 멈추고 전형필을 바라보았다.

"예, 말씀해주십시오. 제가 감당할 수 있는 것이라면 무엇이든 하겠습니다."

"부끄러운 부탁이지만, 그 작품들을 나에게 양보받았다는 사실을 내가 세상을 떠날 때까지는 비밀로 해줄 수 있겠는가?"

전형필은 그제야 김용진이 전에 몇 번이나 '체면'이라는 말을 꺼낸 이유를 이해했다. 권세가의 후손이 조상들로부터 물려받은 서화를 팔았다는 소문이 나면 당사자에게는 더할 수 없는 치욕이 되던 시대였다. 그런데 전형필이 일괄 인수 의사를 밝히면서 박물관에 보관하겠다고 하자, 체면과 자식 사이에서 고민하다 마침내 결심을 한 것이다.

"어르신, 그 약조는 제가 꼭 지키겠습니다."

전형필은 김용진을 바라보며 단호한 목소리로 확약했다. 그러나 김용진보다 전형필이 먼저 세상을 떠났으니, 사람의 수명이라는 것이 나이 순은 아닌 모양이다. 어쨌든 김용진과의 약속은 '거의' 지켜졌다. 딱 한 사람, 광복 후 전형필이 절친하게 지내던 전 국립 중앙박물관장 혜곡 최순우에게 그 비밀을 말했다. 하지만 최순우가 그 사실을 세상에 공개한 건 전형필이 세상을 떠난 후였다.

전형필은 이렇게 소리소문없이 당대 최대의 추사 작품 수장가가 되었다. 안동 김문과 대원군 가문에 전해내려오던 작품들이라 한결같이 일품이었다. 전형필이 가끔 한 점씩 들고 오는 족자를 본 오세창도 깜짝깜짝 놀라곤 했다.

1934년 7월, 별장 건물이 완성되었다.

"선잠단이 사직단으로 옮겨간 후로, 이쪽 터를 '북쪽에 있는 선잠단'이라는 뜻으로 북단北壇이라고 한다네. 그러니 당호를 '북단장北壇莊'으로 하세."

오세창의 말이었다. 전형필도 당호가 조선 역사의 한 자락을 담은 것 같아 마음에 들었다. 당연히 오세창이 현판 글씨를 썼고, 얼마 후 박물관 공사가 시작되었다.

한남서림으로는 계속 옛책과 서화가 들어왔고, 전형필은 박물관 공사비가 끝없이 들어가는 와중에도 웬만한 서화 전적은 모두 구입했다. 그러던 어느 날, 이순황이 판단하기 애매한 서화가 들어왔다며 가지고 왔다. 인사동에서 문광서림이라는 고서점을 하면서 고서화 거간을 하는 홍순민이 갖고 온 심사정의 작품인데, 길이가 8미터에 이르는 대작이었다. 전형필이 이순황과 함께 조심스럽게 두루마리를 펼치자, 먼저 정갈한 글씨가 보였다.

현재 심사정이 7촌 조카인 애려 심유진(1723~1787) 공의 부탁으로 1768년 가을에 촉의 산천을 그렸고, 나의 아버지인 심유진 공은 집안의 가보로 여겼다. 그런데 1778년에 외가 어른이 빌려가더니 돌려주지 않아, 나의 아버지는 잃어버린 것으로 생각하고 가슴 아파했다. 그렇게 20년이 흐른 1798년 어느 날, 집안 친척인 심환지(1730~1802) 어른께서 나에게 편지를 보내 집으로 오라고 해서 가니, '촉도' 두루마리를 건네며 아는 그림이냐고 물으셨다. 나는 전후좌우를 설명하면서 돈을 주고 사서라도 되돌려받고 싶다고 부탁했다. 그러자 심환지 어른이 웃으며, '어느 재상이 구입했다면서 보여주는데 아무래도 자네 집에서 잃어버렸다던 그림인 것 같아 갖고 왔다'며 선뜻 돌려주셨다.
아! 내 나이 열 살 때 이 그림이 완성되었고, 스무 살 때 잃어버렸다가, 마흔 살에 다시 찾았다. 지극한 보배의 숨고 나타남이 스스로 그 때가 있음을 밝히면서, 1798년 칠석에 쓴다.

_ 번역 : 최완수(간송미술관 연구실장)

그림을 수장하게 된 내력을 밝힌 글이 끝나자, '촉도蜀道'라는 글씨가 보이면서 그림이 시작되었다. 그러나 보관을 잘못해서 군데군데 좀이 슬고 종이와 그림 상태가 몹시 좋지 않았다.

촉도는 옛 중국의 수도 장안에서 《삼국지》의 주인공 유비가 촉나라를 세웠던 쓰촨성四川省으로 가는 300리 길이다. 1,800년 전 유비, 관우, 장비가 천하를 도모했던 촉나라로 가는 길이 험준하다는 사실은 《삼국지》에도 잘 나타나 있고, 쓰촨성에서 태어난 당나라 시인 이백李白도 '촉나라 가는 길은 하늘에 오르는 것보다 더 험난하다'고 노래한 바 있다.●

그러나 험난한 곳일수록 아름다움이 깊은 법! 당 현종은 촉도의 절경을 잊지 못해, 당대 최고의 화가 이사훈(李思訓, 651~716)과 오도현吳道玄에게 '촉도'를 화폭에 담아오라는 황명을 내렸고, 두 화가는 촉으로 가는 300리 길의 험준하고 장엄한 산세와 양쯔강의 비경秘境을 긴 두루마리 종이에 그렸다. 그래서 후대 화가들도 '촉도'를 그릴 때는 두루마리 종이에 그렸고, 조선의 화가 역시 8미터 두루마리 화폭에 연속적으로 이어지는 장대한 경관을 담은 것이다.

● 아득하게 높구나 / 촉나라 길은 푸른 하늘에 오르기보다 더 어렵다네 / …… / 산은 여섯 마리 용마차도 우회할 정도로 높은 봉우리고 / 아래는 파도치는 강물이구나 / 황학도 날아 넘기 어렵고 / 원숭이조차 모서리 잡고 기어오르기를 겁낸다니 / 청니의 산길은 얼마나 꾸불꾸불한가 / …… / 촉나라 금성(成都의 옛 이름)이 비록 좋다지만 / 집에 돌아가는 것이 차라리 낫겠네 / 촉나라 길은 푸른 하늘에 오르기보다 더 어려우니 / 몸을 옆으로 돌려 서쪽 바라보며 길게 탄식할 뿐이구나 _ 이백, 〈촉도난蜀道難〉에서

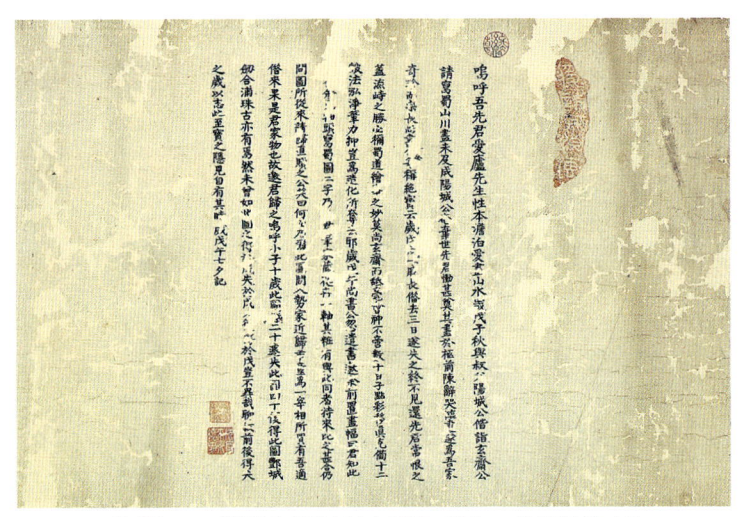

심래영沈來永, 〈촉잔도〉 글씨 부분 跋, 58.0×86.5cm, 간송미술관 소장.

심사정, 〈촉잔도〉 부분, 종이에 옅은 채색, 전체 58.0×818.0cm, 간송미술관 소장.

심사정이 그린 '촉도'는 소나무가 울창한 기암절벽에서 시작된다. 바위와 바위 사이로 강이 흐르지만 길은 보이지 않는다. 깎아지른 듯 높이 솟은 바위 위에 집이 보이더니, 그제야 계곡 아래 좁은 길이 나타나면서 말 탄 사람이 보인다. 그러나 길이 보이는 건 잠시, 거센 계곡물이 다시 길을 가로막는다.

첩첩산중의 연속이지만, 산 속에는 드문드문 평화로워 보이는 마을이 자리 잡았다. 다른 세상 사람들의 출입을 허용하지 않는 듯, 마을로 통하는 길은 보이지 않고 험준산령이 계속된다. 그렇게 한참을 가자, 산세가 부드러워지고 거세게 흐르던 강물이 잔잔해지더니, 한가롭게 고기를 잡는 배들이 보인다.

강 건너편에 마을이 나타나면서 그림은 끝나고, '무자중추방사이당촉잔 현재戊子仲秋倣寫李唐蜀棧玄齋'라는 글씨와 붉은 도장이 보인다. 현재 심사정이 영조 44년(1768) 8월에 송나라 화가 이당李唐의 〈촉잔도〉를 참고해서 그렸다는 뜻이다.

'촉도'를 사랑채 마룻바닥에 펼쳐놓고 한참을 바라보던 전형필이 허리를 폈다. 영조 44년이면 심사정이 세상을 떠나기 한 해 전, 62세 때다. 그림 실력이 절정에 달했을 때의 작품이기 때문일까, 평생 연마한 화력畵力이 고스란히 담겨 있는 원숙한 필치다. 아니, 어쩌면 역적의 직계 자손이기에 가슴속에 사무치게 묻어두었던 슬픔, 분노, 회한, 원망이 이 그림 속에 모두 담겼는지도 모른다.

"홍 노인은 이 그림을 어떻게 입수했다고 합디까?"

그림에 붙은 글을 보면 심유진 집안의 가보임이 분명했다. 이순황에 따르면, 홍순민이 가평에 사는 참봉 출신 조원구라는 사람 집에 심사정의 좋은 그림이 있다는 소문을 듣고 사람을 보내 구입했는데, 심유진의 아들 심래영의 사위 집안이라고 했다.

"보관 상태는 좋지 않지만 수리를 잘 하면 작품이 될 것 같소. 홍 노인이 얼마나 달라고 합니까?"

전형필이 묻자 이순황이 화난 목소리로 대답했다.

"간송, 그 영감이 가격을 너무 비싸게 부릅니다."

"이 선생이 그렇게 말씀하시는 걸 보니, 홍 노인이 아주 다부지게 부른 모양이오."

"사실 저는 너무 화가 나서 그냥 갖고 가라고 하고 싶었습니다. 비록 보기 드문 긴 그림이지만, 이 정도로 상태가 나쁘면 수리하는 데도 돈이 아주 많이 듭니다. 그런데도 막무가내로, 일본 골동품상이 5천 원까지 봤으니 그 이하로는 한 푼도 못 깎는다고 오히려 협박을 해요. 뭐, 이왕이면 같은 민족이 수장하는 게 좋을 것 같아 특별히 갖고 왔다는 말까지 할 때는…… 젊은 사람 같았으면 뺨을 한 대 후려쳤을 겁니다."

얼굴이 벌겋게 달아오른 이순황이 씩씩거렸다. 전형필은 이제껏 이순황이 이렇게 화내는 것을 본 적이 없어 그 이유를 물었다.

"겸재 화첩을 불쏘시개에서 건져온 장형수 씨 있지 않습니까? 그 사람이 조 참봉네 그림 이야기를 듣고 찾아갔더랍니다. 그러나 벌써 홍순민이 보낸 사람이 와서, 낡아서 수리가 불가능하다고 했더랍니다. 그 말을 들은 주인이 잔뜩 실망한 참에, 홍순민의 사람이 다시 와서 1천 원이라도 받겠느냐고 해서 그냥 팔았다는 거예요."

그 말을 들은 전형필도 화가 났다.

"정말 나쁜 사람이군. 수리할 수 없다는 거짓말로 헐값을 치른 것도 그렇고, 일본 사람에게 팔겠다는 협박까지…….."

비싸게 불러서가 아니었다. 아니, 심사정이 필생의 화혼畵魂을 담아 8미터나 되는 긴 두루마리에 그린 대작이니, 5천 원은 정당한 가격이었다. 그러나 적어도 역사가 담긴 문화를 취급하는 사람이, 일본인 거간 신보만 한 인간적 배려도 철학도 없다는 것이 한심했다.

전형필은 다시 한 번 그림을 살폈다. 오른쪽에서 왼쪽으로 옮겨가며 나타나는 첩첩산중과 기암절벽, 끊어질 듯 이어지는 험한 길, 바위 사이로 쏟아져내리는 폭포와 급류, 완만한 산야와 넓은 강변…… 이렇게 이야기하듯 길게 이어지는 그림은 매우 희귀하기 때문에, 지금 감정에 치우쳐서 구입을 포기하면 정말로 일본인 수장가에게 넘어갈지도 모를 일이었다.

"이 선생 이야기를 들으니 나도 화가 나는구려. 그러나 이렇게 긴 그림은 만나기가 쉽지 않아요. 수리를 잘 하면 우리나라에서 가장 긴 그림을 수장하게 되지 않겠소? 홍 노인이 달라는 대로 줍시다."

그러나 이순황은 여전히 화를 가라앉히지 못했다.

"간송, 이 큰 그림을 수리하려면 배보다 배꼽이 클지도 몰라요. 그런데도 꼭 하시렵니까? 어쩌면 그 영감이 일본 사람에게 팔 데를 못 찾고 거짓말을 한 것일 수도 있습니다. 되돌려보내고 좀 기다려보는 건 어떨까요?"

"물론 그럴 수도 있겠지요. 아닐 수도 있고요."

전형필이 그렇게 말하자 이순황도 더는 고집을 부리지 않았다. 임자를 만나면 비싸게 팔고 못 만나면 제값을 받지 못하는 게 서화 골동의 세계다. 그래서 전형필은 때로 비싼 값을 치르기도 했지만, 그 덕분에 거간들이 가장 먼저 그에게 좋은 서화를 가져오곤 했던 것이다.

　전형필은 이렇게 갈무리한 〈촉잔도〉를 얼마 후 교토의 수리복원 전문 표구집에 보냈다. 그러나 워낙 낡고 훼손이 심해 수리복원 비용으로 무려 6천 원을 지불했으니, 총 1만 1천 원에 수장한 셈이다. 심사정의 〈촉잔도〉는 이인문(李寅文, 1745~1821)의 10미터짜리 〈강산무진도江山無盡圖〉와 함께 조선 후기의 거작巨作으로 꼽힌다.

현해탄을 건너
혜원을 찾아오다

현해탄을 걷너
혜원을 찾아오다

　전형필의 일과는 거의 매일 같았다. 아침에 조금 늦게 일어나 미곡상과 전답을 관리하는 집사(執事)들과 전날 장부를 보며 몇 가지 처리할 일을 상의한 다음, 아침 겸 점심을 먹고 한남서림으로 갔다. 여름에는 모시, 겨울에는 솜을 넣어 누빈 흰 두루마기를 즐겨 입었다.
　한남서림에서 거간이나 수장자들이 가져온 옛책이나 서화를 보며 하루를 보냈다. 가끔은 작품의 진위를 놓고 갑론을박하는 경우도 있었다. 몰락한 양반집에서 대대로 전해오는 작품의 경우에는 가품이 별로 없었지만, 거간들이 갖고 오는 서화에는 간혹 가품이 섞여 있었다. 그럴 경우 전형필은 거간이 악의가 있다고 판단되면 가차 없이 되돌려보냈지만, 거간도 모르고 저지른 실수라고 판단되면 적당한 값을 쳐주면서 오히려 위로했다. 그리고 애매한 경우에는 '시대의 감식안' 오세창에게 들고 가 명쾌한 판단을 부탁했다.
　저녁에는 청전 이상범, 심산 노수현 같은 화가들과 어울리거나, 이순황이 소개하는 거간들을 만나 술잔을 기울이며 시중에 흘러나오는 서화 골동에 대한 이야기를 들었다. 밤늦게 집에 돌아와서도 서화 전적에서 눈을 떼는 법이 없었다.

1934년 가을, 전형필은 일본 학자 세키노 다다시關野貞가 쓴 《조선의 건축과 예술》에 흑백 도판으로 소개된 혜원 신윤복의 풍속화 두 점에서 눈을 떼지 못했다.

양반이 기생들과 뱃놀이하는 그림과 야외에서 악공들의 연주를 감상하는 그림인데, 김용진에게 양보받은 〈미인도〉의 여인과 비슷한 모습의 기생이 여럿 보였다. 수장자를 찾아보니, 개인이 아니라 도미타富田 상회였다.

다음 날 아침, 이순황에게 도미타 상회에 대해 물었다.

"남대문 옆 조선은행 뒤편에 있던 서화 골동품 상점인데, 4~5년 전에 주인 도미타 기사쿠가 세상을 떠난 후, 그 수장품이 어떻게 되었는지는 알 수가 없습니다."

아쉬워하던 전형필이 문득 생각난 듯 말했다.

"신보 선생에게 가봅시다. 같은 일본 사람이니 알 수도 있지 않겠소?"

전형필은 이순황과 함께 부리나케 신보의 골동품 가게인 온고당으로 갔다.

"신보 선생, 혹시 도미타 상회에 있던 혜원 신윤복의 풍속화에 대해 들어보셨소?"

"아, 그 기생 그림이오? 10여 년 전 도미타 상이 진남포에서 경성으로 이사 와, 남대문 옆 문파밀文巴密 호텔 안에 도자기와 고서화, 민예품을

良驥・李漢喆・許維・申命衍・南啓宇・金秀哲・田琦・劉淑・趙重默等である。

李在寬(小塘)は烟雲・草木・翎毛皆妙、特に肖像に長じた。鄭遂榮(又齋)は山水を善くし、金世喜(秋史・

第一〇一圖 蕙園筆風俗畫帖 其一 舟遊圖

第一〇二圖 蕙園筆風俗畫帖 其二 絲竹遊榮圖

《조선의 건축과 예술》'조선 미술사' 부분에 흑백 도판으로 실린 혜원 신윤복의 풍속화(1934년).

판매하는 조선미술품 진열관을 개설했습니다. 그때 초대받아 갔는데, 풍속화첩을 전시하고 있어서 몇 점 본 기억이 있습니다. 그림이 30점 정도 되는 화첩인데, 도미타 상이 매우 아끼는 물건이라 팔려고 전시한 게 아니라고 했습니다. 그 후 상점 이름을 도미타 상회로 바꾸면서 오사카에도 지점을 냈는데, 도미타 상이 세상을 떠난 후 유품들을 오사카 야마나카 상회에서 일괄로 구입했다고 들었습니다."

1899년 우리나라에 건너온 도미타 기사쿠(富田儀作, 1858~1930)는, 도미타 상회뿐 아니라 고려청자를 재연하는 '삼화고려소'라는 도자기 공장도 운영했다. 서화와 청자뿐 아니라 민예품도 관심을 갖고 수집하면서 《조선과 그 예술》을 쓴 미술평론가 야나기 무네요시柳宗悅, 《조선의 소반》과 《조선 도자명고》를 쓴 아사카와 다쿠미淺川巧와 깊은 친분을 쌓았고, 세 사람의 수장품으로 큰 미술관을 만들려는 계획까지 세웠던 인물이다.

"야마나카 상회라면 작년 말에 석등 경매를 개최한 그 상점 말이오?"

전형필은 실낱같은 희망을 붙잡는 심정으로 물었다.

"맞습니다. 바로 그 야마나카 상회 주인이 도미타 상의 혈족이라 인수했는데…… 간송께서 그 풍속화첩에 마음이 있으신 모양입니다."

"예. 흑백 사진으로 몇 점 봤는데, 혜원의 그림이 흔치 않을 뿐 아니라 당시 풍속이 담겨 있는 그림이라 욕심이 납니다. 신보 선생이 좀 알아봐 주시겠소?"

"알겠습니다. 야마나카 상회가 일본뿐 아니라 유럽과 미국에도 지점이 있으니, 다른 지점으로 보냈는지 혹은 그사이에 팔렸는지 자세히 알아보겠습니다."

온고당을 나온 전형필은 인사동 입구에서 이순황과 헤어진 후 집으로 돌아왔다. 그리고 벽장 안에서 오동나무 상자를 하나 꺼냈다. 그 안에는 작은 그림 한 폭이 담겨 있었다.

일재逸齋 신한평申漢枰. 혜원 신윤복의 아버지로, 단원 김홍도와 함께 영조의 어진을 모사하고 각종 의궤도(궁중 행사 기록도) 제작에 참여한 화원이다.

전형필은 이 그림을 볼 때마다, 당시 화명畵名을 떨치던 화원이 젖가슴을 내놓고 아이에게 젖을 먹이는 부녀자의 모습을 그렸다는 게 쉽게 이해가 되지 않았다. 그런데 혜원의 그림을 보면서, 이것이 신한평의 가족도일지도 모른다는 생각이 들었다. 당시 사회 풍속으로 볼 때, 외간 남자 앞에서 저렇게 편안히 앉아 아이에게 젖을 먹이기란 쉽지 않았을 것이다. 뿐만 아니라, 방 안을 연상시키는 그림의 분위기를 볼 때, 심증은 더욱 굳어졌다. 그렇다면 엄마 품에 안겨 젖을 먹고 있는 갓난아기와 뒤에서 울고 있는 아이 중 누가 신윤복일까?

당시에는 아직 신윤복의 족보가 밝혀지지 않아 전형필로서는 알 수가 없었다. 훗날 밝혀진 바에 의하면, 신한평은 아들이 둘, 딸이 하나 있었고, 두 아들 중 큰아들이 윤복, 둘째가 윤수다. 따라서 이 그림이 정말 가족도라면, 오른쪽에서 울고 있는 듯 보이는 아이가 신윤복이다.

신보 기조가 전형필을 찾아온 것은 거의 한 달이 지난 후였다. 신보는 혜원의 풍속화첩이 야마나카 상회 오사카 지점에 있는데 부르는 가격이 너무 비싸다면서, 그곳에서 보내온 사진 봉투를 건넸다.

전형필은 봉투에서 사진을 꺼내 한 장 한 장 살폈다. 흑백 사진이라

신한평, 〈자모육아慈母育兒〉, 종이에 옅은 채색, 23.5×31.0cm, 간송미술관 소장.

채색까지야 알 수 없었지만, 혜원 생존 당시 삶의 모습을 고스란히 간직하고 있었다. 이 정도면 신윤복이라는 화가를 새롭게 평가할 수 있을 만큼 가치 있는 화첩임이 분명했다.

"야마나카 상회에서 얼마를 부릅니까?"

전형필은 이 화첩을 어떻게든 박물관에 수장하고 싶었다.

"그림이 모두 30점인데, 5만 원을 달랍니다."

전형필은 잠시 생각에 잠겼다. 비록 지난 몇 년 사이에 돈의 가치가 많이 떨어졌다지만, 5만 원은 여전히 작은 돈이 아니었다.

"신보 선생, 그림이 비록 30점이고 아무리 가치가 있다 해도 5만 원은 너무 비싼 것 아니오? 팔지 않겠다는 얘기나 다름없구먼. 그래서 몇 년이 지나도록 팔리지 않았을 겁니다. 내 생각에는 4만 원도 비쌉니다. 어처구니없는 횡포에 휘둘리지 말고 포기합시다."

전형필이 가격 때문에 포기하겠다는 말을 꺼낸 건 처음이었다. 그러나 그의 목소리는 단호했다.

"저도 터무니없는 가격이라고 생각합니다. 야마나카 상회가 유럽과 미국에 지점을 확장하면서, 조선의 서화와 고려청자가 희귀하다는 걸 교묘히 이용한다는 소문이 많습니다. 너무 마음 상해하시지 말고 인연이 없다고 생각하십시오. 야마나카 상회에는 제가 연락하겠습니다."

인연! 서화 골동계에서는 '인연'이라는 말을 많이 쓴다. 아무리 수장하고 싶은 물건도 인연이 없으면 끝내 기회가 닿지 않고, 인연이 있으면 전에 포기했거나 다른 사람 품에 들어갔던 물건도 다시 돌아온다. 서화 골동의 세상이 넓은 것 같으면서도 좁기 때문이다.

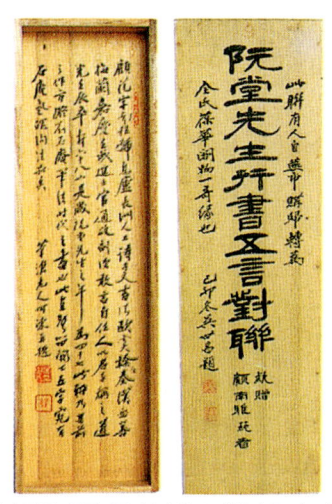

추사의 대련 글씨가 담긴 오동나무 상자와 오세창의 글씨, 간송미술관 소장.

혜원의 풍속화첩을 포기한 전형필은 시간 날 때마다 박물관 공사 현장을 둘러보곤 했다. "일꾼들을 잘 먹여야 집이 튼튼해진다"는 말도 있는 터라, 미곡상에서 쌀가마를 운반하는 트럭에 술과 함께 고기며 떡이며 푸짐하게 실어보냈다. 그래서 인부들은 전형필만 나타나면 쌍수를 들어 반겼다.

"술은 꼭 일 끝나고 드시고, 늘 안전에 유의하시오."

얼마 전 완공한 북단장에는 노련한 표구 기술자 두 명을 들여 그동안 수집한 작품 중에서 표구를 다시 해야 하거나 수리가 필요한 작품을 손보게 했다. 수리가 끝나면 방습과 방충이 잘되는 오동나무로 크기에 맞는 상자를 만들었다. 전형필은 오동나무 상자를 들고 오세창을 찾아가 상서(箱書, 상자 위에 담겨 있는 서화의 내용을 간략하게 설명하는 글)와 발문(跋文, 서화를 살펴본 후에 쓰는 글)을 부탁했다.

박물관 공사장 주변이 단풍으로 물들기 시작하던 어느 날, 신보에게서 연락이 왔다. 야마나카 상회에서 가격 조정에 응하겠다는 의사를 전해왔다는 것이다. 그러나 어느 정도 조정이 가능한지, 구체적인 내용은 없다고 했다. 응수 타진이었다.

"아무래도 상태를 알아야 흥정을 할 수 있지 않겠소? 건너갑시다."

전형필은 신보와 함께 야마나카 상회 오사카 지점으로 갔다.

〈월하정인〉을 보며 전형필은 피식 웃음을 흘렸다. 달빛 아래 은근한 만남…… 근엄하지도 그렇다고 부끄럽지도 않은 신윤복의 묘사가 정겹다고나 할까.

달빛 어두운 삼경 月沈沈夜三更
두 사람의 마음은 두 사람만 알리라 兩人心事兩人知

삼경(밤 11시~새벽 1시)의 야심한 밤에 길을 밝히는 등을 든 남자와 쓰개치마를 걸친 여인이 담 옆에서 무엇을 하는 것일까? 담 옆 집에서 은밀히 만났다가 헤어지는 것인가, 이제 막 만나는 것인가? 남자의 왼손은 바지를 걷어올리는 것인가, 여인에게 건네줄 정표를 꺼내는 것인가? 그도 아니라면 기생에게 줄 화대를 꺼내는 것인가?

〈기방난투〉 역시 먼저 웃음이 번졌다. 힘으로는 도저히 당할 수 없음을 알고 쪼그리고 앉아 씩씩거리는 사내와 무덤덤한 표정으로 옷을 입는 사내의 절묘한 표정에 감탄을 멈출 수 없었다. 그동안 많은 그림을 봐왔지만, 조선시대 그림 중에서 이 정도로 표정 묘사를 한 그림은 보지 못했다. 그림 속 사람들이 금방이라도 튀어나올 것 같다.

구경 중에 제일 재미있는 것이 싸움구경이라고 했던가. 기생이 기다란 담뱃대를 문 채 재미있다는 표정으로 두 남자의 결투를 바라본다. 왼쪽에 갓이 벗겨진 채 울상인 남자가 두들겨맞았고, 가운데서 의기양양한 표정으로 윗옷을 입고 있는 사내는 두들겨팬 사람, 오른쪽 귀퉁이에 쪼그리고 앉아 화가 잔뜩 난 표정으로 망가진 갓을 수습하는 사내는 두들겨맞은 이의 친구리라. 그러나 옷에 흙이 잔뜩 묻어 있으니, 옆에서 말리다가 가운데 남자의 발길질에 넘어졌다 일어난 모양이다.

〈기방무사〉는 또 어떤가. 이불을 황급히 끌어올리고 밖의 여인을 향해 왜 여기까지 찾아왔느냐고 신경질 내는 표정이 압권이다. 신윤복이 자신의 경험을 그린 것은 아닐까? 상상하거나 멀리서 훔쳐보고 그린 것이라고 하기에는 그 표정이 너무나 자연스럽고 절묘하다.

나뭇잎이 푸르니 여름이고, 화폭이 밝으니 한낮이다. 머리 위에 전모를 쓴 기생이 집 안으로 들어오자, 이불을 덮고 있던 사내가 신경질적인 표정으로 여인을 바라본다. 방 안에 있는 여인의 붉은 치마와 불룩하게 솟아오른 이불 위 손 모양이 당시 상황을 짐작케 한다.

전형필은 '동가숙 서가식의 떠돌이 생활을 하면서 중인들과 어울렸다'는 《청구화사靑丘畵史》의 기록을 떠올렸다. 그렇다면 신윤복은 기생들과도 매우 가까이 지냈을 것이다. 기생들의 삶을 이렇듯 실감나게 그린 것을 봐도 알 수 있다. 연전에 구한 〈미인도〉를 생각해봐도 그렇다. 당시에는 풍류를 즐기는 기생이 많았을 테니, 그림 잘 그리는 신윤복 정도면 꽤나 인기가 있었을 것이다. 신윤복의 삶은 자유로웠을까? 그림만 봐서는 그랬을 것 같다.

《혜원전신첩》 중 〈월하정인〉, 종이에 채색, 28.2×35.6cm, 간송미술관 소장.

《혜원전신첩》 중 〈기방난투〉, 종이에 채색, 28.2×35.6cm, 간송미술관 소장.

《혜원전신첩》 중 〈기방무사〉, 종이에 채색, 28.2×35.6cm, 간송미술관 소장.

《혜원전신첩》 중 〈쌍검대무〉, 종이에 채색, 28.2×35.6cm, 간송미술관 소장.

《혜원전신첩》 중 〈상춘야흥〉, 종이에 채색, 28.2×35.6cm, 간송미술관 소장.

두 명의 예기가 여섯 악공의 연주와 함께 검무를 춘다. 고관대작의 집이다. 기생들은 술 시중을 들고 있다. 전형필은 〈쌍검대무〉를 보며 생각했다. 혹 신윤복은 고관대작의 전속 화가가 아니었을까? 그래서 집 주인이 요구하는 그림과 그 집의 행사를 그린 게 아닐까? 그러다가 불려온 이 기생 저 기생과 눈이 맞아 기방을 드나들었을까?

전형필은 그림을 뚫어지게 바라보았다. 가로 35센티미터, 세로 28센티미터의 작은 화폭에 사람 열여섯 명을 그려넣고 현란한 춤동작과 각 인물의 표정을 이렇게 실감나게 그릴 정도면, 가히 당대 최고의 화가였음에 틀림없다.

악공이 풍악을 울리니 봄이 무르익은 들판에 흥이 절로 난다. 〈상춘야흥〉을 보니 신윤복이 고관대작의 전속 화가였을지도 모른다는 생각이 더 굳어졌다. 위풍당당한 모습에 붉은색과 자주색 도포끈은 양반이 풍류를 아는 당상관임을 말해준다. 인물들의 표정과 옷맵시 그리고 악사들의 거문고와 해금도 아주 세밀하다. 아마 신윤복을 고용한 지체 높은 양반의 잔소리도 포함된 그림일 것이다.

그러나 화첩에 있는 그림이 모두 양반들의 풍류를 그린 것은 아니었다. 기생들의 답청놀이와 단풍놀이, 무당이 굿하는 풍경, 기생들이 야외로 나들이를 가다 법고法鼓를 치며 탁발하는 스님들을 만나는 모습, 뚜쟁이 노파가 기생과 양반 총각 사이에서 매파 노릇 하는 광경, 빨래터에서 여인이 빨래하는 모습을 훔쳐보던 젊은 중을 붙잡고 흔드는 모습, 단옷날 여인들이 개울가에서 저고리를 벗고 목욕하는 풍경, 사방관을 쓴 젊은 양반이 뒤뜰에 있는 여종을 끌어당기는 모습, 늦은 밤 우물가에서 물을 긷는 여인에게 매파를 보내 두 여인이 이야기하는 걸 담 밖에서 바라보는 사내의 모습, 소복을 입은 과부가 여종과 함께 후원에 나왔다가 짝짓기하는 개 한 쌍을 바라보는 모습 등 당시 사회의 뒷모습을 그린 풍속화로 가득했다. 보존 상태도 완벽해서 채색도 어제 그린 듯 생생했다.

한 시간쯤 지났을까, 전형필이 화첩을 덮으며 신보를 바라보았다. 흥정을 시작해보라는 뜻이다. 야마나카 상회에서는 값이 제법 나가는 화첩이어서인지, 사장인 야마나카 사다지로가 교토 본점에서 오사카까지 와 있었다.

그러나 흥정은 쉽지 않았다. 전형필의 예상대로 야마나카는 1만 원을 내린 4만 원에서 더 이상 양보할 수 없다고 못을 박았고, 신보는 2만 원 이상은 힘들다고 했다. 흥정에 전혀 진전이 없자, 전형필은 역시 인연이 없다는 생각이 들었다.

"야마나카 선생, 시간을 너무 오래 뺏은 것 같아 송구합니다. 가격 조정이 안 되어 섭섭하지만, 큰 안복을 누렸으니 이번 여행이 헛되지만은 않았습니다그려."

마음을 비운 전형필이 담담한 목소리로 작별 인사를 했다.

"이 화첩을 이렇게 오래 들여다본 분은 전 선생이 처음입니다. 사실 저도 전 선생이 그림을 보며 희열하는 표정을 바라보느라 시간이 어떻게 지나갔는지 모르겠습니다. 저희 상점에서 수장하고 있는 그림을 이토록 사랑해주시는 분을 만나니 기분이 참 좋습니다."

빈말이 아니었다. 야마나카는 그림 속으로 빨려들어갈 듯한 전형필의 표정을 보면서, 그림을 보며 저렇게 기뻐하는 사람도 있구나, 생각했다.

풍속화첩을 진심으로 사랑하는 조선 청년의 마음이 느껴진 것이다.

"저도 이렇게 넋을 놓고 그림을 바라보기는 처음인 것 같습니다. 정말 훌륭한 작품입니다."

전형필은 조금 더 양보해줄 수 없겠느냐는 말이 목울대까지 올라왔지만 꾹 눌러 참았다.

"전 선생, 지금부터 제가 드리는 말씀은 장삿속에서 하는 말이니 오해하지 말고 들어주시기 바랍니다."

야마나카는 당시 일본 최고의 골동품상이었다. 그가 마지막 흥정을 제안한 것이다.

"말씀해보시지요, 야마나카 선생."

"저와 전 선생의 인연은 이번이 두 번째입니다. 사실 저는 작년 말 전 선생이 석조물 몇 점을 낙찰받으셨을 때, 신보 상을 통해 젊은 조선 청년이라는 말을 전해들었습니다. 그때 누군지는 몰라도 기개가 대단하다고 생각했습니다. 그동안 일본으로 보내겠다는 사람만 봤지, 되사가는 경우는 처음이었기 때문입니다. 그런데 이번에도 전 선생이라고 해서, 직접 뵙고 싶어 오늘 이 자리에 나온 겁니다. 저는 전 선생이 화첩을 바라보는 모습을 보면서, 이 화첩은 전 선생에게 가는 게 옳다는 생각을 했습니다."

야마나카는 탁자 위에 놓인 차를 한 모금 마신 후 다시 말을 이었다.

"전 선생, 서로 만 원씩 양보해서 3만 원에 이 화첩을 수장하시면 안 되겠는지요? 만약 만 원이 부담되신다면, 전 선생이 편한 날짜로 정해주시는 어음을 받겠습니다. 6개월이나 1년 후라도 좋습니다. 제가 더 이상 가격을 조정해드리지 못하는 것은, 제가 판단한 금전적 가치를 무너뜨리고 싶지 않기 때문이니, 그렇게 이해해주시면 고맙겠습니다."

말을 마친 야마나카가 다시 차를 한 모금 마시며 소파에 등을 기댔다. 3만 원이면, 그림 한 점에 천 원, 요즘 가치로 3억씩 총 90억 원이다. 전형필도 찻잔을 들고 소파에 몸을 기댔다.

노회한 골동품상과 재력 있는 젊은 수장가의 팽팽한 기싸움이었고, 야마나카는 이제 전형필이 제시한 액수와의 차액인 만 원을 외상으로 주겠다는 카드를 던진 것이다. 돈이 넉넉지 않은 수집가에게는 좋은 카드겠지만, 전형필은 외상도 어차피 줄 돈이기 때문에 큰 의미가 없다고 생각했다. 그렇다고 2만 원을 고집하면 흥정이 깨질 것은 불문가지였다.

"야마나카 선생이 이렇게 양보해주시니 고맙습니다. 그러나 선생께 원칙이 있듯이, 제게도 외상을 하면서까지 수집하지는 않는다는 원칙이 있습니다. 저도 마지막으로 말씀드리지요. 2만 5천 원을 준비해왔습니다."

이번에는 야마나카가 생각에 잠겼다. 전형필의 마지막 카드라는 걸 직감적으로 느낀 것이다. 차액은 기와집 다섯 채 값으로 좁혀졌지만, 작은 돈이 아니었다. 그리고 3만 원이면 일본 수장가들 중에서도 살 사람이 있을 것 같았다. 그러나 그는 길게 생각하지 않고 전형필에게 손을 내밀었다.

"전 선생, 풍속화첩의 수장을 축하드립니다. 제가 양보하겠습니다, 하하하."

야마나카가 웃음을 터뜨리자 전형필의 얼굴에도 미소가 흘렀다. 신보도 가슴을 쓸어내리며 환하게 웃었다.

"야마나카 선생, 이렇게 좋은 화첩을 양보해주셔서 고맙습니다."

전형필이 정중하게 인사했다.

"전 선생, 대신 앞으로 저희 상회를 자주 이용해주셔야 합니다."

재력과 열정이 있는 젊은 수장가를 고객으로 삼겠다는 노회한 골동품상의 계산, 이것이 야마나카가 전형필에게 풍속화첩을 양보한 이유였다.

1934년 초겨울, 혜원 신윤복의 풍속화 30점이 담긴 화첩은 이렇게 전형필의 수장품이 되었고, 광복 후 조선시대 풍속화의 백미白眉로 인정받아 '혜원전신첩蕙園傳神帖'이라는 이름으로 국보 제135호로 지정되었다.

전형필의 20대는 이렇게 '청춘'이라는 단어를 잊은 채, 흘러간 세월의 흔적과 씨름하는 사이에 훌쩍 지나갔다. 그러나 골동을 보는 안목은 흘린 땀방울만큼 자라나고, 승부사는 승부를 겨룰수록 강해지는 법! 전형필은 수많은 승부가 기다리는 30대를 향해 뚜벅뚜벅 걸어갔다.

위기!

위기!

1935년, 서른 살의 조선 청년이 '천학매병'을 2만 원에 구입했고, 오사카의 대수장가 무라카미村上가 두 배를 주겠다고 제의했는데도 거절했다는 소문이 돌자, 일본인 골동품상들도 전형필을 찾아오기 시작했다. 그러나 전형필은 그들을 직접 상대하지 않고, 도자기류는 신보에게, 서화는 한남서림의 이순황에게 보내 선별하도록 했다.

박물관 공사는 축대와 담 쌓기를 끝내고 본격적으로 건물 올리는 공사를 시작했고, 북단장 표구소도 쉴 틈 없이 바빴다. 그러나 호사다마好事多魔라고 했던가, 전형필에게 평생에 유일한 관재수(官災數, 관가로부터 재앙을 받을 운수)가 이때 찾아왔다.

남대문 시장에서 종로 쪽으로 가는 길에 '배성관 골동점'이라는 상점이 있었다. 창경원 초대 수의사 출신인 배성관이 운영하는 골동품 가게인데, 싸구려 골동품과 민예품 그리고 여러 종류의 동물과 조류의 박제도 파는 만물상 형태였다. 수의사 출신답게 진열장에 머리가 둘 달린 기형 송아지 머리 박제를 진열해 '송아지 대가리 둘 달린 집'이라는 별명으로도 불렸다. 갖가지 장신구와 노리개가 가게 곳곳에 주렁주렁 매달려 있었고, 옛날 그릇이나 밥상, 절구 등 민예품이 많은 가게라, 당시 경성에 살던 외국인들에게도 제법 알려져 있었다.

가게가 점점 번창하자 시골을 다니며 서화 골동을 걷어오는 거간들도 드나들기 시작했고, 1929년부터는 조선총독부 박물관에 도자기를 팔 정도로 규모가 커졌다. 거간들이 가지고 오는 골동품이 큰돈이 된다는 사실을 확인한 배성관은, 당시 일본인 골동품상들의 전유물이던 폐사지 석탑의 불법 반출에 손을 댔다. 그간 총독부 박물관과 거래하면서 안면을 텄으니 이제 한몫 단단히 챙겨보려는 심산이었다.

어느 날, 배성관은 용인에 사는 거간 김성배의 중개로 충북 괴산군 칠성면 외사리를 찾아갔다. 그곳에서 토박이 농부 김준형이 폐사지에서 불법으로 옮겨온, 높이 3.5미터에 고려 초기 것으로 추정되는 부도(浮屠, 승려의 사리를 봉안한 탑)를 350원에 샀다. 그는 밤을 틈타 부도를 트럭에 싣고 올라와 자신의 집 마당에 옮겨놓은 다음, 황금정(을지로)에서 골동품상을 하는 다케우치 야오타로竹內八百太郞에게 2,700원에 팔았다.

며칠 사이에 기와집 두 채 값을 번 배성관은 돈 벌기 별거 아니라며 배를 두드렸다. 금세 갑부가 될 꿈에 부풀었다. 다케우치 역시 일본으로 보내면 1~2만 원은 받을 수 있을 거라는 기대를 품고 부도를 인천항으로 옮겼다.

고려시대 부도는 불교가 가장 번창했을 때 만들어졌기 때문에 모양과 조각이 매우 아름답다. 고승高僧의 열반을 아름답고 향기롭게 추모하

괴산 팔각당형 부도, 높이 350cm, 고려시대, 보물 제579호, 간송미술관 소장.

기 위해서 석공은 정성을 다해 구름과 연꽃을 새겨넣었다. 현재 남아 있는 신라시대와 고려시대의 부도가 거의 모두 보물로 지정된 것도 다 그 아름다움과 웅장함 때문이다.

폐사지廢寺址. 조선시대 숭유억불崇儒抑佛 정책의 결과 폐허가 된 신라와 고려의 사찰들. 승려가 떠나가도, 가람이 불에 타거나 무너져 폐허가 되었어도, 돌로 만든 탑과 부도는 신라와 고려 석공들의 정성을 고스란히 간직한 채 자리를 지켰다. 절 이름이 잊혀지고, 절터에 송림과 잡초가 무성해도, 불심 깊은 신도의 등촉 공양이 없어도, 모진 세월을 버티며 그냥 그렇게 서 있었다. 그런 폐사지가 줄잡아 3천 곳. 신라와 고려 사람들의 사상적 지주가 불교였으니, 거의 모든 산에 절이 있었다고 해도 과언이 아니다.

많은 일본인 골동품상이 우리나라 사람들을 시켜 폐사지를 찾아다니며 탑과 부도를 찾아내게 했다. 그 탑과 부도를 분해해서 부산이나 인천으로 보내 밀반출하면 큰 수입을 올릴 수 있었고, 그것을 본 배성관도 그 대열에 끼어든 것이다.

그러나 좁은 경성 골동품계에서 비밀은 없는 법! 이순황은 고려 초기 부도가 인천항에서 일본으로 반출된다는 소식을 듣고 급히 전형필을 찾아왔다. 전후 사정을 들은 전형필은 출토지가 확실한 고려 초기 부도는 흔치 않다며, 그런 보물을 일본으로 보낼 수 없으니 빨리 다케우치에게 가서 흥정을 하라고 재촉했다.

몇 시간의 줄다리기 끝에 부도는 기와집 열두 채 값인 1만 2천 원에 흥정되었고, 전형필은 부도를 확인하기 위해 다케우치, 이순황과 함께 급히 인천항으로 갔다.

나라 잃고 주인 잃은 폐사지의 슬픔이란 이런 것일까. 고승의 영혼이 편안히 쉬어야 할 부도는 하대석, 중대석, 상대석이 조각조각 해체되어 배에 실릴 준비를 하고 있었다.

기중기의 고리가 몸체 위에 멈춰 있는 것으로 보아, 다케우치가 서울에서 출발하기 전 선박회사에 전화를 하지 않았다면, 지금쯤 이미 화물칸에 실렸을지도 모르는 일이었다.

전형필과 이순황이 가까이 가서 살펴보니, 네 장의 장방형 판석으로 만들어진 지대석 위에 하대석과 중대석이 올라간 팔각원당형八角圓堂形 부도였다. 돌은 화강암이었고, 하대석 모퉁이마다 귀꽃이, 중대석 하부에는 구름과 연꽃이 새겨진, 틀림없는 고려 부도였다.

그러나 지금은 애잔한 감상에 젖을 여유가 없었다.

다케우치는 선박회사 사무실에 들어가 발송을 취소한 후 매도 서류를 이순황에게 건넸고, 서류를 확인한 전형필은 1만 2천 원이 든 돈 가방을 건넸다.

다케우치가 돈다발을 확인하고, 전형필과 이순황이 비로소 가슴을 쓸어내릴 때였다. 조선총독부 사회과 관리 세 명이 '보물 가지정假指定' 서류와 '해외 이송 방지 명령서'를 들고 선박회사 사무실로 들이닥쳤다.

사색이 된 다케우치는, 이제 부도는 자신의 것이 아니라며 항변했다. 전형필은 조선총독부 관리에게 명함을 건넨 후, 자신은 지금 막 돈을 건네고 부도를 인수한 선의의 취득자로, 범죄 행위와 아무런 관련이 없을 뿐 아니라 오히려 피해자임을 밝혔다.

상황을 파악한 조선총독부 관리는 다케우치를 밀반출 혐의로 체포한 후 돈을 압수했다. 전형필도 일단 체포해서 조사를 하려고 했으나, 와세다 대학 법과 출신의 전형필이 법 조항을 조목조목 인용하자, 내일 사회과로 출두해서 조사를 받으라며 한 발 물러섰다.

전형필과 이순황, 다케우치가 조선총독부 관리들과 함께 사무실 밖으로 나오자, 〈조선중앙일보〉 사진기자가 반출 직전의 부도를 촬영하고 있었다. 이순황은 그 사진기자와 함께 온 취재기자에게 자초지종을 설명한 후, 나라의 보물을 지키려고 한 선의의 취득자이자 피해자이니 이름이 불명예스럽게 거론되는 일은 없어야 한다고 당부했다. 더 궁금한 것은 한남서림에 와서 확인하라고 했다.

전형필은 허탈했다. 텅 빈 가슴으로 파도소리가 흘러들었다. 천년을 이어온 제 나라 것을 훔쳐가려는 자들로부터 지키려는 자가 죄인 취급을 받아야 하는 이 세월은 언제 끝이 나려는가? 전형필은 타오르는 심화心火를 다스리기 위해 뒷짐을 진 채 아득한 눈길로 바다를 바라보았다. 간간이 눈썹 사이로 깊은 주름이 패기도 하고, 안색이 진홍빛으로 달아오르기도 했다. 전형필은 멀리 수평선에 노을이 내릴 때까지 그렇게 서 있었다.

전형필은 아침 일찍 일어나 방문을 열었다. 툇마루에 놓여 있는 신문을 펼치자 어제 일이 부도 사진과 함께 자세히 보도되었다.

다행히 전형필의 이름은 거론되지 않았지만, 총독부 사회과에서 "관계자는 엄벌에 처할 방침"이라고 했다고 한다. 압수당한 부도를 찾기가 쉽지 않을 것 같았다. 어쩌면 총독부에 반환 소송을 제기해야 할지도 모를 일이었다.

전형필은 아침 일찍 찾아온 이순황과 함께 집을 나섰다. 대학 동창 몇 명이 총독부에 근무했지만, 처벌 대상이 아니라는 확신이 있을 뿐 아니라 그들에게 아쉬운 소리를 하기도 싫어 아무런 연락도 하지 않았다. 이순황은 그래도 총독부 일을 누가 알겠느냐며, 신보의 고객 중에 총독부 사람들이 있으니 미리 연락을 하는 게 조사받기 편하지 않겠느냐고 했지만, 전형필은 고개를 저었다.

전형필은 총독부 사회과 조사실 책상 앞에 앉았다. 만감이 교차했다.

"주소!"

앉자마자 튀어나오는 반말에 자존심이 상했지만 꾹 참았다.

"종로 4정목 112번지요."

"직업!"

"미곡상이오."

"계급!"

식민지 백성에게 양반, 상놈 구분이 무슨 의미가 있는지 모르겠지만, 그는 그렇게 물었다.

"양반이오."

인적사항에 대한 조사가 끝나자, 폐사지에서 불법으로 훔쳐온 부도인 줄 알면서도 산 게 아니냐고 추궁하기 시작했다. 전형필은 당국에서 골동품 상점 허가를 받고 영업하는 일본인 골동품상에게 샀기 때문에 그런 의심은 전혀 하지 않고 상태만 확인했을 뿐이라고 진술했다. 다케우치와 대질심문을 했지만, 그 역시 골동품 상점을 하는 배성관에게 정당하게 구입했기 때문에 자신도 선의의 피해자라고 주장했다.

이런 조사는 몇 번 더 계속되었다. 그사이에 총독부 사회과는 충북 괴산군 외사리의 폐사지를 현지 조사해, 부도가 그곳에서 불법 반출되었

총독부가 전형필이 구입한 부도를 압수해 국보로 지정하기로 했다는 내용의
〈조선중앙일보〉 기사, 1935년 7월 11일.

음을 확인했다. 결국 배성관과 용인 사는 거간 김성배, 맨 처음 반출한 토박이 농부 김준형은 구속되었고, 전형필과 다케우치는 무혐의 처분되었다. 그러나 불법 반출물에 대한 모든 거래는 무효라면서, 부도를 곧 국보로 지정해 조선총독부 박물관에 전시한다고 했다.

전형필은 조선총독부의 결정이 정당한 금액의 돈을 지불하고 구입한 선의의 취득을 구제하는 민법에 어긋난다면서 '부도 반환 청구 소송'을 제기했다. 일본인들의 불법 반출과 거래 그리고 일본으로 보내는 것까지 묵인하면서, 선의로 취득해 일본으로 반출되지 못하도록 한 부도를

부도를 보화각으로 옮겨온 기념으로 찍은 사진(1938년).
가운데 흰 두루마기를 입은 이가 전형필, 그 옆이 신보, 앞줄 오른쪽이 이순황이다.

총독부 박물관에 귀속시키겠다는 것은 폐사지에서 최초로 불법 반출한 사람들이 조선인이기 때문에 내린 부당한 결정이라고 생각한 것이다.

결국 전형필은 3년을 끈 지루한 재판 끝에 승소했고, 현재 간송미술관 뒤뜰에 자리 잡은 보물 제579호 '괴산 팔각당형 부도'는 이런 우여곡절 끝에 이 땅에 남을 수 있었다.

전형필은 총독부에 몇 번 불려다니는 와중에도 수집을 멈추지 않았다. 조사를 받는 내내 모욕감을 견딜 수 없었고 자존심이 상하기도 했지만, 그렇다고 가던 길을 멈출 수는 없었다.

7월 초순 어느 날, 한남서림의 전 주인 백두용이 인편으로 집에 한번 들르라는 연락을 해왔다. 백두용은 전형필에게 한남서림을 넘긴 후 인출부로 사용하던 2층에서 출판에 전념했다. 그러나 기력이 달리는지, 작년 말부터는 거의 나오지 않았다. 백두용은 2층에 있는 인쇄 기계와 사무실 집기를 정리하겠다고 했지만, 전형필은 기력을 회복하면 다시 나오라고 위로하면서 가끔 보약을 사 보냈다.

전형필은 서둘러 통의동 백두용의 집을 찾아갔다. 백두용은 예상대로 자리보전하고 누워 있었다. 전형필이 간신히 상반신을 일으킨 백두용에게 절을 하려고 하자, 그는 병이 있는 사람에게는 큰절을 하는 게 아니라며 손사래를 쳤다.

전형필이 방석에 앉자 백두용이 힘없는 목소리로 말했다.

"내가 아무래도 기력을 찾지 못할 것 같아 옥정연재를 보자고 했네."

백두용이 힘들게 전형필의 손을 잡았다.

"어르신, 그렇게 약한 말씀을 하시면 안 됩니다. 빨리 회복하셔서 다시 책을 만드셔야지요."

전형필이 손을 꼭 잡자 백두용은 가냘픈 미소를 지어 보였다.

"옥정연재, 내가 수표교 옆에 있는 하리코다리(하량교) 노변에다 책을 펼쳐놓고 책 장사를 시작한 게 엊그제 같은데 벌써 환갑이 지났어. 만들고 싶은 책도 만들었고…… 말년에는 자네 덕분에 자식들에게 아비 노릇도 톡톡히 했으니 무슨 여한이 있겠나. 다만 더 늦기 전에, 내 옥정연재에게 꼭 주고 싶은 선물이 있어 보자고 했네."

백두용은 힘겹게 상체를 움직여 탁자 아래에 있던 보자기를 전형필에게 건넸다.

"내가 늘그막에 벗 삼아 보려고 자네에게 넘겨주지 않은 단원의 그림일세. 이제 정말 전해줄 때가 된 것 같아 주는 선물이니, 사례할 생각은 추호도 하지 말게. 그래야 내 맘이 편하네."

"어르신……."

전형필은 말을 잇지 못했다. 백두용의 병세는 생각보다 더 안 좋았다.

"단원의 그림 중에서는 꽤나 독특하고 재미있어 늘 곁에 두고 보던 것인데…… 한번 펼쳐보게."

전형필이 보자기를 풀고 오동나무 상자를 열었다. 한 점은 세로로 긴 강아지 그림, 또 한 점은 가로가 긴 고양이 그림이었다.

단원이 이토록 정교한 동물 그림을 그린 것은 처음 보았다. 전형필은 그림에 푹 빠져들었다.

"강아지 노는 모습을 바라보는 어미개의 모습이 부모의 마음을 그대로 보여주고 있지. 또 고양이와 나비가 노니는 그림은 그 옆 패랭이꽃과 제비꽃이 보는 사람의 마음을 정갈하게 해주는데, 옥정연재의 눈에는 어떤가?"

"이렇게 귀한 그림을 선물로 주신다니, 제가 어찌할 바를 모르겠습니다."

"자네가 준비하고 있는 박물관이 완공되면 그때 선물로 들고 가려고 했는데, 아무래도 그때까지는 기다리지 못할 것 같아 미리 주는 것이니, 박물관이 완공되면 그때 이 그림들을 잘 대접해주기 바라네."

백두용의 얼굴에 쓸쓸한 미소가 스쳤다.

"어르신……."

전형필이 입술을 깨물며 고개를 떨어뜨렸다.

"그리고…… 한남서림 2층에 있는 인쇄 기계와 집기는 나를 오랫동안 도와준 김씨에게 가져가라고 했네. 판본은 자네에게 전해주라고 했으니 자료적 가치가 있는지 판단해서 처리하게."

"판본은 제가 소중히 보관하겠습니다."

"그래주겠다니, 고맙네. 자네 덕분에 내 평생 모은 책과 서화들이 이리저리 흩어지지 않고 박물관으로 가게 되었네그려. 내 수집품의 복이고 나 또한 보람이 크네. 그래서 홀가분하지만…… 전에도 말했듯이 '훈민정음'을 내 손으로 찾지 못한 게 못내 아쉽구먼. 부디 자네가 우리글의 근본을 꼭 찾아서 내 아쉬움을 풀어주기를 부탁함세."

심재 백두용. 1917년 《천군연의天君衍義》 출판을 시작으로, 이후 50여 종의 책을 만들어낸 우리나라 출판 1세대 중 한 명이다. 처음에는 목판으로 찍어내다 활판이 보급되면서 한글 고대소설인 《춘향전》과 《심청전》, 《홍길동전》을 대량으로 인쇄해, 식민지 시대의 서민들이 한글 고전 문학을 가까이할 수 있게 했다. 1926년에는 〈정조대왕 능행도〉를 비용

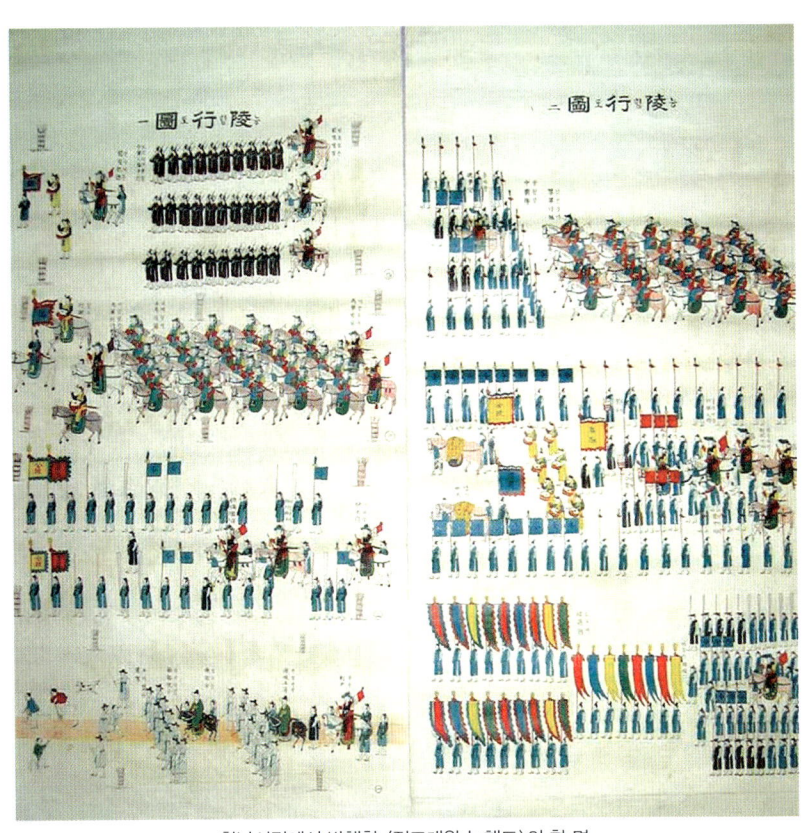

한남서림에서 발행한 〈정조대왕 능행도〉의 한 면.

이 만만치 않은 컬러 석판으로 인쇄해, 조선 왕실 의궤도의 중요성을 세상에 알렸다. 단순히 책방 주인이 아니라 문화 선각자였고, 출판사의 사회적 역할을 충실히 실천한 출판인이었다.

전형필은 돌아오는 길에 한남서림에 들러, 이순황에게 백두용의 병세를 이야기하고 단원의 그림을 펼쳤다.

"심재 어른의 건강을 생각하면 마음이 짠하지만, 간송에게 정말 큰 선물을 하셨습니다. 이 정도 작품이면 단원의 그림 중에서도 매우 뛰어납니다. 강아지와 고양이를 그린 단원의 그림은 저도 처음 보는데, 역시 단원이라는 감탄이 나옵니다."

단원이 품었던 또 하나의 그림세계를 처음 만난 것은 이순황도 마찬가지였다. 전형필은 백두용에 대한 애잔한 마음이 가시지 않아 말없이 그림을 바라봤지만, 보면 볼수록 서정성과 섬세한 필치가 돋보이는 작품이었다.

"간송! 심재 어른 때문에 우울하신 것 같은데, 기분도 바꿀 겸 이 그림의 이름을 지어보시지요."

옛 그림에는 화제畫題가 씌어 있는 경우보다 없는 것이 더 많다. 현재 통용되는 제목 대부분은 옛 수장자가 지은 것이다.

"어미개가 새끼를 기르는 내용이니 '모구양자母狗養子'라고 하면 어떻겠소?"

"저도 같은 생각입니다. 그림의 내용에 딱 맞습니다. 그럼 고양이 그림은 어떻게 지으시겠습니까?"

"이번에는 이 선생이 한번 지어보시오."

김홍도, 〈모구양자〉, 비단에 옅은 채색, 90.7×39.6cm, 간송미술관 소장.

김홍도, 〈황묘농접〉, 종이에 채색, 30.1×46.1cm, 간송미술관 소장.

"그림대로 하면 '노란 고양이가 나비와 놀다'인데, 그러면 좀 심심하니 '노란 고양이가 나비를 희롱하다'라는 뜻으로 '황묘농접黃猫弄蝶'이라고 하고 싶은데, 어떠신지요?"

"논다는 말이 심심하니, 희롱한다라…… 재미있는 제목이구려."

"마음에 드신다니 다행입니다, 하하하!"

전형필은 자신을 위로하려 애써 크게 웃는 이순황의 웃음소리를 들으며 단원의 두 그림을 한참 동안 바라보았다.

전형필은 그 후로 몇 번 보약을 들고 백두용을 찾아갔지만, 병세에는 차도가 없었다. 백두용은 1935년 8월 20일 62세를 일기로 세상을 떠났다. 휘문고보 시절 고서古書의 세계에 눈을 뜨게 해주었고, 수집가의 길을 가겠다고 결심했을 때 한남서림과 함께 많은 서화 전적을 넘겨준 백두용, 그는 전형필이《훈민정음》발굴하는 모습을 보지 못한 채 그렇게 떠났다.

국보가 된
참기름병

국보가 된
참기름병

경기도 팔당에서 낚시로 생계를 꾸려가는 할아버지가 있었다. 그야말로 일엽편주에 몸을 싣고 수심 깊은 강 가운데로 나가, 낚싯대가 아니라 낚싯줄로만 팔뚝만 한 잉어나 숭어, 누치를 낚아 뜰망에 담아내는 견지낚시 기술을 가진 할아버지다.

당시 한강에는 메기, 붕어, 잉어, 누치 같은 물고기가 많아 실패나 얼레에 낚싯줄을 감아 고기를 낚는 견지낚시꾼들이 강마을에 모여살았다. 그렇게 잡은 민물고기는 황포돛배를 타고 팔당, 양평, 뚝섬의 낚시꾼 마을을 오가는 중간상인에게 넘겨져 서울로 팔려갔다.

그러나 견지낚시로 민물고기나 건져올려서는 할머니와 할아버지 두 입을 해결하기도 쉽지 않았다. 그래서 할머니는 봄이 되면 나물을 캐고 가을에는 참기름을 짜 살림에 보탰다.

그렇게 근근이 살아가던 어느 날, 할머니는 인근 야산에서 나물을 캐다가 땅속에 박힌 채 살짝 고개를 내민 흰색 병을 발견했다. 뭔가 싶어 호미로 살살 흙을 걷어냈더니 참기름을 담기에 안성맞춤인 목이 긴 병이 모습을 드러냈다. 주변의 흙을 좀 더 걷어내자 비슷한 병이 무더기로 나왔는데, 더러는 깨진 것도 있었지만 온전한 병도 수두룩했다.

그곳이 바로 팔당 부근에 있던 조선시대 분원(分院, 왕실용 도자기를 굽던 곳) 가마터였지만, 그런 사실을 알 리 없는 할머니는 병이 필요할 때마다 그곳에 가서 목이 긴 병을 주워다 요긴하게 썼다. 할머니는 가을에 직접 짠 참기름을 그 목이 긴 흰 병에 담아 민물고기를 사가는 중간상인에게 1원씩 받고 팔았다.

중간상인들의 황포돛배가 노량진 포구에 도착하자 장사치들이 배에 올라와 민물고기와 산나물을 골랐고, 광주리 행상 개성댁도 잉어 몇 마리와 참기름을 한 병 샀다.

개성댁은 잉어와 참기름병이 담긴 광주리를 이고 황금정에 있는 일본인 단골손님 집으로 갔고, 참기름 값으로 4원을 불렀다.

"시골에서 막 짜온 진짜 참기름이라 좀 비싸요."

개성댁은 노량진에서 2원에 샀으므로 안주인이 1원쯤 깎겠다면 깎아줄 생각도 있었다.

"그러게, 좀 비싸네요. 그럼 병도 주세요. 병이 예쁘게 생겼네."

개성댁은 그러마고 고개를 끄덕이다가 갑자기 마음을 바꿨다.

"이거, 비싼 병이에요. 막병이 아니라니까! 그냥 줄 수는 없고, 1원은 내셔야 해."

일본 사람이 탐내는 걸 보고 욕심이 생겼던 것이다. 계산에 밝은 개성 출신다운 발상이었다. 안주인은 선선히 5원을 내주었고, 1원을 깎아주려다 오히려 1원을 더 받은 개성댁은 신이 났다.

참기름병이 범상치 않은 것 같아 달라는 대로 값을 치른 안주인은, 옆 건물에서 골동품 상점을 하고 있는 남편 무라노村野를 부엌으로 데리고 왔다.

무라노는 감탄을 연발하며 참기름병을 꼼꼼히 살펴보았다.

"대단히 독특한 백자예요. 조선 속담에 '서당 개 3년이면 풍월을 읊는다'더니, 가게를 드나들며 곁눈질로 익힌 안목이 대단합니다, 하하하!"

"이 병이 정말 가치가 있는 건가요?"

그녀는 남편의 칭찬에 기분이 좋았지만, 살림을 하는 여인답게 얼마나 받을 수 있을지부터 물었다.

"이 정도면 몇십 원은 충분히 받을 수 있을 거요, 하하하!"

무라노가 이 병을 입수한 건 1920년 초. 그때만 해도 일본인들은 고려청자만 높이 평가했을 뿐, 조선시대 백자는 별로 쳐주지 않았다.

"그런데 이 도자기를 어디서 구했는지 물어보았소?"

출토 경위를 알고 모름에 따라 도자기의 가치는 많이 달라진다.

"그런 것도 알아야 하나요?"

순간 무라노는 무척 실망스러웠지만, 아내를 책망할 수는 없는 일이었다.

"뭐…… 알면 좋지만, 몰라도 괜찮아요."

"아! 그 아주머니가 개성댁이니까, 개성에서 갖고 오지 않았을까요?"

"하긴, 요즘 고려청자가 모두 개성에서 나오니까, 백자도 거기서 나올 수 있겠구려. 그럼 이건 개성에서 나온 백자라고 해서 판 후, 값의 절반은 당신에게 주리다. 하하하!"

사실 백자는 조선시대 중기 이후에 많이 만들어졌기 때문에, 고려의 수도였던 개성과 연결하기에는 무리가 있다. 그러나 당시에는 백자에 대한 연구가 거의 이루어지지 않았기 때문에, 출토지를 모르는 도자는 전부 개성 부근에서 나왔다고 했다.

며칠 후, 무라노는 이 백자를 다른 골동품상에게 60원을 받고 넘겼다. 5원 주고 산 참기름병을 60원에 판 무라노는, 약속대로 아내에게 30원을 주었다. 며칠 새 서울에 있는 조그만 초가집 한 채 값을 번 부부는 기분이 좋아 남산 밑에 있는 음식점에서 외식을 했다.

그런데 얼마 후 그 백자가 스미이 다쓰오住井辰男라는 수집가에게 600원에 팔렸다는 소식이 들려왔고, 무라노는 아내에게는 차마 그 이야기를 전하지 못하고 혼자 속앓이를 했다.

스미이는 이 백자를 계속 갖고 있다가, 1932년 일본으로 귀국하기 얼마 전에 자신의 수장품 180점을 경성 구락부 경매에 출품하면서 함께 내놨고, 그 경매에서 모리 고이치森悟一라는 수집가에게 3천 원에 낙찰되었다.

모리 고이치는 1908년 대한제국 정부의 초청으로 들어온 금융 전문가로, 탁지부度支部에서 만든 농공은행에서 근무했다. 얼마 후 대한제국이 일본에 병합되면서 직장을 잃었지만, 일본으로 돌아가지 않고 남아 일본 은행에 근무하면서, 우리의 옛 서화와 도자기를 많이 모았다. 그러나 재력이 있는 사업가가 아니었기에, 값이 비싼 고려청자는 포기하고 상대적으로 저렴한 조선백자를 중점적으로 수집했다. 다른 수집가들이 백자는 거들떠보지도 않던 시기에 본격적으로 모았기 때문에, 그의 수장품 중에는 뛰어난 백자가 많았다. 더욱이 그는 사들이기만 했을 뿐 그

청화백자 양각진사철채 난국초충문병, 높이 41.7cm, 18세기 후기, 국보 제294호, 간송미술관 소장.

동안 한 점도 팔지 않아, 조선백자 중 명품을 많이 갖고 있다는 소문이 돌 정도였다.

그런 대수장가가 1936년 세상을 떠났다. 유족들이 슬픔을 어느 정도 추스르자, 경성 미술구락부 사장 사사키佐佐木는 신보와 아마이케 등 몇몇 골동품상들로 세화인을 구성해 모리 고이치의 미망인과 큰아들을 만났다. 그 결과 유품 200점의 전시를 11월 20~21일에, 경매는 22일에 진행하기로 합의했다.

모리 고이치 유품 경매 주최자 중 한 명이 된 신보는 도록을 만들기 위해 촬영한 사진 200장을 들고 명동의 일식집 기쿠스이菊水에서 전형필을 만났다. 신보와 머리를 맞대고 응찰할 작품을 고르던 전형필이 그 '개성 백자' 사진을 유심히 바라보았다.

들에 핀 들국화 위로 나비가 난다. 외로움이 깊어서 이토록 흰색인가, 늦가을 바람이 그리워 노란색인가, 화려하고 싶어 분홍색인가. 들국화가 나비를 불렀는가, 나비가 들국화의 아름다움을 찾아오는가. 초충도草蟲圖의 화폭도 이렇게 아름답지는 않으리라. 함초롬히 솟아오른 난 이파리, 가을바람에 흩날리는가, 쓸쓸함을 이기지 못해 산그늘에 얼굴 감추고 눈물 흘리는가. 들국화 향기가 허공에 흩날린다.

"신보 선생, 이 백자를 직접 보셨소?"

"간송, 저도 그것을 추천해드리고 싶었습니다. 제 생각에는 이번 출품작 중 가장 뛰어난 것 같습니다. 높이가 41센티미터인데, 국화와 나비는 별도로 만들어 양각으로 붙였고, 풀잎은 청화 안료, 국화는 진사와 철채를 입혔습니다. 이렇게 양각처리를 하고 세 가지 색을 입힌 백자는 저도 처음이고, 그래서 이 백자는 경합이 치열할 것으로 예상됩니다."

"예상가를 얼마로 책정하셨소?"

당시 경매에서 예상가는 출품자에게 약속해준 최저 가격이었다. 만일 그 가격에도 낙찰되지 않으면, 세화인들이 그 차액을 물어주어야 했다.

"6천 원으로 책정했지만, 이번 경매에 관심이 있는 수집가가 많아 더 올라갈 것 같습니다."

사실이었다. 모리 고이치의 수장품이 워낙 좋다는 소문이 있었기 때문에, 경매를 기다리는 수집가가 한둘이 아니었다. 신보의 말에 의하면, 원산에서 어장을 하면서 백자를 열심히 모으는 미요시三由, 인천에서 정미소를 열어 거부가 된 스즈키게鈴茂, 역시 큰 부자인 성환농장 주인 아카보시赤星, 저축은행 전무 시라이시 간키치白石寬吉, 전형필을 찾아와 천학매병을 양보해달라고 했던 오사카의 무라카미, 전형필에게 석탑과 혜원의 풍속화첩을 판 야마나카 상회 사장 야마나카 등 기라성 같은 수집가들이 참가하는 큰 경매였다.

이 정도 수집가들과 경쟁이 붙는다면 '예상가 6천 원'은 아무런 의미가 없었다. 전형필은 머릿속으로 현재 보유하고 있는 현금을 계산했다. 박물관 공사가 중반으로 접어들어 계속 큰돈이 들어가고 있었다.

잠시 눈을 감고 계산을 끝낸 전형필은 나머지 사진을 살폈다. 그리고 현재 심사정의 매가 꿩을 사냥하는 그림과 겸재 정선의 폭포 그림 사진도 옆으로 빼놓았다.

전형필은 경매가 열리기 하루 전인 1936년 11월 21일, 소화통(지금의 퇴계로)에 있는 경성 미술구락부 전시장에서 백자를 직접 확인한 후 꼭 구입해야겠다는 결심을 굳혔다. 그리고 다른 때와는 달리 직접 경매에

심사정, 〈성난 매가 꿩을 노려보다怒鷹眈雉〉, 종이에 엷은 채색, 130.8×61.0cm, 간송미술관 소장.

참가했다. 백자보다 먼저 경매에 붙여지는 겸재와 현재의 그림을 얼마에 낙찰받는지에 따라 백자 입찰 가능 가격이 정해지기 때문이었다.

11월 22일 12시 50분, 전형필과 신보가 경매장으로 들어서자 사람들이 수군거렸다. 전형필이 경매장에 모습을 나타낸 게 처음이었기 때문이다. 전형필은 미리 와 있던 무라카미와 인사를 나눈 후 신보가 예약해둔 자리에 앉았다.

잠시 후, 야마나카가 경성 미술구락부 사장 사사키의 안내를 받으며 들어오다 전형필을 발견하고 먼저 인사를 건넸다.

"전 선생, 이렇게 다시 만나게 되어 반갑습니다. 오늘 좋은 물건 낙찰받으시기 바랍니다."

"격려해주셔서 감사합니다. 야마나카 선생도 원하시는 물건을 낙찰받으시기 바랍니다."

야마나카가 자리에 앉자 경매사가 경매봉을 들고 단상에 섰다. 경매장은 사람들로 가득했고, 우리나라 사람보다 일본인이 훨씬 많았다.

"오늘 경매를 진행할 고히라小平입니다. 잘 부탁드립니다."

경매는 빠른 속도로 진행되었고, 낙찰을 알리는 경매봉 소리가 쉴 새 없이 울렸다. 값이 저렴한 건 우리나라 수집가들에게 많이 낙찰되었고, 값이 비싼 청자는 일본인 수집가들끼리 경합을 벌였다. 전형필도 겸재와 현재의 그림을 무난히 낙찰받았다.

경매가 반 정도 진행되자 휴식시간이 선포되었고, 경매장 입구의 탁자에 간단한 안주와 정종이 차려졌다. 참가자들은 진짜 승부는 이제부터라는 듯, 정종을 호기롭게 들이켜거나 줄담배를 피웠다.

2부 경매가 시작되고 얼마 후, 마침내 그 백자가 탁자 위에 올려졌다.

"시작가 부르세요!"

경매사가 외쳤다. 당시 경매는 지금처럼 출발가를 정해놓지 않고 참가자가 시작가를 부르게 했다. 저렴한 가격으로 시작하게 해서 경쟁을 유발하려는 의도였다. 그러나 가끔 이런 '묵시적인 약속'을 깨고 엄청나게 높은 시작가를 불러 다른 참가자들의 기를 꺾고 경매를 재미없게 만드는 이도 있었다.

참가자 중 한 명이 시작가로 500원을 부르자, 곧 1천 원이 나왔고 순식간에 3천 원까지 올라갔다. 그때 무라카미가 '5천 원'을 불렀다. 갑자기 2천 원이 뛰자 잠시 침묵이 흐르더니, 다시 '6천'이 나오고 '7천'이 나왔다. 경매사가 장내를 한 바퀴 둘러보자 신보가 '8천'을 불렀다. 경매사가 무라카미를 바라봤지만 그는 고려청자가 아닌 조선백자에는 더 이상의 돈을 지불하지 않겠다는 듯 침묵을 지켰다.

"자, 8천 원입니다. 더 없으십니까? 8천 원……."

경매사가 '8천 원'을 세 번 외칠 동안 더 높은 가격을 부르는 입찰자가 없으면 경매봉이 낙찰을 알리게 된다. 경매사는 두 번째는 조금 천천히 외치면서 장내를 둘러보았다. 낙찰가가 높을수록 경매 수수료도 올라가기 때문에 더 많은 입찰을 유도하는 것이다. 바로 이 순간, 출품자와 입찰자는 모두 숨을 죽이게 된다.

그런데…… 정적을 깨는 소리가 들렸다.

"9천 원!"

참가자들이 일제히 소리가 난 쪽을 바라보았다. 야마나카였다. 그는 아무런 표정도 없이 오른손을 살짝 들고 있었다.

"1만 원!"

참가자들이 고개를 돌려 바로 앉기도 전에 커다란 소리가 들렸다. 숙고는 하지만 장고는 하지 않는 전형필의 대리인 신보의 목소리였다. 경매장에서는 큰 목소리로 신속하고 단호하게 다음 가격을 불러야 상대가 위축된다. 그래서 신보는 속사포처럼 빠른 속도로 다음 가격을 부른 것이다.

"1만 500원!"

야마나카가 500원밖에 올리지 않자 전형필의 얼굴에 엷은 미소가 번졌다.

"1만 1천 원!"

이때부터 입찰가는 500원 단위로 올라갔다. 장내는 백자 경매 사상 초유의 가격 경신을 숨죽인 채 지켜보고 있었다.

"1만 4천 500원!"
"1만 5천 원!"

신보는 전형필이 정해준 상한가 1만 5천 원을 부른 후 전형필을 바라보았다. 전형필은 미소를 지으며 고개를 두 번 끄덕였다. 두 번 더 응찰해도 좋다는 신호였다.

야마나카도 최고 가격을 1만 5천 원으로 생각했다. 그러나 신보가 저렇게 쉴 새 없이 다음 가격을 부르면서 쫓아오는 걸로 봐서 전형필의 승부 가격이 자신이 생각한 최고 가격보다 더 높을 것 같았다. 야마나카는 수장가가 아니라 골동품상이었기 때문에, 이득을 남기면서 되팔 수 있다고 판단되는 최고 가격을 정하면 그 선을 넘지 않았다. 야마나카는 노회한 골동품상답게 더 이상 가격을 부르지 않고, 조용히 눈을 감았다.

"1만 5천 원입니다. 다음 가격 없으십니까?"

경매사가 야마나카를 잠시 바라봤지만 아무런 반응이 없었다.

"1만 5천 원!"

두 번째 외치며 장내를 둘러봤다. 전형필이나 야마나카는 담담한 표정이었지만, 오히려 다른 참가자들이 주먹을 꽉 쥔 채 땀을 흘렸다. 극적인 반전을 기대하는 것이다. 그러나 침묵은 계속되었고, 경매사는 마침내 큰 목소리로 외쳤다.

"마지막 호가 부르겠습니다. 1만 5천 원! 예, 1만 5천 원에 낙찰되었습니다."

경매봉이 울렸다. "땅~" 소리와 함께 참가자들의 박수소리가 장내에 울려퍼졌다. 이런 명승부가 끝나면 박수로 승자를 축하하는 것이 경매장의 관례였다.

조선백자로서는 최고가였고, 전형필의 승부사 기질과 명품을 알아보는 안목이 다시 한 번 빛을 발하는 순간이었다. 이튿날 〈경성일보〉는 백자 사진과 함께 '조선백자가 1만 5천 원에 낙찰되었다'고 보도했다.

훗날 조선백자의 가치를 알아본 일본인 골동품상과 수장가들이 몇 차례에 걸쳐 거액을 제시했지만 전형필은 들은 척도 하지 않았고, 광복 후 보물 제241호로 지정되었다가 국보 제294호로 재지정되었으며, 지금까지 간송미술관에 수장되어 있다.

1931년 12월 30일 여의도 비행장. 한 영국 신사가 도쿄에서 막 도착한 비행기에서 내렸다. 1914년 스물다섯 살 때부터 일본에서 변호사로 활동하면서 고려청자를 수집해온 존 개스비John Gadsby였다. 귀족 가문

출신으로 어린 시절부터 미술품을 봐왔기 때문에 안목이 범상치 않았고, 고려청자가 일본으로 건너가기 시작한 때부터 수집해 명품을 많이 수장하고 있었다.

개스비가 이번에 경성에 온 것은, 조선총독부 관료인 가토加藤가 수장한 고려시대 도자기 두 점을 구입하기 위해서였다.

2년 전, 그와 자주 거래하는 골동품상이자 수집가인 미야자키宮崎가 눈 호강이나 하라면서 가토의 집에 데리고 갔다. 개스비는 그때 본 고려자기 두 점의 아름다움을 잊지 못해, 2년 동안 다른 청자는 한 점도 구입하지 않고 돈을 모았다. 가토가 팔겠다고 한 것도 아니었지만, 그는 어떻게든 두 점을 구입하겠다는 일념으로 돈을 모으고 일부 수장품을 팔아 2만 5천 원을 준비했다. 당시는 전형필이 천학매병을 구입하기 전으로, 만 원을 넘는 청자가 없었다. 그래서 그렇게 준비했고, 혼자서 배를 타고 가져오기에는 큰돈이라 비행기를 타고 온 것이다.

한 달 전, 개스비가 돈을 마련했다는 소식을 들은 미야자키는 수장자 가토를 찾아가 양보 의사를 타진했지만, 팔지 않겠다는 의지가 워낙 강했다. 그래서 개스비에게 포기하라고 연락을 했는데도 막무가내로 찾아온 것이다.

"개스비 상……."

미야자키는 집 앞에 나타난 개스비를 보고 적잖이 당황했다.

"미야자키 상, 2년 전 그날 이후로 눈을 뜨나 감으나 그 도자기들이 눈에 어른거려 이렇게 비행기를 타고 왔습니다. 제 심정을 이해하시고 도와주시기를 부탁드립니다."

개스비는 일본에서 20년 이상 살았고 부인이 일본인이었기 때문에 일본어에 능숙했다. 그는 일본어로 간절하게 부탁하고 또 부탁했다.

미야자키는 난감했다. 그동안 몇 번이나 팔지 않겠다고 한 가토를 다시 찾아가는 것은 예의가 아니었다. 게다가 한 해의 마지막 날이었다.

"개스비 상, 저는 그 집에 못 갑니다. 차라리 개스비 상이 찾아가서 직접 부탁을 하시는 게 좋을 것 같습니다."

미야자키는 개스비에게 슬그머니 화가 났다. 그동안 큰 거래를 여러 번 한 고객이지만, 오지 말라는 자신의 얘기를 무시하고 바다를 건너 찾아오리라고는 꿈에도 생각하지 못했다. 이렇게 아무런 연락도 없이 나타나 떼쓰듯이 조르다니, 같은 일본인이라면 소리라도 지르고 싶은 심정이었다.

"미야자키 상의 입장은 충분히 이해합니다. 그러나 그동안 많이 도와주셨으니, 이번에도 어떻게든 제가 갖고 갈 수 있게 성사시켜주세요. 그러면 사례금으로 5천 원을 드리겠습니다."

개스비는 가지고 온 돈 가방을 미야자키에게 건넸다.

"2만 5천 원입니다. 부탁드립니다."

미야자키는 한참 동안 돈 가방을 바라보았다. 그리고 잠시 후 택시를 불러, 개스비를 조선호텔에 내려준 후 자신은 가토의 집으로 향했다. "돈 앞에 장사 없다"는 우리 속담이 일본인에게도 통하는 듯, 미야자키는 돈 가방을 들고 가토의 집으로 들어갔다. 오후 4시였다.

개스비는 호텔에서 초조하게 기다렸다. 방에서 나와 로비로 갔다가 다시 방으로 들어가서 창밖 바라보기를 반복했다. 무릎을 꿇고 기도도 하고, 다시 로비에 가서 하염없이 입구를 바라봤다. 한 시간이 며칠처럼

청자 상감 연지원앙문 정병, 높이 37.0cm, 12세기 후기, 국보 제66호, 간송미술관 소장.

백자 박산향로, 높이 8.0cm, 12세기, 보물 제238호, 간송미술관 소장.

느리게 지나갔고, 몇 시간이 몇 달처럼 길게 느껴졌다. 저녁때가 되었는데도 미야자키는 돌아오지 않았다. 개스비는 저녁 먹을 생각도 하지 않고 계단을 오르락내리락 했다.

명품은 이렇게 수집가의 애간장을 태운다. 안목이 높은 수집가일수록 명품의 아름다움과 문화적 가치를 알기에, 다른 사람들이 이해하지 못하는 어려움을 감내하면서도 기어이 수장하려고 한다. 희열과 감동이 큰 명품은 많지 않다. 그래서 수장할 기회도 쉽게 오지 않기 때문에, 수집가들은 가능성이 조금이라도 보이면 혼신의 힘을 다해 구하려고 하는 것이다. 그래서 돈만 있고 문화를 모르는 부자 중 대수장가가 된 경우는 극히 드물다. 안목과 열정이 없기 때문이다.

미야자키가 호텔 로비에 나타난 건 밤 9시가 다 되어서였다. 택시에서 내린 미야자키는 보자기로 싼 오동나무 상자 두 개를 들고 있었고, 개스비는 그 앞으로 달려가 일본식으로 허리를 굽혀 인사했다. 미야자

청자 상감 연지원앙문 정병靑磁象嵌蓮池鴛鴦文淨瓶

정병淨甁, 물 가운데서도 가장 깨끗하고 정갈한 정수淨水를 담아 부처님 앞에 바칠 때 사용하던 공양 의식구儀式具다. 그래서 병 표면에 물이 있는 연못과 연꽃을 표현했다. 버드나무를 그린 것은, 관세음보살이 버드나무 가지와 맑은 물을 중생들에게 공양받은 후 감로수가 담긴 정병으로 그들의 병을 치료해줬다는 《천관세음경》의 내용에서 유래한다. 정병은 이렇게 불교 의식에 사용되었기에 고려 불화인 〈수월관음도水月觀音圖〉에서도 볼 수 있다.

정병에 대한 기록은, 인조 1년(1123) 고려에 사신으로 왔던 북송의 사신 서긍이 쓴 탐방기 《고려도경》(원제목은 '선화봉사고려도경宣和奉使高麗圖經')에서 볼 수 있다. 고려의 수도 서경(개성)에 왔더니, 일반적인 물병과 달리 물을 담는 주구注口와 물을 따르는 첨대尖臺로 이루어진 독특한 형태의 정병이, 귀족과 부호뿐 아니라 사찰과 민가에서 물을 담는 병으로 사용되고 있다는 기록이다. 고려가 불교를 숭상하는 나라였기에 정병 청자를 많이 만들어 사용했던 것이다. 그러나 이렇게 품격이 있는 정병은 매우 드물어, 왕실에서 부처님께 불공드릴 때 사용하기 위해 만든 것으로 추정하고 있다.

키는 그런 개스비를 보며 고개를 절레절레 흔들더니 오동나무 상자를 건넸다. 그러고는 너무 피곤하니 내일 이야기하자면서 타고 온 택시에 몸을 싣고 어둠 속으로 사라졌다.

미야자키를 배웅한 개스비는 성큼성큼 방으로 올라가 보자기를 풀었다. 먼저 청자를 꺼내 탁자 위에 올려놓았다. 옥색 청자 병 위에 연못이 있다. 겨울이 막 풀리고 봄이 찾아온 듯 버드나무 가지에 새록새록 잎사귀가 돋아나고, 청아한 연꽃 세 송이가 수줍다. 원앙이 유유히 헤엄치는 연못에는 티끌 하나 없다. 개스비는 정병에서 눈을 떼지 못한 채, "원더풀" "뷰티풀" 찬사를 반복했다. 그의 입가에는 쉴 새 없이 미소가 흘렀다.

자신의 판단이 틀리지 않았음을 거듭 확인한 개스비는, 다른 상자에서 백자 향로를 꺼냈다. 순백색의 아름다움과 편안한 안정감, 균형미가 돋보이는 고려시대 백자 향로다. 뚜껑에 중첩된 산은, 중국의 동쪽 바다 가운데 불로장생의 신선들이 살고 있다는 삼신산三神山이다. 신선이 살고 있는 이상향理想鄕이기 때문일까, 군더더기 한 점 찾아볼 수 없다.

백자 박산향로白磁博山香爐

뚜껑은 물론 몸통과 가장 밑 부분인 받침도 티없이 맑고 깨끗한 순백색이다. 이런 순백색은 흙(태토胎土)이 철분 등 잡물질 없이 깨끗해야 하고, 무색 투명한 유약을 곱게 입혔을 때만 나온다.
향로 위와 중간중간에 향연香煙이 올라올 수 있도록 구멍을 만들었지만, 어느 부분에도 빙렬(氷裂, 갈라짐)이 없다. 흙, 유약, 불을 다루는 솜씨가 모두 뛰어나지 않으면 만들 수 없는 완벽에 가까운 향로다. 이 향로는 흔치 않은 고려백자 중 가장 우수한 수준으로 평가되는데, 고려시대 최고의 백자가 제작된 부안이나 강진의 가마에서 왕실용으로 만들었을 것으로 추정하고 있다. 향로는 중국 전국시대 말기부터 만들어지기 시작했다. 중첩된 삼신산을 중국에서는 '박산博山'이라고 불렀고, 그래서 우리나라에서도 이런 형태의 향로를 '박산향로'라고 부른다.

개스비는 잠을 설치며 청자와 백자를 바라보았다. 그는 고려자기의 아름다운 빛과 형태는 세계 어느 나라의 도자기보다 훌륭하다고 생각해왔다. 그래서 명품이 있다는 소식이 들리면 오사카, 교토 등 일본의 도시뿐 아니라 경성까지 찾아다니면서 고려자기를 수집해왔다. 덕분에 그의 집에는 명품이 가득하다는 소문이 일본뿐 아니라 우리나라 골동품계에도 자자했다. 그런 그가 또 두 점의 명품을 구했으니 잠이 오지 않는 건 당연했다.

자는 둥 마는 둥 아침 일찍 눈을 뜬 개스비는 물건을 양보해준 가토가 그새 마음이 변해 물러달라고 하는 건 아닐까 걱정이 되었다. 거래가 끝난 후 물러달라는 것도 예의가 아니지만, 물러달라는데 매정하게 구는 것도 신사의 행동은 아니었다. 개스비는 전화 통화가 가능한 7시가 되자마자 미야자키에게 전화를 걸었다.

"미야자키 상, 정말 고맙습니다. 저, 지금 일본으로 돌아갑니다."

이른 아침에 전화를 받은 미야자키는 깜짝 놀랐다.

"개스비 상, 이왕 오셨으니 구경도 좀 하시고……."

그러나 개스비는 서둘러 전화를 끊고 도망치듯 일본으로 돌아갔다. 고려시대의 명품 '청자 상감 연지원앙문 정병'과 '백자 박산향로'는 이렇게 우리 땅을 떠났다.

기와집 400채의 승부

전형필도 청자에 관심을 두기 시작하면서 개스비에 대한 소문을 들었다. 개스비는 20년 가까이 명품만 골라 수집했기 때문에, 앞으로 누가 모아도 그의 수장품을 뛰어넘기는 쉽지 않을 것이라고들 했다.

"개스비가 영국 귀족 출신이라고요?"

"예, 영국 출신 변호사랍니다."

신보의 말을 들은 전형필이 희미하게 웃었다. 신보가 영문을 몰라 눈을 끔벅거리자 전형필이 자못 비밀스럽게 말했다.

"그렇다면 그가 평생을 일본에서 보내겠습니까? 나이 들면 고향으로 돌아가지 않겠소?"

이번에는 신보도 웃으며 대답했다.

"간송은 늘 길게 보십니다, 하하하! 개스비가 결국은 영국으로 돌아갈 것이고, 가기 전에 수장품을 정리할 거란 말씀이시지요?"

지난 몇 년 동안 서화 골동을 수집하면서, 박물관에 보존되지 않은 서화와 골동은 돌고 돈다는 것을 경험했고, 서울에 살던 일본인들도 나이가 들어 고향으로 돌아갈 때면 그동안 모은 수장품을 갖고 가기보다는 일괄로 처분하는 것을 여러 번 보아온 터였다.

전형필은 신보에게 개스비가 거래하는 일본 골동품상이 누구인지 알아보라고 했다. 만약 개스비가 영국으로 돌아갈 때 처분할 의사가 있으면 자신에게 먼저 기회를 주도록 미리 말을 넣어놓으라는 것이었다. 언제 그런 기회가 올지 알 수 없지만, 전형필은 흐르는 강물에 낚싯대를 던져놓고 세월을 낚는 강태공처럼, 개스비가 영국으로 돌아갈 날을 기다렸다.

그러나 개스비는 쉬이 영국으로 돌아가지 않았다. 전형필도 1935년에 '청자 상감 운학문 매병'을 구입하고, 이듬해 '청화백자 양각진사철채 난국초충문병'을 낙찰받으면서, 고려청자와 조선백자 명품들을 수장하기 시작했다.

1936년이 기울어갈 즈음 박물관 건물이 형태를 드러내기 시작했다. 전형필은 1937년 정월 초하루 아침 공사 현장에 가서 남산을 바라보며 심호흡을 했다.

1934년 여름 별장과 수장고로 쓸 북단장이 완성된 후, 축대와 담장 공사에 6개월, 수장고로 쓸 지하실 공사에 또 6개월, 2층 건물을 올리는 데 1년이 걸렸지만 아직 몇 달 더 지나야 내부 공사를 시작할 수 있는 상태였다. 워낙 튼튼하고 꼼꼼하게 짓느라 시간이 많이 걸렸지만, 내년 초에는 우리나라 최초의 사설 박물관이 완성된다는 생각에 전형필은 가슴이 벅차올랐다.

박물관 공사 현장을 둘러보는 전형필(1937년), 유족 소장.

대학을 졸업한 1930년부터 6년 동안 정신없이 달려온 세월이었다. 그간의 일들이 주마등처럼 스쳐 지나갔다. 그러나 전형필은 이제부터 다시 시작이라고 마음을 다잡으며, 올해에도 조선 민족의 자부심을 느낄 수 있는 명품들을 수장할 수 있게 해달라고 기원했다.

강태공이 기다림 끝에 주나라 문왕을 만났고, 그 기회를 놓치지 않았기에 훗날 천하를 얻었듯, 전형필도 오랜 기다림 끝에 마침내 개스비가 영국으로 돌아가기 전에 수장품을 처분하려 한다는 소식을 들었다. 개스비가 자주 거래하던 일본인 골동품상 미야카와 다카요시宮川隆義에게 귀국과 함께 처분하고 싶다는 의사를 밝혔고, 미야카와가 신보에게 연락을 해온 것이다.

전형필 수집 인생 최대의 승부는 이렇게 시작되었다. 그러나 승부사는 서두르지 않는 법! 전형필은 신보에게 일괄 처분인지 부분 처분인지를 알아보라고 했다. 그래야 예산을 세울 수 있기 때문이었다. 신보의 전보를 받은 미야카와는 일괄 처분이라고 확인해주었고, 전형필은 신보와 함께 개스비의 수장품과 보존 상태를 확인하기 위해 2월 26일 일본으로 건너갔다.

　도쿄에 도착한 전형필은 미야카와와 인사한 후 호텔에 짐을 풀었다. 그리고 셋이서 저녁을 먹으며 개스비가 수장품을 왜 처분하려 하는지 물었다. 그 이유를 정확히 알아야 조정이 어느 정도 가능할지 가늠할 수 있기 때문이었다.

　"일본 정세가 불안하기 때문인 것 같습니다. 지난 2월 군부 쿠데타 이후 중국전쟁을 준비하고 있으니 말입니다. 국제변호사다운 정보와 감각에 따른 판단이겠지요."

　일본의 현재 상황을 불안하게 여겨 다급하게 피난 가듯 떠나는 것이다. 그렇다면…… 편안하게 귀국하는 것이 아니니 가격 조정이 어느 정도 가능할 것이었다.

　다음 날 아침, 세 사람은 도쿄 시내 고지마치麴町에 있는 개스비의 집으로 향했다. 궁성宮城 뒤에 있는 호화로운 저택이었다. 뒤뜰의 아담한 연못에는 커다란 금잉어 여러 마리가 유유히 물속을 노닐었다. 영국식 정장 차림의 집사가 일행을 안내한 곳은 2층 응접실이었다.

　"어제 경성에서 오신 전 선생입니다."

　미야카와가 전형필을 소개하자 개스비는 약간 놀란 표정이었다.

　"아, 네. 경성에서 오셨다니 반갑고, 생각보다 젊으신 분이라 놀랐습니다."
 미야카와가 구입 희망자가 누구인지 밝히지 않았기 때문에, 개스비는 일본의 대수장가일 거라고 짐작했다. 그런데 서른두 살의 젊은 조선 청년이 흰 두루마기를 입고 나타났으니 놀라지 않을 수 없었다.
 "혹시 몇 년 전에 천학매병을 입수하셨다는 그 전 선생이십니까?"
 늘 고려청자 소식에 귀를 세우고 있던 개스비였기에, 조선의 젊은 수장가 전형필에 대한 소문을 들었던 것이다.
 "예, 맞습니다. 제가 바로 그 매병을 입수했습니다. 그 소식을 알고 계시다니 반갑습니다."
 "사실 저는 지난 20년 동안 고려청자를 모으면서, 언젠가 조선인들 중에서도 좋은 청자를 수집하는 수장가가 나오기를 고대했습니다. 그러던 중에 '전 씨'라는 조선 청년이 천학매병을 수집하면서 본격적으로 나섰다는 소식을 미야카와 상을 통해서 들었는데, 이렇게 뵙게 되어 정말 기쁩니다."
 "저도 개스비 선생께서 오랫동안 좋은 고려청자를 수집해오셨다는 이야기를 들어오던 차에, 선생께서 이번에 귀국하신다는 말씀을 듣고, 그동안 수집하신 고려청자를 감상하기 위해 이렇게 찾아왔습니다."
 "잘 오셨습니다. 그럼 잠시 기다리세요."

 개스비가 가장 먼저 탁자 위에 올려놓은 것은 원숭이 연적이었다. 어미 원숭이의 정수리에 물을 부을 수 있는 구멍이 뚫려 있고, 아기 원숭이의 머리에도 물이 나올 수 있는 구멍이 있다. 원숭이 모자의 애틋한 정을 표현한 청자 조각품이 아니라, 벼루에 물을 따르는 연적이다.

고려시대의 시인이자 학자인 이규보(李奎報, 1168~1241)의 《동국이상국집東國李相國集》에는 원숭이를 소재로 한 시가 수십 편 실려 있다. 왕실과 귀족 사회에서 인기 있는 애완동물이었기에 원숭이 모양으로 연적까지 빚은 것이리라.

전형필은 이제까지 본 연적 중 가장 재미있게 만든 청자 원숭이를 바라보며 슬그머니 미소를 지었다. 아기 원숭이가 엄마 원숭이에게 젖을 달라고 뺨을 만지며 칭얼거리는 것일까, 아니면 원숭이 특유의 장난기가 발동한 것일까? 연적 속에서 찰랑찰랑 물소리가 들리는 듯했다.

고려 왕은 이 원숭이 연적을 들어, 매화무늬 가득한 벼루의 연지硯池에 천천히 물을 부었을까? 연지에 물이 차오르면 묵갑墨匣을 열고 비단 주머니에 갈무리해둔 자색赭色 고묵古墨을 꺼내 갈았을까? 검은색 광채가 벼룻물 위를 빙빙 돌면, 청자 필통에 꽂힌 붓 한 자루 꺼내 시 한 수 써내려갔을까?

다음은 기린 모양 향로. 고려의 색 비색翡色이 향로 전체를 품위 있게 감싸고 있다. 단아하고 은은한 옥색 광택, 기품 있는 자태, 자연스럽고 유연한 균형, 어디 한 곳 흠잡을 데 없다. 사후세계의 수호자로 살생을 미워하며 남에게 해를 끼치지 않는 덕德의 화신 기린이 향로 뚜껑 역할을 하면서, 입으로 향연을 흘려보낸다. 그리고 눈에는 검은색 안료가 눈동자처럼 한 점 찍혀 있다.

기린은 상상 속 동물인데 고려 도공은 직접 본 듯이 꼬리를 등 위에 구부려 붙이고, 아래턱에는 수염을 만들어 붙였다. 다리가 넷이면 복잡할까 봐 세 개만 만들었고, 발가락도 하나 줄여 네 개, 대신 머리 위에 뿔을 하나 달아주었다.

청자 원숭이형 연적, 높이 9.9cm, 12세기 전기, 국보 제270호, 간송미술관 소장.

청자 기린형 향로, 높이 19.7cm, 12세기 전기, 국보 제65호, 간송미술관 소장.

청자 오리형 연적, 높이 8.1cm, 12세기 전기, 국보 제74호, 간송미술관 소장.

청자 상감 포도동자문 매병, 높이 42.4cm, 13세기 후기, 보물 제286호, 간송미술관 소장.

이번에는 오리 연적이다. 절 앞마당 연못에서 노니는 오리인가, 연꽃 가지를 입에 물고 있다. 부처님의 가피加被가 있으니 걱정할 일이 없어서인가, 불룩 내민 가슴이 당당하다. 날개의 깃털 하나하나가 정교하게 음각되었다. 고려 도공의 범상치 않은 손재주가 느껴진다. 등에 구멍을 뚫어 물을 담을 수 있게 했고, 그 위에 연꽃 봉오리를 슬쩍 얹었다.

전형필은 이 오리 연적을 바라보며, 고려 도공의 섬세한 솜씨와 오묘한 청자색, 생동감 넘치는 모양 등 나무랄 데 없는 걸작이라고 생각했다. 마치 살아 움직이는 오리를 보는 듯했다. 훗날 이 연적을 본 월탄 박종화는 이런 헌시를 바쳤다.

선은 / 가냘픈 푸른 선은 / 아리따웁게 구울러 / 보살같이 아담하고 / 날씬한 어깨여 / 4월 훈풍에 제비 한 마리 / 방금 물을 박차 바람을 끊는다. / 그러나 이것은 / 천년의 꿈 고려청자기! / 빛깔, 오호! 빛깔 / 살포시 음영을 던진 갸륵한 빛깔아 / 조촐하고 깨끗한 비취여 / 가을 소나기 마악 지나간 / 구멍 뚫린 가을 하늘 한 조각 / 물방울 뚝뚝 서리어 / 곧 흰 구름장 이는 듯하다. / 그러나, 오호 이것은 / 천년 묵은 고려청자기!

포도 잎과 포도 알이 가득한 매병이 탁자 위에 놓였다. 회화적 아름다움을 살리기 위해서였을까, 포도 한 알 한 알에는 검은 점 흑상감 기법, 포도 잎은 백상감 기법을 사용했다. 중국청자에서는 볼 수 없는 고려청자만의 독창적 기법이다.

전형필이 수장하고 있는 천학매병보다는 조금 크지만 밑 부분의 연꽃 잎 무늬는 거의 같았다. 이 매병을 보니 그동안 궁금하게 여겨졌던 천학매병의 연꽃무늬 아래에 있는 까만 점 문양이 포도 알을 묘사한 건지도 모른다는 생각이 들었다.

전형필의 입가에 엷은 미소가 번졌다. 박물관 진열장에 두 매병이 나란히 진열된 모습이 머릿속에 그려진 것이다.

개스비는 전형필이 다 본 것 같으면 새로운 청자를 탁자 위에 올려놓았다. 몇 년 전 경성에 와서 구입해간 '청자 상감 연지원앙문 정병'과 '백자 박산향로'도 올려놓았고, 앙증스러운 '청자 상감 국목단당초문 모자합'도 보여주었다. 개스비는 다양한 형태와 종류의 고려청자를 명품 중에 명품만 골라서 수장하고 있었고, 전형필은 속으로 감탄에 감탄을 거듭했다.

개스비가 내놓은 청자는 모두 22점으로, 한결같이 뛰어난 명품이었다. 10년 전쯤 수집품이 많아졌을 때 웬만한 건 팔고 명품 위주로 수집해왔던 것이다. 군계를 처분하면서 학을 모았으니 수집 방향을 제대로 잡은 셈이고, 그랬기에 이렇게 빼어난 명품들을 수장할 수 있었으리라.

전형필이 마침내 탁자 위에서 눈을 떼고 허리를 편 것은 거의 세 시간이 지난 후였다.

"힘들게 모은 청자 수장품을 이렇게 보여주셔서 고맙습니다. 협상이 잘 진행되기를 기대하겠습니다."

전형필이 정중하게 말했다.

"멀리까지 와주셔서 고맙습니다. 이 청자들이 조선 땅으로 돌아갈 수 있기를 바랍니다."

개스비가 20년 동안 모은 22점의 명품 청자에 대한 협상이 시작되었다. 우리나라와 일본 골동품 수집 사상 전무후무한 최대 규모였기에, 서울과 일본의 골동품계는 흥미진진하게 협상 소식에 귀를 기울이며 결과를 기다렸다. 일본의 몇몇 언론사에서는 바람과 같이 나타난 조선 청년을 취재하기 위해 호텔로 찾아왔지만, 전형필은 신보를 통해 협상이 성공적으로 끝난 후에 취재에 응하겠다면서 양해를 구했다.

협상 형식은, 미야카와가 개스비가 제시한 가격을 가지고 전형필이 묵는 호텔로 와서 신보와 협상한 다음, 전형필이 제시한 가격을 개스비에게 가지고 가서 다시 가격을 받아오는 형식이었다.

개스비가 제시한 가격은 한 점당 2만 5천 원으로 계산한 55만 원이었고, 전형필이 제시한 가격은 1만 5천 원씩 33만 원이었다. 22만 원의 차이는 컸고, 협상은 난항을 거듭했다. 전형필은 시세로는 한 점당 2만 원이지만 일괄 구입인 만큼 전체 가격을 조정해줘야 한다는 입장이었고, 개스비는 이런 명품을 구하기는 하늘의 별 따기만큼 어려우니 점당 2만 5천 원 이하로는 곤란하다고 했다.

미야카와가 하루에 두세 차례씩 양쪽을 오갔고, 이틀 동안 서로 전체 가격에서 3만 원씩 양보했다. 52만 원과 36만 원.

사흘째 협상에서는 더 이상 진전이 없었다. 전형필은 2만 원을 올린 38만 원을 제시하면서, 내일까지 이 가격에 협상이 되지 않으면 서울로 돌아가겠다고 배수진을 쳤다. 개스비 또한 2만 원을 양보한 50만 원에 응하지 않으면 대영박물관에 매각하는 방안을 찾겠다고 했다.

협상은 결국 결렬되었다.

전형필은 허탈한 심정으로 서울로 돌아왔다. 한동안 일이 손에 잡히지 않았다. 눈을 뜨나 감으나 개스비의 집에서 본 청자들이 아른거렸다.

그 무렵, 당시 대수장가로 손꼽히던 송은 이병직의 수장품 중 429점에 대한 경매가 3월 28일 경성 미술구락부에서 열렸다. 신보가 가지고 온 사진을 보니, 우수한 청자와 백자, 서화가 한두 점이 아니었다.

경매 당일, 전형필은 신보, 이순황과 함께 경매장으로 갔다. 입찰할 작품 수가 많아 이순황도 대리인으로 참가했다. 경매가 시작되자 이순황과 신보는 출품작 중 우수한 것은 모두 낙찰받겠다는 기세로 가격을 불렀고, 다른 참가자들은 두 사람의 큰 목소리와 속사포 같은 속도에 기가 죽어 전형필과의 경쟁을 일찌감치 포기하기도 했다.

이날 전형필은 영·정조 시대 닭 그림으로 유명했던 화원 변상벽卞相璧의 〈병아리를 거느린 암수탉〉, 청화백자 동자조어문병, 추사체의 대표작으로 꼽히는 예서 대련, 청자 상감 모란분 접시, 청자 상감 매조화접문 대접, 조선백자 진사채 원형화문 연적 등을 낙찰받았다.

전형필이 이렇게 허전함을 딛고 기세를 올리는 사이, 개스비는 대영박물관과 접촉했다. 그러나 대영박물관으로서는 '조용한 아침의 나라'로 알려진 조선의 고려청자보다는 제1차 세계대전 후 유럽에서 떠도는 명화를 구입하는 것이 우선순위였다.

개스비는 전형필과 다시 협상을 할지 아니면 일괄 구입할 다른 일본 수집가를 찾을지 고민했다. 그러나 고려청자를 진심으로 사랑했던 그는 고려청자의 수장자로 가장 잘 어울리는 전형필을 다시 만나보기로 마음을 굳혔다.

변상벽, 〈병아리를 거느린 암수탉雌雄將雛〉, 종이에 채색, 30.0×46.0cm, 간송미술관 소장.

청화백자 동자조어문병, 높이 24.9cm, 18세기 후기, 간송미술관 소장.

개스비가 미야카와와 함께 비행기를 타고 서울에 나타난 건, 경성 미술구락부 경매가 끝나고 열흘이 지났을 때였다. 미야카와의 연락을 받은 신보가 마중을 나갔고, 전형필은 택시를 대절해 보내주었다. 양측은 다음 날 아침 10시에 조선호텔 커피숍에서 만나기로 했다.

전형필은 밤이 늦도록 잠을 이루지 못하고 생각에 잠겨 있었다. 개스비와 어떻게 협상할 것인가? 그가 비록 대영박물관과의 협상에 실패한 건 확실하지만, 쉽게 양보할 것 같지는 않았다. 그렇다면 그는 얼마를 양보하려고 서울까지 온 것일까? 자신은 또 얼마나 양보를 해야 할까? 개스비가 10만 원 양보하면, 자신이 2만 원을 양보해서 40만 원에 타결할까? 그렇다면 한 점당 1만 8천 원인 셈인데…… 받아들일 수 있는 가격이었다. 무엇보다도 그만한 명품 청자를 일괄로 구입할 수 있는 기회는 다시 오지 않을지도 모른다.

다음 날 아침, 전형필은 흰 두루마기를 입고 택시를 대절해 조선호텔로 갔다. 커피숍으로 들어서니, 개스비와 미야카와, 신보가 기다리고 있었다.

"개스비 선생, 이렇게 다시 뵙게 되어 반갑습니다."

전형필이 환한 얼굴로 인사했다.

"전 선생, 이번에는 제가 왔습니다. 다시 만나 반갑습니다."

개스비가 전형필에게 손을 내밀어 악수를 청했다. 전형필은 미야카와에게도 인사를 건넨 후 자리에 앉았다.

"개스비 선생, 비행기 여행 피로는 풀리셨소?"

"예. 그동안 여러 번 와서 이제는 조선 여행이 익숙합니다, 하하하!"

"개스비 선생, 협상을 다시 시작하기 전에 제가 보여드리고 싶은 곳이 있는데, 같이 가주시겠습니까?"

전형필은 웨이터가 가지고 온 커피를 한 모금 마시며 말했다.

"전 선생께서 안내하신다니, 기대가 되는군요."

개스비가 잔잔한 미소를 지었다. 그는 전형필이 집으로 초대하는 것이라고 생각했다.

"가기 전에 미야카와 선생에게 부탁이 있소."

"예, 전 상. 말씀하시지요."

전형필은 다시 커피를 한 모금 마신 후 말했다.

"오늘 보시는 건 비밀을 지켜주셔야 합니다. 그래주시겠소?"

전형필의 말에 미야카와 개스비가 의아한 듯 고개를 갸웃거렸다.

"전 상, 무슨 말씀이신지 몰라도…… 저희 골동품상들에게는 고객의 비밀은 절대로 발설하지 않는다는 원칙이 있으니, 염려하지 않으셔도 됩니다."

"간송, 미야카와 상은 믿으셔도 됩니다. 하하하!"

신보가 옆에서 거들면서 걱정 말라는 듯 눈짓을 했다.

전형필이 개스비를 데리고 간 곳은 망치와 톱 소리가 요란한 성북동 박물관 건축 현장이었다. 전형필 일행이 도착하자, 현장 소장이 급한 걸음으로 다가와 인사를 했다. 바쁘게 일손을 움직이던 인부들도 개스비를 신기한 표정으로 바라봤고, 개스비와 미야카와는 영문을 몰라 어리둥절해했다. 난데없이 건축 공사 현장이라니?

"개스비 선생, 미야카와 선생! 나는 지금 조선 최초의 개인 박물관을 짓고 있소이다. 몇 년 전에 공사를 시작했는데, 좀 튼튼하게 짓느라 아직 완공을 보진 못했지만, 내년에는 문을 열 수 있을 겁니다. 물론 조선 총독부에서는 아직 이 건물이 박물관이라는 사실을 모르고 있습니다. 내가 조선인이기 때문에 조선 사람이 많이 드나들 박물관이라는 사실을 미리 알면 공사를 중단시킬지 몰라 구체적인 용도를 밝히지 않았습니다. 그래서 미야카와 선생께 비밀로 해달라는 부탁을 드린 겁니다."

미야카와가 미안한 표정으로 고개를 끄덕였다.

"전 선생, 영국에도 이런 규모의 개인 박물관은 흔치 않습니다. 정말 대단하십니다."

개스비는 주변의 산과 박물관 건물을 번갈아보며 감탄을 연발했다. 미야카와는 신보와 일본에 이 정도 규모의 개인 박물관이 있느니 없느니 얘기를 주고받았다.

"개스비 선생, 나는 귀하가 그동안 힘들여 수집한 고려청자를 이곳에 전시하면서, 조선에도 이런 찬란한 문화가 있다는 사실을 우리 동포들에게 보여주고 싶습니다. 그래서 이곳으로 모시고 온 겁니다."

개스비는 전형필의 말을 들으며, 양복 주머니에서 파이프를 꺼내 불을 붙였다. 파이프에서 모락모락 피어오른 담배 연기가 성북동 산바람에 사방으로 흩어졌다. 개스비는 계속 파이프 담배를 피우며 생각에 빠져들었다.

개스비가 전형필을 찾아오면서 생각한 가격은 45만 원이었다. 그 정도면 일본에서도 일괄 구입할 수장가를 찾을 수 있을 것 같았지만, 조선 청년에게 먼저 기회를 주고 싶었다.

개스비는 전형필을 많은 유산을 상속받은 수집광 조선 청년으로 생각했다. 그런데 여기 와서 보니 그게 아니지 않은가. 나라를 일본에 빼앗겼으면서도, 과거의 문화유산을 전시하겠다며 박물관을 짓고 있는 이 식민지 청년의 생각이 기특하면서도 존경스러웠다.

시간이 얼마나 지났을까, 개스비가 조용한 목소리로 입을 열었다.

"전 선생, 이곳에 와서 보니 전 선생이 단순한 수집욕 때문이 아니라 자신의 조상들이 만든 청자에 대한 자부심으로 다시 찾아오려 한다는 사실이 느껴집니다. 그것도 아주 가슴 깊이…… 저는 조국의 대영박물관에 돈을 받고 팔려고 했는데, 전 선생은 자신의 돈으로 구입해서 직접 지은 박물관에 진열하겠다니 머리가 숙여집니다. 전 선생, 제가 40만 원에 양보하겠습니다. 다만, 한 가지 조건이 있습니다."

전형필은 두근거리는 가슴을 진정시키며 말했다.

"큰 양보를 해주셔서 고맙습니다. 조건을 말씀해보시지요."

"22점 중 조그만 청자 두 점은 제가 보관하도록 해주시면 좋겠습니다. 영국에 돌아가서 감상하다가, 저도 훗날 대영박물관에 기증하고 싶습니다. 그러나 절대 큰 걸로 갖지는 않겠습니다."

개스비는 마음속에서 갈등하던 5만 원을 그렇게 해결했다. 그는 진심으로 고려청자를 사랑했다. 일본에 살면서도 일본 도자기는 거들떠보지도 않고 오로지 고려청자만 수집했다. 그러다가 막상 이렇게 다 넘길 상황이 되니, 더 이상 명품 고려청자를 볼 수 없다는 생각에 벌써부터 가슴 한구석이 허전했다. 그래서 5만 원을 포기하는 대신 두 점을 간직해서 두고두고 보겠다고 한 것이다.

파이프 담배 연기가 계속 허공 속으로 사라졌다.

이번에는 전형필이 생각에 잠겼다. 40만 원은 자신도 예상한 가격이지만, 22점이 아니라 20점이니 한 점당 2만 원이었다. 그러나 더 이상 협상할 여지는 없었다. 개스비로서는 자신의 마지노선까지 무너뜨리면서 양보한 것이다. 전형필이 왜 그 심정을 모르겠는가.

"그 심정 이해가 됩니다. 그렇게 하겠소."

대답을 들은 개스비가 손을 내밀었다. 전형필이 그 손을 맞잡고 힘차게 흔들었다. 조금 떨어진 곳에서 가슴 졸이며 두 사람을 지켜보던 신보와 미야카와가 다가왔다.

"전 선생의 웅대한 꿈에 내가 졌습니다. 하하하."

"개스비 선생이 크게 양보해주셨소."

전형필이 협상이 마무리되었다고 알려주자, 두 사람도 전형필, 개스비와 번갈아 악수하며 축하 인사를 나눴다.

그날 저녁, 전형필은 개스비와 미야카와 그리고 신보를 명월관으로 초대해 가야금 소리와 함께 정갈한 조선 음식을 대접했다. 모두들 유쾌한 얼굴로 술잔을 주거니 받거니 했다. 기와집 400채 값이라는 당시 최고액 거래를 성사시킨 미야카와와 신보는 전형필과 개스비의 안목과 결단력을 칭송하느라 입에 침이 마를 지경이었다.

다음 날 아침, 개스비는 다시 비행기를 타고 도쿄로 돌아갔고, 전형필은 돈을 준비해서 고려청자를 인수하러 가기로 했다.

기와집 400채면, 요즘 서울 시내 아파트 최소 시세로 계산해도 1,200억 원, 한 점에 60억 원이다. 전형필이 당시 조선 40대 부자 중 한 명이었지만, 40만 원이라는 큰돈을 현찰로 갖고 있지는 않았다. 재산을 대부분 땅으로 갖고 있던 시절이었다.

전형필은 조부 때부터 내려오던 공주의 논 1만 마지기를 내놨다. 당시 논 값이 마지기당 50원 정도였지만, 급히 팔 때는 덜 받을 수밖에 없기 때문이었다. 1만 마지기면 80킬로그램 쌀 1만 가마니를 수확할 수 있는 5천 석 논이다. 천석지기면 부자, 만석지기면 큰부자 소리를 듣던 시절이었다. 아무리 명품이라지만 고려청자 20점을 사기 위해 매해 엄청난 수입을 보장해주는 논을 1만 마지기나 내놓는 건, 아무나 할 수 있는 결단이 아니었다.

소작인들을 통해 공주 논을 판다는 소식을 들은 전형필의 어머니는, 조상 대대로 내려오던 논을 팔아 사금파리를 사면 어떻게 하느냐고 걱정했다. 그러나 전형필의 결심은 확고했고, 이제까지 허튼 짓 하지 않은 자신을 믿으라며 어머니를 안심시켰다.

돈을 마련한 전형필은 비행기를 전세냈다. 돈을 안전하게 가져가고, 고려청자도 파손 우려가 있는 화물칸이 아니라 기내석에 싣고 오기 위해서였다.

이순황, 신보와 함께 도쿄에 도착한 전형필은, 개스비가 보내준 경호원들과 함께 차를 타고 그의 집에 도착했다. 돈을 건네기 전에 다시 한 번 고려청자를 확인했다. 개스비가 기념으로 간직하겠다며 보여준 두 점은, 그의 말대로 작은 청자 향합과 목단무늬가 새겨진 청자 잔이었다. 전형필은 청자 20점을 정성껏 포장해, 준비해간 오동나무 상자에 한 점 한 점 갈무리했다.

개스비는 전형필을 응접실로 안내해 향이 좋은 커피를 직접 따라주며 말했다.

"전 선생, 그동안 모은 고려청자가 조선의 수집가인 전 선생을 만나

다시 조선으로 돌아가게 되어 정말 기쁩니다. 당신은 아직 젊고 재력이 있으니 아무쪼록 훌륭한 조선의 고미술품을 많이 수집해서 세상에 널리 알리시기 바랍니다."

개스비는 허전한 듯, 파이프를 물고 담배를 피웠다.

"젊음을 바쳐 모은 수장품을 이렇게 흔쾌히 양보해주셔서 고맙습니다. 나도 개스비 선생 못지않은 정성으로 이 고려청자들을 보존하겠습니다."

개스비는 아무 대답도 하지 않았다. 전형필은 얼핏 그의 눈에 눈물이 스치는 걸 보았다.

"오랫동안 애장해온 수집품과 헤어지게 되니 몹시 섭섭하실 겁니다. 조선에 언제든지 오십시오. 이 고려청자들과 함께 기다리겠습니다."

"암요, 가고말고요. 꼭 가겠습니다."

개스비가 눈가를 닦으며 대답했다. 전형필은 그를 잠시 바라보다 악수를 하며 작별했다. 그리고 곧바로 공항으로 가서 기다리던 비행기에 오동나무 상자를 옮겼다. 화물칸이 아니라 좌석에 올려놓고, 기체가 흔들려도 떨어지지 않게 준비해간 밧줄로 튼튼하게 묶었다. 잠시 후 비행기가 이륙했고, 32세의 조선 청년 전형필은 등받이에 몸을 기댄 채 눈을 감았다.

명품 청자 20점은 이렇게 우리나라로 돌아왔고, 그중 7점은 광복 후 국보와 보물로 지정되었다.

우리나라 최초 개인 박물관, 보화각

우리나라 최초
개인 박물관, 보화각

전형필은 개스비의 명품 청자를 인수한 후에도, 경성 미술구락부 경매를 통해, 그리고 이순황과 신보를 통해 서화 전적과 도자기를 계속 구입했다.

박물관 내부 공사에도 정성을 기울였다. 이탈리아에서 대리석을 수입해 계단을 올렸고, 진열실 바닥에는 쪽나무 판자를 이어 깔았다. 진열장도 최고급으로 주문했다.

1938년 8월 중순, 지붕 공사가 어느 정도 마무리되자 상량식이 거행되었다. 전형필은 목수, 토역꾼들과 함께 건물에 재난이 없도록 지신地神과 택신宅神에게 제사를 지냈다. 그리고 마룻대(상량보)에 붓으로 용龍자를 쓰고, 그 아래에 '무인년 윤 7월 5일 입주상량立柱上樑'이라고 썼다. 전형필은 잠시 숨을 고른 후, 그 밑에 두 줄로 '응천상지오광(應天上之五光, 하늘의 오색빛이 감응하고) 비지상지오복(備地上之五福, 땅의 오복이 준비하도다)'라는 축원글을 쓰고, 마지막으로 거북 구龜 자를 썼다.

전형필이 글씨를 다 쓰자 목수들이 마룻대 양쪽을 광목으로 묶었다. 전형필은 풍습대로 광목끈 사이에 목수들의 술값이 든 봉투를 찔러넣었고, 현장 소장은 상량식이 끝나면 목수들의 술안주가 될 북어와 떡을 매달았다.

목수들이 광목을 양쪽에서 잡아 지붕에 올리려다가 멈칫하며, 합창하듯 소리친다.

"올려?"

그러자 대목大木이 장난스럽게 광목에 꽂은 돈 봉투를 살피더니 큰 목소리로 외쳤다.

"너무 가벼워!"

다시 목수들이 합창한다.

"말아?"

구경꾼들이 "와아~" 웃었고, 이번에는 현장 소장이 돈 봉투를 광목 사이에 꽂았다. 그러나 마룻대는 쉬이 올라가지 못했다. 몇 차례 더 실랑이가 있었고, 봉투 수도 늘어갔다.

"올려?"

"그래, 이제 제법 묵직하네!"

그제야 마룻대는 천장으로 올라갔다.

마룻대가 자리를 잡자 전형필은 건물을 짓게 된 내력을 밝히는 상량문을 읽었고, 목수들은 상량문이 변하지 말라고 종이에 들기름을 바른 다음, 지붕 한가운데 올린 마룻대에 홈을 파서 갈무리했다. 훗날 건물을 개보수할 때 꺼내 읽어보고, 그 뜻에 어긋나지 않게 수리하라는 의미였다.

보화각 상량식을 마치고 북단장 거실에서 찍은 기념사진(1938년), 유족 소장.
왼쪽부터 이상범, 박종화, 고희동, 안종원, 오세창, 전형필, 박종목, 노수현, 이순황.

 상량식이 끝난 후 전형필은 북단장 거실에서 스승 오세창, 오세창을 만나게 해준 휘문고보 스승 고희동, 민족과 역사에 눈을 뜨게 해준 외종형 박종화, 한남서림을 운영하는 전속 거간 이순황, 꾸준하게 교분을 나눠온 화가 이상범, 노수현과 함께 기념사진을 찍었다.
 상량식을 마치고 한 달 후, 4년에 걸친 공사 끝에 마침내 박물관이 완공되었다. 우리 민족문화의 보물창고이자 현재 간송미술관 건물이다. 오세창이 '빛나는 보배를 모아두는 집'이라는 의미에서 '보화각葆華閣'이라는 이름을 지었고, 주춧돌에 이렇게 썼다.

 무인년(1938) 윤 7월 5일에 전형필 전군의 보화각 상량식이 끝났다. 내

상량식 후 한 달 만에 완공된 보화각의 모습. 유족 소장.

가 북받치는 기쁨을 이기지 못해 이에 명銘을 지어 축하한다. 우뚝 솟아 화려하니, 북곽北郭을 굽어본다. 만품萬品이 뒤섞이어, 새집을 채웠구나. 서화 심히 아름답고, 옛 골동품古董은 자랑할 만하다. 이곳에 모인 것들, 천추의 정화로다. 근역의 남은 주교舟橋로, 고구攷究 검토할 수 있네. 세상 함께 보배하고, 자손 길이 보존하세. 위창 오세창.

이렇게 조선 최초의 사설 박물관이 문을 열었어도, 〈동아일보〉와 〈조선일보〉에는 단 한 줄의 기사도 실리지 않았다.

3월부터 중학교에서 조선어 과목을 폐지했고, 4월에는 전시 또는 전쟁에 준하는 사변의 경우 인적·물적 자원을 통제하고 운용한다는 '국가 총동원법'을 만들어 조선인 강제 징용과 징집 준비를 시작하는 상황이었으니, 찬란한 문화유산을 감상하며 민족의식을 고취할 수 있는 개인 박물관에 허가를 내줄 리 없었다.

전형필은 종로 4가 집에 있던 수장품을 보화각으로 옮겨 진열하기 시작했다. 아무도 올 수 없는 박물관이었지만 그림과 글씨는 벽에 걸고 도자기는 진열장에 넣었다. 그동안 꾸준하게 모은 옛책도 새로 장만한 서가 '간송문고'에 가지런히 정리했다. 집에 가는 날보다 북단장에 머무는 날이 많았다.

북단장의 아침은 맑고 깨끗했지만, 그 주인의 마음은 허탈했다. 언젠가는 독립이 될 거라는 확신을 갖고, 선조들의 숨결과 역사의 흔적이 담겨 있는 서화 전적과 골동을 모았다. 그렇게 5년여가 지났건만 일제의 횡포는 날이 갈수록 심해졌고, 일본과 중국의 전쟁은 점점 전선이 확대되었다. 유럽도 히틀러와 무솔리니의 파시즘이 위력을 떨치면서 전 세계가 불안과 위기감에 움츠러들었다. 국내에서는 독립운동 단체인 신간회의 해산, 사회주의 문학인들의 검거 등 언론과 문화에 대한 일제의 탄압이 점입가경이었다.

지금까지는 스승 오세창처럼 '서화 골동에 미친 사람'으로 행세하고 있기에, 수집에 재산을 탕진한다는 비웃음을 받으면서도 조선총독부의 헌금 시달림에서 벗어날 수 있었다. 사회주의와 민족주의 진영으로부터도 마찬가지였다. 자금이 필요한 지하활동가들이 가끔 오동나무 상자를 들고 귀가하는 그에게 돈을 내놓으라고 애원을 하거나 협박을 하기도 했다.

"미안하오. 내가 이 사금파리를 사느라 돈이 없소. 이거라도 가져가시겠소?"

전형필이 오동나무 상자를 건네면 투덜거리며 그냥 가버리는 이도 있고, 골동품이라도 좋다며 들고 가는 이들도 있었다. 그 물건은 돌고 돌아 다시 전형필에게 왔다.

전형필은 문갑에서 종이와 물감을 꺼내 서안 위에 놓고 붓대를 들었다. 조그만 바위 옆에 소나무와 단풍 든 나무 한 그루, 조그만 초가집과 북단장에서 안개 너머로 보이는 남산을 슬쩍 그려넣었다.

붓대에서 손을 뗀 전형필은 그림이 마음에 드는 듯 고개를 끄덕이더니 그림 왼편 위에 '고당추효(古塘秋曉, 오래된 연못가의 가을 새벽)'라고 화제를 쓴 다음 '간송(澗松)'이라고 관서했다.

전형필이 며칠 만에 집에 오자 아홉 살 난 큰딸 명우와 다섯 살 성우가 아버지를 반겼다. 전형필은 오랜만에 아이들의 재롱을 보며 생각에 잠겼다.

'내가 모으다 해방을 못 본다고 해도 너희들 대에서는 해방이 되겠지. 그래, 길게 보자. 나는 열심히 모아 지키고, 훗날 좋은 시절이 오면 너희들이 세상에 알려라. 고려청자의 아름다움을, 조선백자의 단아함을, 신라와 고려 석탑의 당당함을, 학문이 깊어 아름다운 활자로 책을 만들어냈음을, 진경산수로 조국의 산천을 그려낸 겸재 정선이 있었음을, 꽃과 나비를 사랑한 현재 심사정이 있었음을, 시대의 풍속을 그려낸 단원 김홍도와 혜원 신윤복이 있었음을, 추사 김정희와 같은 명필이 있었음을, 우리의 문화와 역사가 결코 초라하지 않았음을…… 내가 알리지 못하

전형필, 〈오래된 연못가의 가을 새벽〉, 종이에 옅은 채색, 24×27.3cm, 간송미술관 소장.

면 너희들이 알려라. 앞으로도 계속 모으고 지킬 테니, 내가 왜 조선의 역사와 문화의 흔적들을 미친 듯이 모았는지 너희들의 세상에서라도 알려다오.'

아이들과 그렇게 하루를 보내며 마음을 다잡은 전형필은, 다음 날 아침 한남서림으로 갔다. 지난 며칠 동안 들어온 서화를 살피고 있는데, 이순황이 평양의 대수장가인 유방維邦 김찬영(金瓚永, 1893~1960)이 수장품을 처분하고 있으니 평양을 다녀왔으면 좋겠다고 했다.

김찬영은 평양 3대 거부 김가산의 장남으로 고희동, 김관호에 이어 세 번째로 도쿄 미술학교에 유학해서 서양화를 배운 화가였다. 그러나 1917년 귀국한 후에는 더 이상 그림을 그리지 않고, 김관호와 함께 삭성 미술연구소를 개설해 후진 양성에 힘을 쏟았다.

그림을 포기한 김찬영은《창조》,《영대》,《폐허》등 문예지의 동인으로 활동을 하면서 문학비평을 했다.《창조》가 휴간된 후에는 평양에 살던 소설가 김동인과 대동강가에서 낚시질을 하면서 물려받은 재산으로 서화 골동품을 수집하기 시작했다. 조선미술관의 오봉빈은 그의 수장품의 격이 높다고 칭찬을 아끼지 않았다. 그런 그가 어떤 연유에서인지 수장품을 일본 경매를 통해 처분하기 시작했고, 이순황이 그 소식을 들은 것이다.

일주일 후, 평양에서 돌아온 이순황이 북단장에서 수집품을 정리하고 있는 전형필을 찾아왔다.

"먼 길 다녀오느라 수고 많으셨소. 소문대로 좋은 작품이 많습디까?"

"얼마 전 도쿄 경매에 내놓은 건 일부고, 아직도 좋은 물건이 꽤 많았습니다. 가장 탐나는 건 삼국시대 불상입니다."

전형필은 눈이 둥그레졌다. 삼국시대 불상은 희귀하고 연대가 일러 유물적 가치를 가장 높게 친다. 그러나 불상은 대부분 폐사지나 그 부근에서 발견되기 때문에, 발견 3일 안에 신고해야 하는 '고적급 유물 보존 규칙'이 적용되고 있었다. 물론 일본인들 사이에서 암암리에 거래되는 것은 눈을 감아줬지만, 조선 사람에게는 불법 취득의 잣대를 엄격하게 적용했다. 그래서 일제강점기에 발행된 《조선 고적도보 朝鮮古跡圖譜》에 소개된 불상의 경우, 수장자가 모두 일본인이다. 조선 사람은 단 한 명도 없다. 그리고 현재 도쿄 박물관에만 48점의 삼국시대와 고려시대 불상이 있고, 일본 전체에서 공개된 불상은 200점이 넘는다. 비공개 개인 수장 및 사찰 수장까지 합하면 그 수는 훨씬 많을 것이다. 우리나라에 남아 있는 수보다도 많을지 모른다.

이런 연유로 전형필은 그때까지 삼국시대 불상을 한 점도 구입하지 못했다.

"그렇게 귀한 불상을 수장하고 있단 말이오?"

"저도 처음엔 깜짝 놀랐습니다. 그런데 그 양반 말씀이, 평양에서 '화천당'이라는 골동품 상점을 하고 있는 김동현으로부터 은밀하게 구입했다고 합니다. 김동현은 평양 출신으로 평양 인근의 낙랑과 고구려 유물을 전문으로 취급하고 있지만, 그중에서도 불상 감식안이 뛰어나다는 소문이 자자한 골동품상입니다."

김동현. 불상 감식의 대가로, 평생을 불상과 함께 살았다고 해도 과언이 아닌 인물이다. 일제강점기에 수장하고 있던 불상 몇 점을 지키기 위해 많은 고초를 겪었고, 한국전쟁 때는 그 불상을 가지고 서울로 남하하다가 죽을 고비를 넘기기도 했다.

"불상도 종류가 여러 가지인데, 어떤 불상이오?"

"하나의 커다란 광배光背를 배경으로 중앙에 본존불, 양옆에 협시불을 배치한 삼존불三尊佛입니다."

이순황은 잠시 말을 멈추고 호주머니에서 종이를 꺼냈다.

"이 불상이 보물인 이유는, 광배 뒷면에 '계미년십일월일일 보화위망부조귀인조癸未年十一月一日 寶華爲亡父趙貴人造'라는 조상기造像記가 음각되어 있기 때문입니다. 계미년이라면 563년인데, 고구려로 보면 평원왕 5년, 백제는 위덕왕 10년, 신라는 진흥왕 24년입니다. 출토지는 백제 지역이라고 알려졌지만, 양식으로는 고구려 계열이기 때문에, 정확히는 알 수 없다고 했습니다."

이순황의 설명을 듣던 전형필은 비슷한 불상을 본 것 같은 생각에 잠시 기억을 더듬었다.

"그렇다면 세키노 다다시가 《조선 미술사》에서 소개한 삼존불과 거의 같겠구려."

《조선 미술사》는 《조선의 건축과 예술》보다 더 많은 석탑과 불상을 소개한 책이다.

"맞습니다, 간송. 그 삼존불과 거의 같다고 보시면 됩니다."

연대가 새겨진 삼존불이라면 굉장한 가치가 있는 삼국시대 불상이고, 김동현에게서 구입했다면 진위는 믿어도 좋을 것이다.

"그런데 재산도 넉넉한 양반이 왜 그동안 정성껏 모은 수장품을, 조선도 아닌 일본에서 처분하는지 이해가 안 되는구려."

지난번 송은 이병직에 이어 또 한 사람의 조선인 수장가의 수집품이 뿔뿔이 흩어지는 게, 전형필로서는 몹시도 안타까웠다.

"저도 그게 이해하기 힘들었는데, 직접 만나 이야기해보니, 해방이 끝내 될 것 같지 않아 자포자기하는 심정인 것 같았습니다. 이왕 처분하기로 마음먹은 바에야 일본에서 처분해야 돈을 더 많이 받으니까요. 지난번 도쿄 경매에서 처분한 게 17만 원이라고 했습니다. 그래도 불상만큼은 조선에 남았으면 좋겠다고 하더군요."

17만 원이면 기와집 170채, 역사를 지키는 일이 더 이상 의미가 없다며 부귀영화를 택한 것이다. 개인으로서는 편안한 선택이었을지 모르지만, 그가 일본에서 처분한 명품들은 고국으로 돌아오지 못했고, 훗날 그는 아편 중독자가 되었다. 돈은 있으나 할 일을 찾지 못해 그렇게 된 것이리라.

"그 정도 불상이면 값이 상당할 텐데……."

"예…… 가격을 아주 호되게 부릅니다. 간송도 큰 결심을 해야 할 정도로……."

이순황은 한숨을 내쉬며 전형필을 바라보았다. 그가 아무리 배포가 크다고 해도, 박물관도 아직 허가가 나지 않은 상태에서 고려청자 명품보다 다섯 배 이상 비싼 불상을 구입하기로 마음을 먹기란 쉽지 않을 것이었다.

"괜찮소. 일단 말해보시오."

"10만 원을 불렀습니다."

전형필의 얼굴에 당혹감이 스쳤다. 아무리 삼국시대 불상이라지만, 해방이 되기까지는 꽁꽁 숨겨둬야 할 텐데, 10만 원이라니! 전형필은 아무런 말도 하지 못한 채, 그게 정상적인 가격이냐는 표정으로 이순황을 바라보았다.

"제가 평양에 다녀와서 신보 선생을 만나 가격을 좀 알아봤습니다. 세키노의 책에 소개된 삼존불을 현재 수장하고 있는 이토 마사오伊藤愼雄에게 판 골동품상이 바로 천학매병을 놓친 아마이케인데, 세키노가 고구려 불상이라고 밝히자 15만 원까지 본 사람이 여럿이지만 팔지 않았다고 하더군요. 또 현재 고구려시대 삼존불은 이토의 수장품이 유일하다고 합니다."

세키노 다다시가 《조선 미술사》에 소개한 불상은 '금동 신묘명 무량수삼존불 입상金銅辛卯銘無量壽三尊佛立像'이다. 1930년 봄, 황해도 곡산에서 불상을 발견한 농부가 법을 지키겠다고 평양 경찰서에 불상을 들고 나타나자, 고등계 형사이자 장물아비였던 나카무라 신자부로中村眞三郎가 접수증 대신 400원을 건네고 착복했다.

그러나 당시만 해도 우리나라 삼존불은 전혀 발견되지 않았을 때라, 보는 사람마다 중국 불상이라고 했다. 낙담한 나카무라는 좋은 장물이 있나 살피러 온 아마이케에게 사정해서 800원에 넘겼고, 아마이케는 자신의 단골인 동양제사東洋製絲 사장 이토에게 3천 원에 넘겼다.

그런데 1902년부터 우리나라 고적을 답사해온 세키노가 광배 뒷면에 새겨진 글씨를 보고, '다섯 명의 도반이 스승과 부모를 위하여 고구려 평원왕 13년(571)에 만든 고구려 삼존불'이라고 《조선 미술사》를 통해 밝혔다. 이렇게 책에 소개되자 불상의 값은 천정부지로 뛰었고, 처음 거래부터 연결된 사람들이 모두 일본인이었기 때문에 불법 취득 또한 면죄부를 받았다.

이순황의 설명을 듣던 전형필은 잠시 생각에 잠겼다. 수장 가치가 높다고 해도, 언제 세상에 내놓을 수 있을지 모르는 유물을 기와집 100채 값에 구입하는 문제를 쉽게 결정할 수는 없었다. 워낙 액수가 컸으므로 전형필은 며칠 더 고민해보기로 했다.

전형필은 세키노 다다시의 《조선 미술사》와 삼국시대부터 고려시대까지의 불상이 소개된 《조선 고적도보》 3권과 5권을 살폈다. 고미야 미호마츠小宮三保松 5점, 세키노 다다시 4점, 야마네 세이지山根正次 2점, 모리 가쓰지森勝次 2점, 데라우치 마사타케寺內正毅 2점, 야마나 도시타로山名繁太郎 2점, 그리고 가와하라 겐노케河源健之助, 오카쿠라 가즈오岡倉一雄, 마시키 나오히코正木直彦 등 수많은 일본인이 한 점씩 수장하고 있었다.

전형필은 억장이 무너졌다. 좀처럼 화를 낼 줄 모르는 그였지만, 가슴 속에서 불이 일어 얼굴이 화끈거렸다. 전형필은 몸에서 치솟는 열기를 참지 못하고 뜰에 나가 차가운 공기를 들이마시며 생각에 잠겼.

이순황의 말대로, 삼국시대 삼존불은 이토가 수장하고 있는 고구려 삼존불 한 점뿐이었다. 김찬영의 수장품이 백제 불상인지 고구려 불상인지는 확실치 않지만, 연대는 이토의 삼존불보다 앞서기 때문에 수장 가치는 충분했다. 비록 지금은 박물관에 진열할 수 없는 불상이긴 해도, 어렵게 나타난 삼국시대 삼존불이 일본인의 손에 넘어가도록 그냥 두고볼 수는 없었다.

문제는 가격이었다. 아직 학술적으로 검증되지 않았고 출토지가 불분명하니, 10만 원은 무리한 가격이었다. 그러나 또 한편으로는 이런 생각도 들었다. 김찬영이 가능하면 조선 사람에게 넘기고 싶다고 했다지만,

금동 계미명 삼존불, 높이 17.7cm, 563년, 국보 제72호, 간송미술관 소장.

이미 일본 경매를 통해 수장품 일부를 처분했으니, 그가 납득할 수 있는 가격을 제시하지 않으면 일본인에게 넘길 가능성도 있었다.

이틀을 고민하던 전형필이 한남서림으로 갔다.
"가격을 조정해볼 수 있겠소?"
이순황이 고개를 끄덕였다.
"가격 조정이 영 불가능할 것 같지는 않습니다. 간송이 생각하시는 가격이……?"
"7~8만 원. 이 선생이 평양에 한 번 더 가서, 먼저 화천당의 김동현 씨에게 연도를 확인해보세요. 만약 물건이 틀림없고, 가격 조정이 잘 되면 연락하시고. 그럼 내가 바로 준비해서 가겠소."
최근 전형필은 박물관 허가 문제 때문에 골머리를 앓고 있었다. 이순황은 박물관 허가와 관계없이 수집을 계속하려는 전형필의 굳은 의지를 보았다.

이순황의 연락을 받고 택시를 전세내 평양으로 간 전형필은 흐뭇한 미소로 삼존불을 바라보았다. 연꽃이 새겨진 연화대蓮華臺 위에 부처가 있다. 깨우침을 얻겠다고 발아래 엎드린 중생들을 바라보는가, 온화한 표정의 얼굴이 아래를 굽어보고 있다. 구름을 타고 천상의 세계를 가시려는가, 광배에는 하늘을 향한 구름이 가득하다. 광배의 끝은 연꽃 봉오리처럼 뾰족하고, 양옆에 매달린 듯 서 있는 협시불도 중생들을 바라보고 있다.
광배 뒷면에 '보화위망부조귀인寶華爲亡父趙貴人'이라고 씌어 있으니,

돌아가신 아버지 조 귀인이 연꽃세상으로 극락왕생하기를 바라는 자식들의 염원을 담은 삼존불이다.

김찬영은 전형필에게, "나는 실패한 수집가가 되었지만 당신이 끝까지 지켜달라"며 흔쾌히 7만 원에 양보했다.

"이왕 온 김에 대동강에서 뱃놀이나 하면서 며칠 묵었다 가시오. 내가 대접하리다."

김찬영이 권했지만 전형필은 정중히 사양하고 타고 온 택시를 타고 그날로 돌아왔다.

광복이 되기까지 삼국시대 삼존불은 공개할 수 없었다. 1962년 12월 20일, 이 삼존불은 '금동 계미명 삼존불 입상'이라는 이름으로 국보 제72호로 지정되었지만, 전형필은 그 소식을 듣지 못한 채 같은 해 1월 26일 세상을 떠났고, 삼존불은 현재 간송미술관에 수장되어 있다.

구제와
교육사업

구 제 와
교 육 사 업

해가 바뀌어 1939년이 되었다. 창랑 장택상이 수장품을 처분하기 시작했다. 장안의 조선인 수집가들과 '사랑방 모임'이라는 동호회를 만들어 저녁마다 조선의 서화와 도자기의 아름다움을 예찬하고, 신문과 잡지에 자신의 수장품이 1천 점이 넘는다며 큰소리치던 그였다. 그런 장택상이 경성 미술구락부에 수장품을 팔겠다고 출품했지만, 그가 열성을 다해 모은 명품 조선백자는 이미 문명상회라는 골동품 상점을 통해 일본에서 처분했기 때문에 출품작은 빈약했다. 어쨌든 이 경매에서 전형필은 추사 김정희의 그림에 석파 이하응이 글씨를 쓴 〈지란병분芝蘭竝芬〉을 낙찰받았다.

"평양 김찬영 선생은 불상만이라도 이 땅에 남기고 싶다고 했는데, 창랑은 명품은 다 일본인에게 넘겼군요."

이순황이 볼멘소리를 했다. 전형필도 입이 썼다. 관록이 있는 수집가라면 모름지기 자기 역사와 문화에 대한 각성이 있어야 하지 않을까?

"순애야, 김중배의 다이아몬드가 그렇게도 탐이 나더냐? 에이, 악마! 매춘부!"

이수일은 1913년 〈매일신보〉에 연재된 '장한몽'에서 심순애에게 외쳤다. 그러나 세상이 점점 물질만능주의와 패배주의로 흐르면서 다이아몬드는 사랑뿐 아니라 민족도 버리게 했다. 장택상이 명품 조선백자를 문명상회에 넘긴 것도 바로 그 다이아몬드 반지 때문이었다.

문명상회 주인은 이희섭이라는 조선인이었다. 아현동에서 유기점을 하는 부친을 도와 행상을 하면서 도자기에 눈을 뜬 그는 일제 강점 이후 골동품계의 거상이 되었다. 그가 시청 동쪽의 2층 건물에서 장사를 할 정도로 거상이 될 수 있었던 것은, 1934년부터 일본에서 대규모 판매 전시회를 열어 막대한 수익을 남겼기 때문이었다.

조선총독부는 조선의 불상, 석조물, 고려자기, 조선백자를 일본에서 판매하겠다는 이희섭의 제의를 쌍수를 들어 반겼고, 공식적으로 후원했다. 그래서 도록에 조선 총독뿐 아니라 정무 총감, 조선 주둔 일본군 사령관의 축하글이 실리기도 했다.

1941년까지 계속된 이희섭의 전시회에 출품된 조선의 유물은 무려 1만 4천 점이 넘는다. 한 번 전시회에 최소 1,250점부터 최대 3,500점까지 어마어마한 수가 출품되었고, 그가 벌어들인 돈도 엄청났다.

그런 이희섭이 명품 조선백자를 많이 수장하고 있는 장택상에게 접근했다. 장택상은 거절했다. 그러자 이희섭은 장택상의 부인에게 2캐럿짜리 다이아몬드 반지를 선물했다. 옛말 그른 것 없다고, 장택상은 부인의 '베갯머리송사'에 명품 조선백자를 이희섭에게 넘기기 시작했다. 이희섭은 장택상에게 6천 원 주고 산 도자기를 일본에 가서는 3만 원에

1939년 제6회 조선 고미술 일본 전시회 홍보물, 국립 중앙박물관 도서실.

팔았다. 현재까지 장택상 구장舊藏으로 확인된 국보급 명품만 8점이고, 국보급에 조금 못 미치는 백자의 수는 훨씬 많다.

당시 이희섭의 가장 큰 고객은 아타카 산업 주식회사의 아타카 에이이치安宅英一였다. 아타카는 이희섭으로부터 명품 도자기뿐 아니라 그보다 조금 못 미치는 도자기 수백 점을 구입했고, 그 도자기들은 훗날 '아타카 컬렉션'이라는 이름으로 오사카 시립 동양도자 미술관에 기증되었다. 현재까지 127점이 공개되었는데, 그중 12점은 "국내에서는 도저히 볼 수 없는 초국보급"이라는 평가를 받았다.

전형필은 그런 이희섭을 경멸하면서도, 그가 취급하는 도자기 중에 명품이 많아 일본 전시회에 신보를 보내서 몇 점씩 구입하곤 했다.

이희섭과 신보는 둘 다 경성 미술구락부의 주주였기 때문에, 전형필의 대리인인 줄 알면서도 거래를 한 것이다. 실낱같이 남아 있던 민족의식이었는지, 아니면 신보가 경성 구락부 이사회 간부였기 때문인지는 그만 알 뿐이다.

경성 미술구락부 경매에서 장택상이 출품한 추사의 작품을 낙찰받고 얼마 후, 신보에게서 상의할 물건이 있다는 연락이 왔다.

"문명상회 이희섭이 올해 11월 일본에서 대대적인 전시회를 연다고 합니다."

전형필은 신보가 '대대적'이라는 단어를 쓸 정도면 이제까지의 전시회보다 규모가 꽤 큰 모양이라고 생각했다.

"무려 3,500점이랍니다."

그야말로 엄청난 수였다. 그만큼 벌었으면 이제 그만할 때도 됐는데, 돈 욕심은 끝이 없다는 말을 실천이라도 하듯 반출 규모를 점점 더 늘리는 그에게 분노가 일었다. '문화 매국노'라는 말이 떠올랐다.

전형필은 떨리는 가슴을 진정시키며 신보에게 물었다.

"그 양반, 돈독이 제대로 오른 모양이오. 그 정도면 이번에도 명품이 엄청나게 많을 것 같은데, 무슨 소식이 있소?"

"제가 간송을 뵙자고 한 것은…… 이번에 전시되는 물건 중에 매우 진귀한 불상이 포함되어 있다고 합니다."

전형필은 지난해 삼국시대 삼존불을 구입한 후 신보에게 보여주면서, 앞으로 불상을 몇 점 더 수장하고 싶으니 은밀히 알아봐달라고 부탁했었다.

"어떤 불상이오?"

"예, 정확하게는 불상이 아니라, 아주 작은 절 안에 삼존불을 모신 불감입니다."

불감(佛龕, 불상을 모셔두는 방이나 집), 전형필로서는 처음 듣는 용어였다. 책에서도 본 기억이 없었다. 그러나 신보의 설명대로라면, 사찰 대웅전의 축소판인 것 같았다.

"매우 독특한 형태군! 크기는 어느 정도요?"

"절의 높이는 18센티미터, 삼존불의 높이는 10센티미터입니다. 주머니에 넣을 수 있을 정도로 작기 때문에 매우 정교합니다. 저도 불감은 이번에 처음 봤습니다."

18센티미터면 한 뼘 정도, 그렇다면 불상은 손가락보다 조금 더 클 것이다. 전형필은 그렇게 작게 절과 불상을 만들었다는 사실이 신기했다.

"정말 작구려. 무슨 용도로 그렇게 작게 만들었을까요?"

"그 불감을 이틀 전에 경성 구락부 간부 몇 사람과 함께 봤습니다. 중국 불감의 경우, 스님이나 불자들이 여행할 때 지니는 호신불이었다고 합니다. 그러나 이 불감은 절의 형태이니, 가정에서 예불을 드릴 때 사용했거나 옛 스님들이 개인 원불로 모시던 유물인 것 같다는 의견이 있었습니다. 물론 학술적인 견해는 아니지요."

"시대는 언제요?"

"고려시대일 거라고들 추측했습니다."

"출토지는 알려졌소?"

신보는 고개를 저었다.

"이(희섭) 상이 그건 자기도 모른다면서 함구했습니다. 구락부 사람들은 강화도에 고려시대 때 큰 절이 여럿 있었으니, 그중 어느 폐사지에서 나온 게 아닐까, 막연하게 추측만 했습니다."

전형필은 이희섭이 출토지를 모르고 구입했을 리 없고, 이미 그곳으로 사람들을 보내 부근까지 샅샅이 뒤졌을 거라고 생각했다.

"이 상이 이걸 구락부 간부들에게 먼저 보인 것은, 처음 나온 형태라 총독부에서 기증하라고 할까 봐 걱정이 되기 때문인 듯합니다. 물론 말은 그렇게 하지 않았지만, 저희는 그렇게 추측하고 있습니다."

전형필은 이희섭이 불감을 미리 공개한 이유가 이해되면서, 역시 그다운 장삿속이라는 생각이 들었다.

"그런데 이 상이 아직 사진도 주기 전에 제가 간송을 뵙자고 한 건, 가능하면 이 불감을 수장하셨으면 좋겠다고 생각하기 때문입니다. 사진이 일본으로 가면 즉시 임자가 나올 정도로 희귀한 보물입니다. 물론 요구하는 액수도 엄청납니다."

"얼마를 부릅니까?"

전형필이 긴장한 목소리로 물었다.

"이 상은 이번에 전시하는 삼국시대 불상의 값을 20만 원으로 정했지만, 이 불감은 비공개로 파는 것이고 또 구락부 간부들과의 관계를 생각해서 15만 원만 받겠다고 했습니다. 간부들 얘기로는 30만 원 가치는 충분하다고들 합니다. 모두들 단골들에게 연락을 할 눈치였습니다. 15만 원이 큰돈이긴 하지만, 저는 간송이 꼭 수장하셨으면 좋겠습니다."

신보의 이야기는 거의 강권하는 분위기였다. 전형필은 다시 한 번 불감의 형태를 머릿속에 그려보았다. 그런 형태의 불교 유물은 어디서도 본 기억이 없었다. 게다가 신보가 이렇듯 강권할 때는 그만한 가치가 충분하고 다른 간부들의 움직임이 심상치 않기 때문일 거라는 생각이 들었다.

전형필은 잠시 소파에 몸을 기댄 채 생각에 잠겼다. 15만 원은 전형필로서도 큰돈이었고, 이제까지 구입한 수장품 중 가장 높은 금액이었다. 그러나 신보의 안목과 판단이 틀린 적은 없었다.

전형필은 눈을 감은 채, 신보가 천학매병을 소개했을 때를 떠올렸다. 그때 신보의 권유를 받아들이지 않았거나 결정을 조금이라도 미뤘다면, 천학매병은 아마 일본인 무라카미의 수장품이 되었을 것이다. 물론 그때는 2만 원이었고 지금 불감은 15만 원이지만, 일본 수장가 중 그 정도를 지불할 능력이 있는 사람은 한둘이 아닐 것이다.

전형필은 그동안 신보를 믿고 수집해서 후회가 없었듯이, 이번에도 그의 권유를 따르는 것이 처음 나타난 불감을 일본으로 보내지 않고 이 땅에 보존하는 길이라고 결론을 내렸다. 그리고 소파에 기댔던 허리를 곧추세우며 말했다.

"신보 선생! 이제까지 나는 신보 선생의 권유를 따랐다가 후회한 적이 없습니다. 더 생각할 것도 없습니다. 오늘 저녁에 이희섭 씨를 만나 가격을 조정해보시고, 되면 되는 대로 안 되면 안 되는 대로 알려주세요. 여기도 좋고 제 집도 좋고 문명상회도 좋고…… 오라는 대로 가겠습니다."

신보는 놀란 눈빛으로 전형필을 바라보았다. 그는 사실 부르는 값이 엄청난데다, 전형필이 이미 삼국시대 삼존불을 수장하고 있었기 때문에, 큰 기대를 하지는 않고 있었다. 그런데 자신에 대한 믿음으로 이렇게 빨리 결정했다니, 놀라지 않을 수가 없었다.

물론 불감은 이희섭과 거래하는 것이니 공개해도 문제가 생기지 않겠지만, 박물관은 아직 허가를 받지 못했다. 그렇다면 박물관이 문을 열

수 있을 때, 언제가 될지 알 수 없는 그때 진열하기 위해 15만 원이라는 거금을 주고 수장하기로 결정한 것이다.

이희섭은 신보가 찾아와 불감을 구입하겠다는 전형필의 의사를 전하자, 그 배포에 깜짝 놀랐다. 그러나 그는 전형필에게 파는 것이 아니라 신보에게 파는 거라고 선을 그었다. 그리고 신보가 자신의 구전은 받지 않겠다고 하자, 한참을 생각하다 12만 원으로 깎아주었다. 일본인이 구입해 공개했을 경우에는 총독부로부터 괘씸하다는 소리를 들을 염려가 있지만, 전형필에게 가면 소문이 나지 않을 테니 뒤가 깨끗할 것이었다. 더욱이 신보가 구전을 받지 않겠다면서 가격을 조정해달라고 하는데, 전형필과 비교돼 "같은 조선인이 너무 야박하게 군다"는 소리는 듣기 싫어 나름대로 선심을 쓴 것이다. 그러나 신보는 자신이 구전을 받지 않았다는 사실을 전형필에게 밝히지 않았다.

다음 날, 전형필은 신보가 종로 4가 집으로 가지고 온 불감을 바라보며 감탄을 금치 못했다.

청자 기와로 만든 사찰을 작게 줄인 것일까? 지붕에는 녹청색 칠이 남아 있다. 앞에 넓은 창이 있어 안에 있는 삼존불이 잘 보이도록 만든 사찰이다. 지붕 위 용마루 양쪽 끝에는 치미(鴟尾, 전각이나 문루 등 전통 건물의 용마루 끝머리에 얹는 장식 기와)가 있고, 그 아래 네 귀마루 위에는 막대기 모양의 봉두형棒頭形 장식이 두 개씩 붙어 있다. 네 처마 귀에는 풍탁風鐸을 달았을 것으로 추정되는 구멍이 남아 있는, 전형적인 신라 말기 혹은 고려 초기의 전각 형태다.

금동 삼존 불감, 전체 높이 17.8cm, 불상 높이 9.7cm, 11세기, 국보 제73호, 간송미술관 소장.

감龕 안에는 본존불과 양옆에 협시불을 모셨는데, 밖으로 꺼낼 수 있게 만들어졌다. 도금색이 찬란하게 남아 있는 중앙의 본존불은 사각형 대좌 위에 결가부좌하고 있다. 오른손은 위로 들어서 시무외인施無畏印 했고, 왼손은 무릎을 짚은 촉지인觸地印인데, 이는 통일신라시대 불상에서 보이는 수인手印이다.

높이 10센티미터에 불과한 불상에 광배를 만들어 붙이고, 협시보살의 머리카락寶髮을 양어깨까지 늘어뜨리고, 법의法衣의 주름까지 새겨넣었으니, 불심佛心 깊은 장인의 솜씨리라.

신보는 넋을 잃고 불감을 들여다보는 전형필을 바라보며, 보화각의 박물관 허가가 빨리 떨어지기를 기원했다. 그러나 보화각은 해방이 되어 일제강점기가 끝날 때까지 공개되지 못했고, 불감은 전형필이 세상을 떠난 후 삼국시대 삼존불과 같은 날 국보 제73호로 지정되었다.

전형필은 불감을 안방에 두고 아침저녁으로 바라보았다. 아내도 작은 절 안에 모셔진 삼존불이 신기한 듯 자주 들여다보며 빙그레 웃음을 지었고, 명우와 성우는 아기부처님이라며 깔깔 웃었다.

어느 날 아침, 아내가 시어머니를 안방으로 모시고 와 불감을 보여드렸다. 어머니가 불감을 신기한 듯 꼼꼼히 살피자, 전형필이 삼존불을 꺼내 불감 옆에 놓았다. 어머니는 삼존불을 보더니 두 손을 모아 합장하고 몇 번 절을 올렸다.

"누가 만들었는지 참 정성스럽게 만들었구나. 이 부처님도 귀한 부처님이냐?"

얼마나 비싼 것인지 묻는 것이다.

"예, 어머니. 이렇게 작은 집에 모셔진 부처님은 이분밖에 없습니다."

전형필이 빙그레 웃으며 대답했다.

"그런 귀한 부처님을 모셨으니, 집안의 복이다, 복."

"어머니께서 그렇게 말씀해주시니 감사합니다. 모두 아버님과 조상님들 덕분입니다."

"그래, 그야 그렇지. 그런데 아범!"

전형필이 고개를 돌려 어머니를 바라보았다.

"이렇게 귀한 분을 모셨으면, 복을 받으려고만 하지 말고 베푸는 덕을 쌓아야 하지 않겠나. 그래야 복이 참복이 되고 길게 이어진다고 했어."

전형필은 어머니의 말이 집에서 일하는 사람들에게 좀 더 신경을 쓰라는 뜻인 줄 알았다. 그러나 그 말에는 더 깊은 뜻이 담겨 있었다.

"사실 내가 그동안 아범이 주는 용채(용돈)를 모아 조금씩 도와온 양로원이 있는데, 자식들이 연해주로 간도로 간 후 돌아오지 않는 노인네가 늘어나면서 양로원 살림이 영 힘들다고 하더구나. 그래서 내 아범한테 따로 이야기하려고 했는데…… 마침 이렇게 귀한 부처님을 모시게 되었으니, 덕을 쌓으라는 가르침을 주기 위해 우리 집에 오신 것 같구나."

전형필은 어머니의 말씀을 들으며, 앞만 보고 달려오느라 옆을 살피지 못했다는 부끄러움에 얼굴이 화끈거렸다.

"어머님 말씀을 들으니 소자 부끄러워 몸 둘 바를 모르겠습니다. 어느 양로원인지 알려주시면, 제가 들러서 필요한 조치를 하겠습니다."

"내가 아범 품성을 아니, 꼭 필요할 때 얘기하면 알아서 처리해주리라 믿었다. 효제동에 있는 동화 인보관에서 운영하는 양로원이니, 한번 들러 사정을 들어보거라."

전형필이 동화 인보관에 식량을 후원하기로 했다는 〈동아일보〉 기사, 1939년 6월 30일.

    동화 인보관은 사회사업에 뜻이 있던 이강혁李康爀이 1929년 설립해서, 경성 자혜원이라는 양로원과 고아원을 운영하던 사회복지 재단이다. 인보관隣保館이라는 명칭은, 당시 조선에 들어와 구제 사업을 하던 외국 선교 단체들이 만들었다. 영국과 미국에서 활발히 이루어지던 '구제운동settlement movement'을 '이웃끼리 서로 돕는다'는 뜻의 '인보隣保'로 번역하고, 그 정신을 계승한다는 의미에서 구제 단체를 '인보관'이라고 부른 것이다.

    어머니의 부탁을 받은 전형필은 그날로 동화 인보관을 찾아갔고, 양로원에 식량이 떨어지지 않도록 매해 기와집 한 채 값인 1천 원씩을 지원하기로 했다. 그 소식이, 전형필의 간곡한 만류에도 불구하고, 다음날 〈동아일보〉에 크게 보도되었다. 당시 미담 기사에는 독지가의 얼굴을 함께 싣는 것이 관례라, 기자들이 찾아와 사진을 찍으려고 했지만 전형필이 한사코 사양해 기사만 나갔다.

동화 인보관의 양로원은 전형필의 후원으로 해방이 될 때까지 유지되었다. 그러나 미군정이 시작되면서 모든 인보관에 폐쇄령이 내려졌다. 1930년대 후반부터 일제가 식민지 통치의 구호 사업을 선전하기 위해 경성 여러 곳에 설치했던 인보관을 폐쇄시키기 위한 조치였다. 그러나 개인의 후원으로 운영돼온 인보관에 대해서도 예외 조항을 두지 않아, 동화 인보관도 문을 닫아야 했다.

그렇게 여름을 보내고 가을이 시작되던 어느 날, 오세창에게서 집에 들러달라는 연락이 왔다. 전형필은 오랜만에 좋은 서화가 나왔나 싶어 급히 달려갔지만, 오세창이 만나자고 한 것은 서화 때문이 아니었다.

오세창은 한때 천도교가 운영하던 보성고보에서 현기장玄機長을 맡아 운영한 적이 있다. 그러나 천도교는 몇 년 후 재정 부족을 감당하지 못해 보성고보를 조선 불교 총무원(조계종 총무원)에 인계했다. 그런데 조선 불교 총무원이 교무원에 통합되면서 재정 지원을 하던 사찰들과 갈등이 불거졌고, 31본산(큰 사찰) 중 보성고보 운영을 위한 지정액을 납부하겠다는 사찰은 두 곳에 불과했다. 결국 보성고보는 1935년 재단법인 고계학원으로 넘어갔다.

고계학원은 교육 사업에 뜻이 있었지만 1926년 세상을 떠난 강원도 갑부 고계하高啓河의 유산으로 1934년에 설립된 재단이었다. 그러나 보성고보를 인수하면서 재정이 고갈되었고, 인수 다음 해에는 재단 내부에서 돈싸움이 벌어졌다. 잡지《사해공론四海公論》6월호에 '고계학원 재단 50만 원 분쟁의 진상기'라는 기사가 실릴 정도로 내분이 심했다. 그뿐 아니라, 조선총독부 학무국에서 촉탁囑託을 지내면서 일제에 협력하던 자가 재단 관리자로 임명되었다. 그는 10년 이상 재직해온 교사들을 축출하기 위해 '불령선인不逞鮮人'이라는 꼬리표를 달아 일본 경찰에 밀고하는 등 갖은 횡포를 부렸다. 이런 분란과 총독부와 결탁한 관리자의 횡포 속에 보성고보는 제3차 조선 교육령에 의해 5년제 보성중학교로 개편되었고, 1939년에는 더 이상의 재정 부족을 감당하지 못해 폐교 위기에 놓였다.

오세창이 이런 사정을 전해듣고 전형필을 부른 것이었다.

"자네에게는 큰 짐이지. 학교를 인수하려면 우선 거금이 필요하고, 인수한 후에도 적지 않은 자금이 들어갈 거야. 하지만 보성고보는 대한제국의 마지막 흔적이고 기미년 만세운동과도 인연이 깊은 학교일세."

전형필이 고개를 갸웃하자 오세창이 덧붙였다.

"보성고보는 1906년 대한제국 황실 재정을 총괄하던 내장원경內藏院卿 이용익 대감이 고종 황제의 칙명을 받아 세운 학교일세. 당시 고종 황제는 '나라를 지키려면 학교를 세워 인재를 길러야 한다'며, 학교 이름을 '널리 사람다움을 열어 이루게 한다'는 뜻을 가진 '보성普成'이라고 지어 하사하셨지. 이용익 대감이 항일운동으로 블라디보스토크에 망명했다가 분사憤死한 후, 천도교 재단에서 학교를 인수해서 끌어갔지만, 기미년 만세운동 때 천도교주 손병희 선생이 민족대표로 나섰고, 당시 보성고보 교장이던 최린을 앞세워 독립선언서를 학교에서 인쇄하는 등 독립운동과 관계가 깊은 학교라네."

"아, 그런 역사가 있군요."

전형필은 문득 아버지 전영기의 유훈을 떠올렸다. "잃어버린 나라를 찾으려면 배우면서 힘을 길러야 한다"고 말씀하시던 아버지, 옥포 전영기. 젊어서는 무관 벼슬로, 나이 들어서는 미곡상을 경영하는 세속의 사업가로 평생을 사셨지만, 힘은 칼이나 돈이 아니라 정신에서 나오고, 정신이 강해지려면 무조건 배워야 한다고 강조하셨다. 전형필에게는 "반드시 교육 사업을 하라"는 유언을 남기기까지 했다.

전형필은 한시도 아버지의 유언을 잊은 적이 없다. 다만 그동안 문화재 수집과 박물관 건축에 신경을 쓰느라 교육 사업을 잠시 뒤로 미뤄두었을 뿐이다. 그런데 대한제국 교육 의지의 상징이자 '민족학교'인 보성고보가 총독부의 농간으로 폐교 위기에 놓였다니, 자신이 인수해서 학교의 전통을 되살리고 싶은 의욕이 가슴속에서 불끈거렸다.

"선생님 말씀을 따르겠습니다."

전형필이 망설이는 기색 없이 선뜻 대답하자 오세창이 오히려 당황했다. 자신은 몇날 며칠을 고심하다가 힘들게 말을 꺼냈는데, 전형필이 무슨 생각으로 선뜻 대답을 하는지 모를 일이었다.

"자네, 학교 사업에 얼마나 큰돈이 들어가는지 알고 하는 대답인가?"

전형필은 담담한 표정으로 대답했다.

"예. 선생님이 천도교에서 재정 문제 때문에 학교 운영을 포기했다는 말씀을 하신 적이 있어서 짐작은 하고 있습니다. 그러나 선생님 덕분에 아버님의 유훈을 받들 수 있게 되었으니, 저로서는 학교 인수가 불감청 고소원입니다."

오세창은 다시 한 번 깜짝 놀라며 물었다.

"유훈이라니, 그건 또 무슨 말인가?"

전형필은 잠시 허공을 바라보았다.

"아버님은 돌아가시기 얼마 전, 운영난에 처한 가회동의 반도여학교를 인수하려고 하셨습니다. 매달 재정 지원을 하면서 학교 인수를 준비하다가 갑자기 돌아가셔서 그 뜻을 이루지 못하셨지만, 저에게 교육 사업을 통해 어려운 처지의 민족을 구할 수 있는 인재를 양성하라는 유언을 남기셨습니다."

"이런 인연이 있나……."

오세창은 그제야 전형필이 선뜻 대답한 게 이해된다는 듯 고개를 끄덕이며 말을 이었다.

"선대인도 훌륭하시고, 유훈을 받드는 자네의 효성도 갸륵하네. 그 힘든 일이 이렇게 쉽게 풀릴 줄 누가 알았겠나. 자네 선대인께 고맙고 또 고마울 뿐이네."

오세창은 흐뭇한 표정으로 전형필을 바라보았고, 전형필은 돌아가신 아버지의 뜻을 받들어 훌륭한 인재들이 마음껏 공부할 수 있는 학교로 재건하겠다는 결의를 다졌다.

전형필은 학교 인수를 위해, 친하게 지내던 은행가 장우식과 윤용섭 그리고 자신의 집에 거주하면서 공부할 수 있도록 편의를 봐준 경성제대 의학부 출신 의학박사 김승현을 교섭 대표로 내세웠다. 그러나 고계학원 재단 이사들 사이에 내분이 계속되어, 협상은 난항을 거듭했다. 이사들마다 인계에 대한 입장과 요구 조건이 달랐다. 대리인들은 몇 번이나 인수를 포기하자고 건의했지만 전형필의 의지가 워낙 확고했다.

협상은 계속됐지만 지지부진했고, 거의 1년이 지나서야 대체적인 합

전형필이 보성중학교를 인수하기 위해 재단법인 동성학원을 설립했다는 내용의 신문 기사.
〈동아일보〉 1940년 6월 27일.

의를 끝낼 수 있었다. 전형필은 황해도 연백평야의 금싸라기 논 6천 마지기를 매각해 만든 돈과 보관하고 있던 현금으로 자본금 60만 원의 재단법인 동성학원東成學園을 설립했다.

전형필은 이렇게 인수 준비를 마쳤다. 그러나 고계학원 측에서 내분이 계속되었다. 〈동아일보〉에서는 이틀 후 사설에서 고계학원을 향해 이렇게 썼다.

최근 60만 원의 재단으로 시내 혜화동에 있는 보성중학을 일수一手 인계키로 확정한 전형필 씨의 장거가 보도되었다. 이 길보吉報는 어찌 보성중학에만 한한 복음이랴. 실로 교육 조선의 전체가 스스로 축하하지 않으면 안 될 바이다. (……)

한동안 경영상 안정을 얻지 못하고 일부 물의를 일으키던 동교가 이제야 독실한 주인을 얻어 확고한 기초 위에 앉게 되었으니 동교의 금후는 오직 번성과 확충의 행운이 지속하고 있을 뿐이다. (……)

우리는 바라건대 동교의 종래 관계자는 아무쪼록 후계자의 성의를 일층 존중히 하여 인계에 관한 일체 조건을 유리히 타협하여 동교 전도에 주마가편적 호의를 표시하여주는 것이 우리 인사의 정당한 태도일 것이다.

이런 사설에도 불구하고 계약은 계속 미뤄지다가, 1940년 8월 7일에야 체결되었고, 10월 2일에 학교 인수 과정이 끝났다.

학교를 인수한 전형필은 학교 행정에는 일절 관여하지 않았지만, 교장과 수석 교원을 일본인으로 임명하라는 총독부의 압력을 막아내는 일에는 앞장섰다. 아울러 학교의 재정적 어려움을 해결하는 재단 이사장으로서의 소임에 충실하면서 기존의 12학급을 15학급으로 늘렸고, 이를 위해 매해 2만 5천 원의 개인 재산을 부담했다.

전형필은 그런 와중에도 수집을 게을리 하지 않았다. 또 학교 인수에 난항을 겪으면서도 1940년 2월 한남서림을 증축했다.

1940년 4월, 소문난 수집가였던 외과의사 박창훈이 더 이상 수집을 하지 않겠다면서 경성 미술구락부에 수장품을 내놓았다. 또 한 명의 조선인 대수장가가 수집을 포기한 것이다. 전형필은 이 경매에서 추사가

김정희, 〈침계〉, 종이에 먹, 42.8×122.7cm, 간송미술관 소장.

제자 윤정현으로부터 그의 호인 '침계梣溪'를 써달라는 부탁을 받은 후 '침' 자는 곧바로 썼으나, 그에 어울리는 '계' 자를 쓰는 데 30년이 걸렸다는 내용을 직접 기록한 〈침계〉를 비롯해 중요한 작품 몇 점을 낙찰받았다.

1941년에는 학교 교실을 증축했다. 11월에는 이희섭이 도쿄 중심가에 있는 다카시마야高島屋에서 제7회 '조선 고미술 공예 전람회'를 열고 총 3천 점의 서화 골동을 전시했다. 당시 일본은 군수산업 호황으로 경제 상황이 좋았고, 이희섭은 그런 분위기에 편승해 값을 호되게 책정했다. 전형필이 망설이자, 신보는 이희섭이 이번을 끝으로 더 이상 전시회를 개최하지 않겠다고 말했다는 사실을 알려주었다. 전형필은 신보를 보내 통일신라시대의 금동 불상 두 점을 구입했는데, 이 두 불상 역시 훗날 보물 제284호와 285호로 지정되었다.

이희섭은 과연 1941년 전시회를 끝으로 골동품계를 떠났다. 그는 그동안 모은 돈으로 자철석磁鐵石 매장량이 엄청날 것으로 추정되는 함경북도 무산의 철산鐵山을 샀다. 그러나 갖고 있던 돈뿐 아니라 은행 융자금까지 다 쏟아부었어도 광맥은 발견되지 않았다. 결국 백만장자 이희섭은 빚쟁이로 전락했고, 한국전쟁 때 서울에 숨어 있다가 임금을 받지 못한 인부들에게 발견되어 인민군 보위대로 끌려갔다. 그 후 이희섭을 본 사람은 없다.

전쟁이 끝난 후, 그가 전 재산을 바친 무산의 철산에서 무려 13억 톤이 매장되어 있는 자철광이 발견되었다.

금동 여래 입상. 높이 37.6cm. 7세기 중기. 보물 제284호. 간송미술관 소장.

금동 보살 입상, 높이 22.9cm, 7세기 전기, 보물 제285호, 간송미술관 소장.

1941년 12월 8일 아침, 일본은 하와이 주 오아후 섬의 진주만에 있는 미국 해군과 육군 기지를 선제 공격했다. 태평양전쟁이 시작된 것이다. 총독부 기관지 〈매일신보〉와 경성 라디오 방송은, 12척의 미 해군 함선을 침몰시켰고, 188대의 비행기를 격추 또는 파괴했다고 선전하면서 '황도정신 함양'과 '내선일체 강화'를 강조했다. 혹독한 수탈과 동원의 시작이었다.

훈민정음 해례본을
구하다

훈민정음 해례본을
구하다

1942년 새해가 밝았다. 전형필은 미국이 일본에게 속절없이 당하고만 있지는 않을 것이라고 생각했다. 당분간은 정치적·사회적으로 처신을 더 주의할 필요가 있었다. 그는 아무 일 하지 않아도 눈에 띄는 식민지 조선의 명사였다. 전형필은 눈 감고 귀 막고 입도 열지 않았다. 오로지 학교 내실을 다지는 일에만 매진하겠다고 다짐했다.

새해 휘호는 선친의 유훈을 기리는 의미에서 '고매한 기풍으로 어려운 처지에 있는 민족을 구할 수 있는 인재를 양성함'이라고 쓰고, 날씨가 풀리기를 기다려 강당 증축 공사를 시작했다.

그러나 세상은 그를 교육 사업에 매진하게 놔두지 않았다. 식량 배급제가 강화되고 일제의 수탈이 점점 혹독해지자 지방의 양반집에 전해 내려오던 옛책들이 쏟아져 나왔고, 그 책들이 한남서림으로 몰려든 것이다. 전형필은 그렇게 쌓이는 책들을 보며 참담함에 가슴이 떨렸다. 사는 게 오죽 힘들면 거간들이 쥐어주는 돈 몇 푼에 조상 대대로 내려오는 장서를 넘겼을까. 그 심정이 어떠했을까.

어느 날, 며칠 사이에 들어온 책들을 살피는데, 표지는 허름하지만 내용이 독특한 책이 한 권 보였다. 세로 28센티미터 가로 23센티미터의 목판본인데, 내용 중에 거문고 악보가 있었다.

전형필은 마음을 가다듬고 서문부터 읽기 시작했다.

1561년 장악원掌樂院에서 첨정僉正으로 근무하는 안상安瑺이, 악공을 시험하는 책에 가락 쓰는 법과 술대 쓰는 법이 없는 것을 안타깝게 여기고, 이를 보완하기 위해 악사 홍선종에게 합자보合字譜를 개수하게 하고, 악공 허억봉에게 적보笛譜를, 악공 이두금에게 장구보仗鼓譜를 만들게 하였다.

책은 크게 세 부분으로 이루어져 있었다.

첫 번째 부분은 서문에 이어진 내용으로, 거문고 그림과 평조, 우조평조, 평조계면조의 산형散形과 집시도執匙圖, 박보拍譜, 장구보仗鼓譜, 고보鼓譜, 적보笛譜 등 그림과 설명으로 구성되었다. 그리고 악보 보는 법, 소리 내는 법, 현 고르는 법이 소개되어 있었다.

두 번째 부분은 본문으로, 58쪽에 걸쳐 〈만대엽〉, 〈정석가〉, 〈한림별곡〉, 〈감군은〉, 〈북전〉, 〈여민락〉, 〈보허자〉, 〈사모곡〉 등의 악보를 소개했다.

마지막 세 번째 부분은, 당비파唐琵琶 그림과 비파의 탄법彈法, 조현법을 설명하는 그림과 〈비파만대엽〉의 악보로 구성되었다.

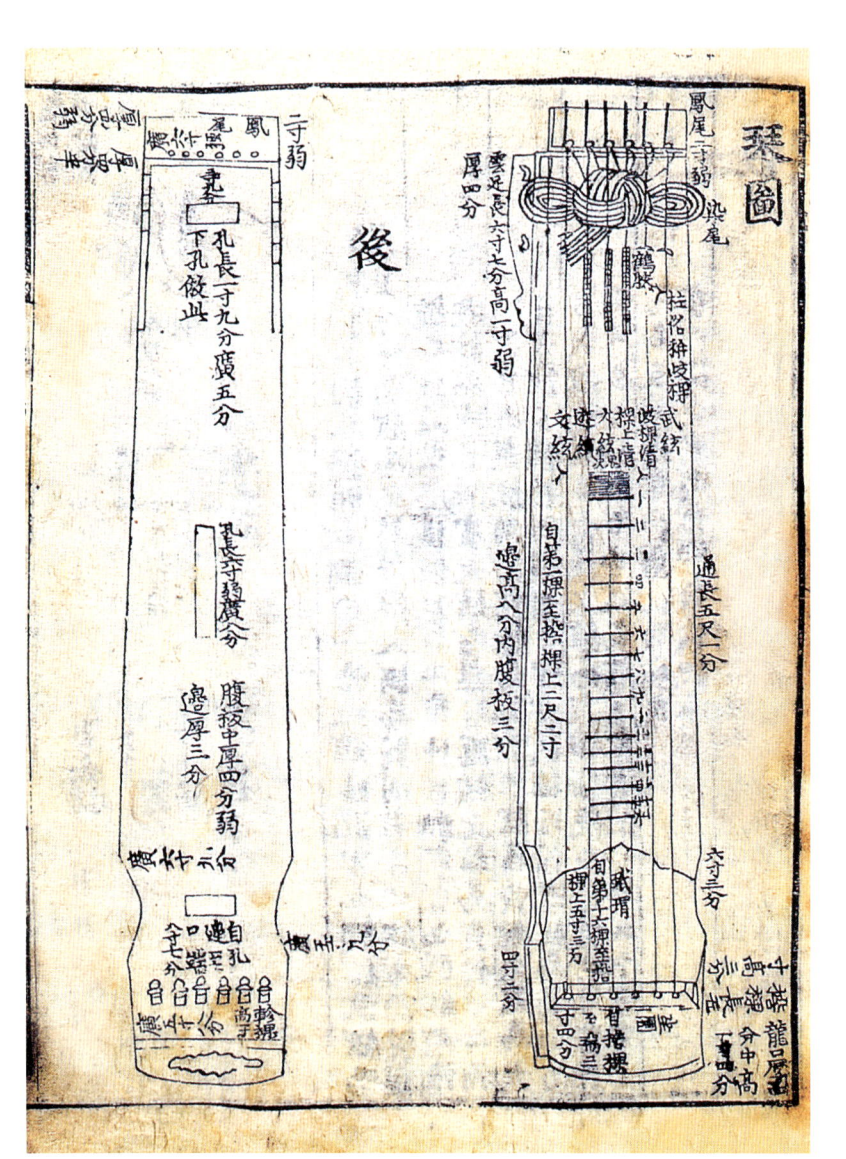

《금보》의 한 면, 목판본, 28.0×22.4cm, 보물 제283호, 간송미술관 소장.

1561년에 편찬을 시작해 1572년(선조 5년)에 완성했으니, 10년 넘도록 공을 들인 거문고 악보집이었다.

전형필은 책이 범상치 않아 이순황을 불러서 누구에게 샀는지 물어보았으나, 여러 책 속에 끼여 있던 것이라 기억을 하지 못했다. 전형필은 양반집에서 나오는 장서들 중에는 몇십 권짜리 문집도 있고, 이렇게 희귀본도 섞여 있으니, 중간 거간들에게 분산시키지 말고 온전히 갖고 오게끔 당부하라고 일러두었다.

당시 전형필은 알 수 없었지만, 《금보琴譜》에 악보가 수록된 곡 중 〈만대엽慢大葉〉과 〈북전北殿〉은 조선 후기에 크게 성한 국악 가곡의 실마리가 되는 중요한 곡이었다. 또 〈정석가鄭石歌〉와 〈사모곡思母曲〉은 고가요古歌謠였다. 따라서 이 책은 조선 전기와 후기 음악을 비교하는 데 중요한 자료로 평가받았으며, 훗날 보물 제283호로 지정되었다.

전형필은 한남서림으로 들어오는 책 중 진서珍書나 희본稀本, 호본好本이 보이면 원로나 신학문을 공부한 학자들과 함께 살폈다. 그래서 그 가치가 확인되면 보화각에 설치한 '간송문고'로 옮겼다. 전형필의 회고에 의하면, 한국전쟁 전 간송문고에는 수만 권이 수장되어 있었고, 한문책은 분류를 끝내고 장서 목록을 작성했다고 한다. 그러나 그 상당수는 한국전쟁 때 분실되었다.

당시 한남서림에는 고서화나 골동 거간들뿐 아니라, 학자들도 많이 드나들었다. 어문학 연구에 조예가 깊었던 김태준도 그중 한 명이었다. 김태준은 대학 졸업 후 경학원(지금의 성균관대학교)과 경성제국대학 등에서 조선문학을 강의했다. 천재라고 불릴 정도로 총명했고 발표하는 글의 수준이 높아 따르는 제자가 많았다.

김태준은 여러 제자 중에서도 서예가 이용준(李容準, 1916~?)을 가장 총애했다. 경북 안동군 와룡면 주하리에 사는 진성 이씨 한걸의 셋째아들로, 글씨도 잘 쓰고 한학漢學에도 밝았지만, 무엇보다도 사회주의자인 스승의 뒤를 따르겠다고 주먹을 불끈 쥐었던 것이다. 그런 그가 어느 날 스승에게 놀라운 이야기를 했다.

"가문의 선조가 여진 정벌에 큰 공을 세웠다고 합니다. 그래서 상으로 세종대왕께 《훈민정음》을 하사받아 세전가보世傳家寶로 전해내려오고 있습니다."

1940년 어느 여름날이었다. 김태준은 자신을 만날 때마다 훈민정음 타령을 하던 전형필을 떠올렸다.

"집에 내려가서 《훈민정음》을 볼 수 있겠나?"

"제가 언제든지 모시고 가겠습니다."

다음 날, 김태준은 한남서림으로 전형필을 찾아왔다.

"간송, 놀라지 마시오. 《훈민정음》이 나타난 것 같소."

김태준(金台俊, 1905~1949)

천태산인天台山人이라는 필명으로 한 시대를 풍미한 국문학자이자 사상가다. 경성제국대학에서 중국문학과 국문학을 전공하던 1930년, 〈동아일보〉에 '조선소설사'를 68회에 걸쳐 연재할 정도로, 우리나라 어문학에 탁월한 식견을 갖고 있었다. 김삿갓 시의 문학성을 한눈에 알아보고, "그는 삿갓 아래로 본 세상을 골계·풍자·해학의 여러 법과 파격적인 시, 시희詩戲, 자희字戲 등으로 이를 음파吟破하여버렸다"라고 세상에 소개했다.

1931년에는 이희승李熙昇 등과 조선어문학회를 결성했고, 같은 해에 《조선한문학사》를 발간, 한문학과 국문학을 접목시킴으로써 한국문학사를 정립했다.

전형필은 깜짝 놀라 김태준의 책가방을 빼앗을 듯 노려보며 물었다.

"어디 있소?"

"아직 확인하지 못했소. 만약 진본이라면 간송이 구입하겠소?"

"그걸 말씀이라고 하시오? 어서 가져오기나 하세요. 아니, 나와 같이 갑시다. 어디요?"

흥분하여 앞장서려는 전형필을 진정시킨 김태준이 말했다.

"우선은 진본인지 확인해야 하고, 소유자에게 매각 의사도 물어봐야 하오."

김태준은 전형필의 구입 의사를 확인하고 며칠 후 이용준과 함께 그의 시골집으로 갔다. 이용준이 내어준 《훈민정음》을 살펴보니, 자신이 경성제대 도서관 깊숙한 곳에서 본 《세종실록》의 훈민정음 관련 기록과 상당 부분 일치했다. 훈민정음을 어떻게 사용하는지에 대한 설명은 더 자세했다. 《실록》에 언급된 '해례본'이 틀림없었다.

그런데 이용준이 보여준 책에는 첫머리 두 장이 없었다. 이유를 물어보니, 언문책 소지자를 엄벌하던 연산군 때 부득이 첫머리 두 장을 찢어버렸다는 가문의 전승傳承이 있다고 했다. 김태준은 일리가 있다고 생각했다. 그리고 한편으로는 이 《훈민정음》 매각을 통해 얻게 될 구전으로, 자신이 가담하고 있는 '경성콤그룹'의 활동자금을 충당해야겠다는 계획을 세웠다.

경성콤그룹은 이현상, 박헌영, 이관술, 김삼룡이 주축이 된 사회주의 지하조직이었고, 김태준은 인민전선부를 맡고 있었다. 당시 많은 지식인이 사회주의만이 조국을 해방시킬 수 있다고 믿으며 지하활동을 했고, 김태준도 그러했다.

　김태준은 전형필에게 값을 많이 받으려면 경성제대 도서관에 있는 《세종실록》을 다시 본 후 첫 두 장을 복원해야겠다고 생각했다. 그는 자신의 이러저러한 생각을 경성콤그룹의 조직원이 된 이용준에게 허심탄회하게 밝혔다.

　"조직의 활동자금을 댈 수 있다니 제가 오히려 더 기쁩니다. 그것 말고도 고서가 몇 권 더 있습니다, 선생님!"

　이로써 '소유자'의 매각 의사는 확인된 셈이었다. 그러나 김태준은 혹시라도 훗날 이용준이 체포될 때를 대비해, 구입할 상대가 전형필이라는 사실은 이야기하지 않았다. 이용준 역시 《훈민정음》이 자기 집안의 세전가보가 아니라 처갓집인 광산 김씨 종택 긍구당肯構堂에서 빌려왔다는 사실과, 언문책 소지자를 엄벌하던 연산군 때 부득이 첫머리 두 장을 찢어버렸다는 것은 자신이 지어낸 말이라는 사실을 밝히지 않았다.

　경성으로 돌아온 두 사람은 복원 작업을 시작했지만, 결코 쉬운 일이 아니었다. '암기의 천재'라고 불리던 김태준은 경성제대 도서관에서 《세종실록》을 보고 외워다가, 조선미술전람회에서 서예로 특선할 정도로 글씨를 잘 쓰는 이용준에게 안평대군체로 적게 했다.

　한편, 전형필은 《훈민정음》의 진위를 확인하러 간 김태준을 목이 빠지게 기다렸다. 그러나 그는 열흘이 지나도록 나타나지 않았다. 전형필은 진본이 아닌 모양이라고, 김태준이 무안해서 나타나지 않는 것이라고 여기고 쓴 입맛만 다셨다.

　겨울로 접어들 무렵, 김태준과 이용준은 내용 복원과 안평대군체 연습을 끝냈다. 이제 《훈민정음》의 종이와 비슷한 누런색 한지만 있으면 되었다. 그러나 그 무렵 경성콤그룹 조직원에 대한 검거가 시작되어, 시내를 활보하는 건 위험했다.

두 사람은 안동 이용준의 집으로 갔다. 한지를 쇠죽솥에 넣고 삶아 누런색이 나게 했지만, 겨울 찬바람에는 종이가 잘 마르지 않아 봄이 되기를 기다릴 수밖에 없었다. 그러나 김태준은 떠나야 했다. 낯선 사람이 시골에 오래 머물면 더 의심을 받을 것이기 때문이었다. 김태준은 떠날 채비를 하며 이용준에게, 종이가 완성되면 글씨를 쓴 후 연락하라고 했다. 그리고 만약 그 전에 자신이 검거되더라도 다른 곳에 처분하지 말고 기다리라고 신신당부했다.

해가 바뀌면서 이관술을 필두로 이현상, 김삼룡이 검거되었고 김태준도 붙잡혔다. 이용준은 조직에 가입한 지 얼마 안 되어 검거 대상에 포함되지 않았다.

김태준이 병보석으로 석방된 것은 2년 후인 1943년 여름이었다. 감옥에 갇힌 사이 집안은 풍비박산이 났다. 어머니와 아내는 화병으로, 독자는 병으로 세상을 떠났다. 김태준은 몸을 추스르지도 못한 채 좌절과 분노로 괴로워했다.

그렇게 나날을 보내던 김태준 앞에 이용준이 나타났다.

"선생님, 《훈민정음》을 계속 보관하고 있습니다. 이걸 처분하면 뭔가 방법이 생기지 않겠습니까?"

이용준이 돌아간 후 김태준은, 사회주의자로 세상에 알려진 자신이 어떤 방법으로 전형필을 만날지 고민했다. 불쑥 한남서림으로 찾아가면 전형필이 어떻게 대할지 알 수 없고, 그렇다고 종로 4가 집이나 가끔 들러 책 이야기를 나누던 북단장으로 가면 다른 사람들이 전형필을 오해할 수도 있는 일이었다. 물론 이용준을 보낼 수도 있지만, 그럴 경우 전형필이 《훈민정음》이 진본임을 인정할지가 문제였다.

잠시 마당을 서성이며 궁리하던 김태준은 방으로 들어와 편지지를 꺼냈다.

제번除煩하옵고…….
전에 간송에게 말씀드렸던 책의 진위를 확인하던 중 일신상의 사정이 생겨 연락드리지 못했소. 이번에 다시 확인하니 아직 시골에 있고 진본이 틀림없소. 닷새 후 오후 1시경 한남서림 앞을 지나갈 터이니, 어찌하실지 결정해주시오. 天山 拜.

호인 천태산인天台山人을 줄여 천산天山이라고 쓴 후, 봉투의 발신인 난에는 김천산이라고 썼다.

이틀 후 편지를 받은 전형필은, 그 책이 그토록 기다리던 《훈민정음》임과 편지를 보낸 이가 김태준임을 알았다. 일신상의 사정이 무엇이었는지는 누구나 다 아는 일이다.

그러나 일제가 한글 말살에 혈안이 되어 조선어학회 학자들까지 잡아들인 상황에서 사회주의자 김태준을 통해 《훈민정음》을 구입한다는 것은 위험천만한 일이었다. 다른 일로 그가 다시 구속되어 모진 고문을 참지 못하고 《훈민정음》에 대해서 털어놓으면, 그동안 모은 수장품과 간송문고까지 문제가 될 터였다.

전형필은 일단 마당으로 나가 편지를 불살랐다. 타들어가는 편지를 그는 오랫동안 바라보았다.

밤을 꼬박 새우며 전형필은 《훈민정음》 구할 방도를 궁리했다. 김태준이 사회주의자라고 《훈민정음》을 포기할 수는 없는 노릇이었다. 그러나 김태준으로부터 직접 전달받는 것은 위험천만한 일이었다.

다음 날, 전형필은 한남서림에서 이순황을 만나 자초지종을 털어놓았다. 김태준이 검거되면서 사회주의자임이 만천하에 알려진 터였다.

"김태준 교수가 직접 나서면 나중에 분명 문제가 될 거요. 이 선생이 《훈민정음》이 있는 곳에 다녀와주실 수 있겠소?"

이순황이 고개를 끄덕였다. 그러나 전형필은 이순황의 대답을 기다리지 않고 덧붙였다.

"그가 사회주의자라는 사실이 걸리면 굳이 나서지 않아도 됩니다. 다른 사람을 찾아봐도 되니……."

전형필의 말이 채 끝나기도 전에 이순황이 정색을 했다.

"간송! 그런 섭섭한 말씀이 어디 있습니까? 당연히 내가 할 일이고, 또 나 아니면 누굴 믿고 보내시겠습니까?"

이순황이 화를 내듯 말했지만 전형필은 가슴이 뭉클했다.

"고맙소, 이 선생. 사실 내가 이 선생 말고 누굴 믿겠소?"

이순황이 《훈민정음》 값으로 얼마를 생각하느냐고 물었다.

"그 말은 편지에도 없어서 나도 아직 생각해보지 않았지만, 《훈민정음》의 가치가 만 원은 되어야 하지 않겠소?"

"저도 간송이 그 정도 생각하시리라 예상했습니다. 그런데 김 교수가 그렇게 비싼 값을 부르지는 않을 겁니다."

당시 지방 양반집에서 올라오는 책 값은 그리 비싸지 않았다. 경성과 지방의 물가가 다르고, 옛책의 가치를 서화나 도자기와는 비교할 수 없다고 생각했기 때문이다. 당시 거간들이 지방에서 책을 구입할 때, 아무리 귀한 책도 100원 이상을 쳐주지 않았다. 희귀하고 사료적 가치가 높다고 인정되어 고가로 거래되는 것은, 경성에 올라와 전문가들의 검증을 거친 다음의 일이었다.

"나도 김 교수가 그렇게 부르지는 않을 거라고 생각해요. 그래도 소유주에게 만 원은 줘야 하고, 김 교수에게도 구전으로 천 원 정도는 줄 생각입니다. 물론 형식은 구전이지만, 책을 찾아준 데 대한 보답이오."

전형필은 생각 같아서는 더 주고 싶었다. 그러나 혹시라도 문제가 발생했을 때, 관례에서 크게 벗어나지 않았다고 주장할 수 있도록 그렇게 결정했다. 훗날 상황을 봐가면서 더 주리라 마음을 먹었다.

"그 정도면 적당하다고 생각됩니다. 제가 혼자서 지방에 큰돈을 가지고 가기는 위험하고, 책을 가지고 올 때도 또한 그러하니, 경호 삼아 힘깨나 쓰는 믿을 만한 사람을 한 명 더 데리고 가겠습니다. 물론 무슨 책인지는 모르게 하겠습니다."

"그렇게 하세요. 전대를 만들어 몸에 지니고 간다고 해도, 워낙 살기 어려운 세상이라 종종 흉악한 일이 생기니, 안전하게 준비해서 다녀오세요."

사실 전형필은 한시라도 빨리 《훈민정음》을 손에 넣기 위해 택시를 대절해 보낼 생각도 했다. 그러나 시골에 택시를 타고 들어가며 요란을 떨면 소문이 날 수도 있으니 기차를 이용하는 쪽으로 계획을 세웠다.

준비를 끝낸 전형필은 초조한 마음으로 김태준을 기다렸다. 그사이에 또 체포되면 어쩌나, 혹시라도 나타나지 않으면 어쩌나…… 이런저런 걱정에 하루가 여삼추였다. 혹시 하루 먼저 올지도 몰라 전날부터 한남서림에 틀어박혀 종일 밖을 내다봤다. 저녁에 집에 가서도 온통 김태준과 《훈민정음》 생각뿐이었다. 꿈에서도 김태준이 보였다. 《훈민정음》을 들고 나타나는 모습이 보였다가는, 자신을 보고 멀리 뛰어가고, 그 뒤에서 일본 경찰이 호루라기를 불면서 쫓아가는 광경이 보여 깜짝 놀라서 일어나기도 했다.

밤에 빗소리가 들렸는데 아침 하늘은 맑았다. 좋은 징조이려나. 전형필은 먹는 둥 마는 둥 아침상을 물리고, 돈을 준비해 한남서림으로 갔다. 김태준이 1시에 나타나면 이순황을 오후 기차에 태워 내려보낼 생각이었다.

여름 날씨가 더워서인가, 기다림에 땀이 나서인가. 전형필은 연신 부채질을 하며 창밖을 바라봤다. 하루가 여삼추가 아니라, 일각이 여삼추로 흘렀다.

저만치 말끔히 정장을 하고 안국동 쪽에서 걸어오는 김태준의 모습이 보였다. 전형필은 용수철이 튀어오르듯 일어나 뛰쳐나가서는 김태준의 손을 붙잡고 한남서림으로 들어왔다.

"천태산인, 그동안 얼마나 고생이 많으셨소? 내 면회도 한 번 못 갔소이다."

전형필은 그의 손을 흔들며 안도의 숨을 내쉬었다.

"간송이 이리 반갑게 맞아주시니 정말 고맙소."

김태준 역시 전형필이 기다리고 있었음을 확인하고는 안도했다.

"그런데 어딜 이렇게 바빠 가시오? 내게 볼일은 없으시오?"

전형필이 짐짓 모르는 체 묻자, 김태준도 그의 의중을 알아차렸다.

"간송! 일전에 얘기했지만, 안동에서《훈민정음》이 나타났다는 소문이 있어 직접 확인해봤더니 진본이 틀림없었소. 그러나 앞의 두 장은 연산군 때 언문 탄압을 피하느라 찢어진 걸 저와 소유자가 복원을 했소이다. 간송이 구입하시면 좋을 것 같아 알려드리려고 했소만……."

김태준은 이순황이 건넨 물을 벌컥벌컥 들이켰다.

"《훈민정음》이라니, 정말 놀랍고 반갑구려. 천태산인이 직접 확인까지 하셨다니 진위는 따져볼 것도 없고…… 큰 경사요, 경사!"

전형필은 이제《훈민정음》이 거의 다 들어왔다는 생각에 가슴이 두근거렸다.

"소유주가 얼마를 말씀하셨소?"

전형필이 조심스럽게 묻자, 김태준이 심호흡을 하더니 말했다.

"값이 좀 셉니다."

김태준이 망설이자 전형필이 어서 말해보라는 듯 고개를 끄덕였다.

"천 원을 달랍니다."

김태준은 자신이 너무 많이 부른 것은 아닐까 걱정하며 전형필을 바라보았다. 그러자 전형필이 빙그레 미소를 지으며 말했다.

"천태산인, 그런 귀한 보물의 가치는 집 한 채가 아니라 열 채라도 부족하오."

김태준은 무슨 소리인가 하는 표정으로 전형필의 표정을 살폈다. 전형필이 눈짓을 하자 이순황이 보자기 두 개를 전형필에게 건넸다. 전형필은 그중 천 원이 담긴 보자기를 김태준에게 밀었다.

"이건《훈민정음》값이 아니라, 천태산인께 드리는 사례요. 제가 성의로 천 원을 준비했소."

김태준은 놀란 눈빛으로 전형필을 바라봤다. 사례비가 너무 많다고 말하려는데, 전형필이 말을 이었다.

"《훈민정음》값으로는 만 원을 쳤습니다.《훈민정음》같은 보물은 적어도 이런 대접을 받아야 해요. 그러나 제 입장이 있고 또 남의 이목도 있으니,《훈민정음》을 인수하는 건 여기 이순황 선생이 맡아주실 겁니다. 이해해주시겠지요?"

김태준은 만 원이라는 소리에 다시 한 번 놀랐다. 전형필의 배포가 남다르고, 부르는 값이 낮아도 정당한 값을 계산해서 치른다는 말은 들었지만, 만 원이라니!《훈민정음》이 아무리 귀하다고 해도 그로서는 구경조차 해본 적 없는 큰돈이라, 할 말을 잊은 채 한동안 전형필을 바라보았다.

"간송의 후덕한 인품에 감탄할 뿐이오. 사례비로 천 원은 너무 큰돈이지만, 현재 내가 처한 상황이 여의치 못하니 염치 불구하고 받겠소. 소유자는 내 제자이니, 내가 써드리는 편지를 갖고 가시면 차질 없이 인수하실 수 있을 거요."

김태준은 이순황에게 편지지와 봉투를 달라고 해서 이용준에게 전할 편지를 썼다. 고서를 수집하는 어느 분이 책 값으로 만 원을 책정해 인편으로 내려보내니 정중하게 책을 건네고, 책 값을 과분하게 받았으니 다른 책도 몇 권 더 주면 좋겠다는 내용이었다. 편지를 다 쓴 김태준이 봉투에 이용준의 주소와 이름을 적은 후 전형필에게 건넸다.

"여기 씌어 있는 주소로 찾아가면 됩니다. 다만《훈민정음》은 이 집의 세전가보라고 하니, 나중에라도 어디서 나왔는지 소문이 나지 않게 해주시면 고맙겠소. 나도 간송이 구입하신다는 말은 하지 않았소."

"천태산인, 그건 염려하지 마세요. 너무나 잘 아시겠지만, 시국이 매우 엄중하기 때문에《훈민정음》의 존재는 비밀에 부칠 수밖에 없습니다. 훗날 조선이 해방되면 그때 세상에 내놓겠지만, 그때도 출처에 대해서는 함구하겠소."

"맞아요. 간송의 판단이 정확하오. 지금은 이 책이 세상에 나와서는 안 되지만, 해방이 되면 조선의 보물이 될 게요. 그때까지 간송이 잘 간직해주시오."

"고맙소, 천태산인. 그 와중에도 내가《훈민정음》찾는다는 사실을 잊지 않고 기억했다가 이렇게 연결해주셨구려."

전형필은 김태준의 손을 잡으며 눈시울을 붉혔다. 김태준도 전형필의 손을 꽉 잡으며 고개를 끄덕였다.

"나도 간송께 정말 고맙소. 내가 다시 일경에 붙잡히게 되더라도, 이 일은 끝까지 함구할 테니 염려하지 마시오."

이번에는 김태준의 눈시울이 붉어졌다. 그는 알고 있었다. 지금 전형필이 어떤 모험을 하고 있는지.

훈민정음訓民正音! '백성을 가르치는 바른 소리'라는 뜻의 우리글. 마침내 전형필 앞에 놓인《훈민정음》은 33장 1책의 목판본으로, 한글을 만든 원리와 문자 사용에 대한 설명과 용례를 상세하게 밝힌 해례본解例本이었다.

전형필은 떨리는 손으로 세로 23.3센티미터, 가로 16.8센티미터의 원본 《훈민정음》을 살피기 시작했다. 내용은 3부 33장으로 이루어졌는데, 제1부는 훈민정음 본문을 4장 7면에 면마다 7행 11자씩, 제2부는 훈민정음 해례를 26장 51면 3행에 면마다 8행 13자씩, 제3부는 정인지의 서문을 3장 6면에 한 자 내려 싣고, 그 끝에 정통正統 11년(1446) 9월 상한上澣을 명시하고 있다. 그해가 바로 세종 28년이니, 《세종실록》에서 언급한 해례본이 바로 이 책이었다.

세종대왕이 한글을 창제한 후 집현전 학자들에게 해례본을 만들도록 명했다는 사실은 《세종실록》 병인년(1446) 9월 29일자에 기록되어 있다.

정인지 등 집현전 학자 여덟 명에게, 문자를 새로 만든 목적과 원리 그리고 글꼴을 결합하여 표기하는 방법을 설명하는 해례본을 만들게 했고, 3년 후인 1446년 음력 9월 상순上旬에 발간되었다. 해례본이 완성되자 세종대왕은 새로 만든 글자를 '훈민정음'이라는 이름으로 반포했고, 해례본도 함께 배포했다는 내용이다.

전형필은 밤이 새도록 《훈민정음》을 읽고 또 읽었다. 만들어진 지 500년 만에 발굴된 보물 중의 보물이었고, 전형필이 수집을 시작한 지 13년 만에 성취한 대발굴이었기에, 눈물을 흘리다가는 웃었고, 웃다가는 다시 눈물을 흘렸다. 그리고 새벽 동이 틀 무렵 오동나무 상자에 넣어 집에서 가장 깊숙한 곳에 갈무리했다.

전형필은 《훈민정음》을 자신이 수장하고 있는 수집품 중 최고의 보물로 여겼다. 한국전쟁 당시 피난을 갈 때도 품속에 품었고, 잘 때는 베개 속에 넣고 지켰다.

訓民正音

國之語音異乎中國與文字
不相流通故愚民有所欲言
而終不得伸其情者多矣予
為此憫然新制二十八字欲
使人人易習便於日用矣
ㄱ牙音如君字初發聲

大東千古開曚曨

用字例

初聲ㄱ如감爲柿ㄱ을爲蘆ㅋ如우
케爲未舂稻ㅋㅎ爲大豆ㅇ如러울
爲獺서에爲流澌ㄷ如뒤爲茅담
爲墻ㅌ如고티爲繭두텁爲蟾蜍
ㄴ如노로爲獐납爲猿ㅂ如불爲
臂벌爲蜂ㅍ如파爲蔥풀爲蠅ㅁ

如뫼爲山마爲薯藇ㅸ如사ᄫᅵ爲
蝦드ᄫᅵ爲瓠ㅈ如자爲尺죠ᄒᆡ爲
紙ㅊ如체爲籭채爲鞭ㅅ如손爲
手셤爲島ㅎ如부헝爲鵂鶹힘爲
筋ㅇ如비육爲鷄雛ᄇᆞ얌爲蛇ㄹ
如무릐爲雹어름爲氷ㅿ如아ᄋᆞ

爲弟너ᅀᅵ爲鴇中聲・如ᄐᆞᆨ爲頤
ㅡ如믈爲水ㅣ리爲橋ㄱ래爲楸
ㅗ爲小豆두리爲

《세종실록》1446년 9월 29일자

계해년 겨울에 우리 전하께서 정음正音 28자字를 처음으로 만들어 예의例義를 간략하게 들어 보이고 명칭을 '훈민정음訓民正音'이라 하였다. 물건의 형상을 본떠서 글자는 고전古篆을 모방하고, 소리에 인하여 음은 칠조七調에 합하여 삼극三極의 뜻과 이기二氣의 정묘함이 구비 포괄包括되지 않은 것이 없어서, 28자로써 전환하여 다함이 없이 간략하면서도 요령이 있고 자세하면서도 통달하게 되었다. 그런 까닭으로 지혜로운 사람은 아침나절이 되기 전에 이를 이해하고, 어리석은 사람도 열흘 만에 배울 수 있게 된다. 이로써 글을 해석하면 그 뜻을 알 수가 있으며, 이로써 송사訟事를 청단聽斷하면 그 실정을 알아낼 수가 있게 된다. 자운字韻은 청탁淸濁을 능히 분별할 수가 있고, 악가樂歌는 율려律呂가 능히 화합할 수가 있으므로 사용하여 구비하지 않은 적이 없으며 어디를 가더라도 통하지 않는 곳이 없어서, 비록 바람소리와 학의 울음이든지, 닭울음소리나 개 짖는 소리까지도 모두 표현해 쓸 수가 있게 되었다.

마침내 해석을 상세히 하여 여러 사람에게 이해하라고 명하시니, 이에 신臣이 집현전 응교 최항崔恒, 부교리 박팽년朴彭年과 신숙주申叔舟, 수찬 성삼문成三問, 돈녕부 주부 강희안姜希顏, 행 집현전 부수찬行集賢殿副修撰 이개李塏, 이선로李善老 등과 더불어 삼가 모든 해석과 범례凡例를 지어 그 경개梗槪를 서술하여, 이를 본 사람으로 하여금 스승이 없어도 스스로 깨닫게 되는 것이다.

_국역 : (사)세종대왕기념사업회와 (재)민족문화추진위원회

전형필이 그렇게 지킨 《훈민정음》이었기에, 원수장처인 광산 김씨 종택 긍구당의 현재 종손 김대중 씨는 "출처가 우리 집인 것은 분명하다. 하지만 전형필 선생이 그걸 밝혀주기 전에는 그렇게 소중한 책인지도 몰랐다. 우리 집에 계속 있었을 경우, 어떻게 되었을지도 모르기 때문에 《훈민정음》을 가져다 귀중한 책임을 알리고, 잘 보관해준 것은 정말 고마운 일이다"라고 했다. 긍구당에서 책을 빌려간 이용준은 당시 종손의 사위고, 지금 종손의 고모부다. 그래서 당시 집안 내부 사정에 대해서는 언급하지 않은 것이다.

《훈민정음》 발굴에 결정적인 역할을 한 김태준은 다음 해인 1944년 경성콤그룹 동지였던 박진홍과 결혼한 후, 중국에서 항일운동을 하겠다며 연안으로 갔다. 그리고 광복 후 해방된 조국으로 돌아와 남로당 핵심 간부로 활동하다가 1949년 7월 26일 검거되었다.
"지금 조선에서 가장 중차대한 문화 사업이 있다면 숱한 고전을 수집하여 철저하게 고증하고 정리하는 것입니다. 앞으로 용인된다면 상아탑에 돌아가 그런 일을 하면서 여생을 보내고 싶습니다."
김태준의 최후 진술이다. 그러나 그는 사형을 선고받고 총살되었다. 한 시대를 풍미한 '천재 학자'는 시대를 잘못 만나 허망하게 세상을 떠났고, 이용준은 남로당 활동을 하다가 월북해서 조용히 생을 마쳤다. 한문을 사용하지 않는 북한에서 그가 할 일은 아마도 없었을 것이다.
 오랜 기다림과 우여곡절 끝에 발굴되었고, 일제강점기와 한국전쟁의 와중에도 무사히 지켜진 《훈민정음》! 1956년 통문관에서 학계의 연구를 위해 영인본으로 출판하고 싶다고 하자, 전형필은 이를 흔쾌히 허락

했다. 그리고 손수 한 장 한 장 해체해서 사진을 찍게 했다. 이렇게 출판된 《훈민정음》 영인본을 통해 많은 학자가 체계적으로 한글 연구를 할 수 있었다.

전형필에 의해 발굴되고 지켜지고 세상에 알려진 《훈민정음》은, 1962년 12월에 국보 제70호로 지정되었다. 그리고 1997년 10월 유네스코UNESCO 세계 기록유산으로 등재되었으니, 전형필이 살아 있었다면 춤을 추며 기뻐했을 일이다.

아,
전형필

아.
전형필

오랜 그리고 혹독한 기다림 끝에 해방이 되었다. 마흔 살의 장년이 된 전형필은 예전처럼 문화재를 수집하지 않았다. 이제부터는 조선 사람 누가 모아도 조선 것으로 남지 않겠는가. 독립된 나라가 생긴 것이다. 아니, 되찾은 것이다. 전형필은 그동안 모은 수장품과 간송문고의 장서를 정리하는 데 매진했다. 가족들도 북단장으로 이사시켰다.

보성중학교를 맡았던 이헌구 교장이, 새 시대가 되었으니 새 세대가 학교를 이끌어야 한다며 사퇴해서, 새로운 사람을 찾을 때까지 임시로 교장직을 맡았다. 전형필은 다음 해 미 군정청 교육법에 따라 6년제 고급중학교로 인가를 받은 후, 부교장으로 있던 항일운동가 서원출에게 교장직을 맡기고 물러났다.

보화각과 북단장은 문화계와 역사계 인사들로 북적였고, 전형필은 그들과 함께 우리 민족문화의 찬란함을 이야기했다. 미 군정청에서 고적 보존 위원으로 위촉해, 보존해야 할 문화유산 목록을 작성했다. 1948년

건국 후에는 문화재 보존 위원으로 활동하면서 국립박물관 관원 최순우 등과 함께 유적지 답사를 다녔다.

그러나 이런 행복은 오래가지 못했다. 한국전쟁이 터진 것이다.

인민군은 순식간에 서울을 점령했고, 보화각의 수장품을 접수할 공산당원들이 들이닥쳤다. 그러나 전형필은 수장품을 놓아두고는 어디도 갈 수가 없었다. 그래서 가족들을 모두 외가로 보낸 후 보화각에서 그리 멀지 않은 빈집에 몸을 숨겼다. 전형필은 아침저녁으로 살금살금 보화각이 보이는 곳으로 가서 동태를 살폈다. 피가 마르고 숨이 넘어가는 고통의 연속이었다.

당시 보화각에 들이닥친 공산당원들의 책임자는 월북 화가 일관 이석호였다. 이당 김은호의 문하생으로 후소회後素會 활동을 하기도 했던 그는 사회주의 사상에 도취되어 정부 수립 얼마 후 월북했었다.

이석호는 보화각의 수장품 규모가 생각했던 것보다 훨씬 크자, 피난 가지 않고 국립박물관을 지키던 혜곡 최순우와 고서화 수집가이자 서예가인 소전 손재형을 데려왔다.

손재형은 추사 김정희의 〈세한도〉를 찾아오기 위해, 일본으로 건너가 수장자 집 앞에서 몇 달 동안 무릎을 꿇고 사정해 되찾아온 전설의 수집가로, 전형필뿐 아니라 오세창과도 잘 아는 사이였다.

"내가 데려온 자들은 골동품을 다룰 줄 모르니, 두 사람이 지휘하여 파손되지 않도록 잘 포장하시오. 만약 하나라도 파손되면 비판을 받을 것이오."

두 사람은 전형필 수장품의 우수성과 중요성을 잘 알고 있었다. 어떻게든 보화각과 수장품을 온전하게 보전하고자 애를 썼다.

"아무래도 수장품 목록을 작성해야겠습니다."

"먼저 좋은 것과 덜 중요한 것을 구분해야 합니다."

"더 튼튼한 상자가 필요합니다. 이걸로는 가다가 다 파손됩니다."

두 사람은 온갖 이유를 끌어다 대며 포장을 지연시켰다. 빨리 상자에 넣으라고 독촉하면, 몇 가지 집어넣다가 이 핑계 저 핑계 대며 다시 꺼냈다 넣었다를 반복했다.

그러던 어느 날, 최순우가 지하실에서 위스키가 궤짝으로 쌓여 있는 걸 발견했다. 전형필이 미 군정청 고적 보존 위원회에서 활동할 때 손님 접대용으로 구해둔 미제 위스키였다.

매일 저녁 술판이 벌어졌다. 이석호는 공산당원이기 전에 풍류를 좋아하는 화가였다. 오랫동안 서울에 살았고, 1948년 월북하기 전에는 화첩을 들고 친하게 지내던 '이당화숙' 화가들을 찾아다니며 그림 한 폭씩 그려달라고 부탁하던 작가적 순수함도 간직하고 있었다. 그래서 술이 취하면 손재형과 최순우에게 지인들의 안부를 물으며 눈시울을 붉히기도 했다. 낙동강까지 내려간 인민군이 퇴각할 거라고는 상상도 하지 못했으므로, 최순우와 손재형이 시간을 지체하는 것에 대해서도 관대한 편이었다. 두 사람에게 물건을 평양으로 운반할 때 같이 올라가면 평양 박물관에서 근무하게 힘써주겠다며 호기를 부리기도 했다.

어느 날, 최순우는 이석호와 당원들이 잠든 사이 밖에 나와 밤하늘을 바라보았다. 일제로부터 겨우 해방되었는데 같은 민족끼리 이게 무슨 꼴이란 말인가! 보화각 보물들은 정말 평양 박물관으로 가게 되는 것일까? 도대체 전황은 어떻게 돌아가고 있는 것일까? 부산 함락이 오늘내일이라는 저들의 호언은 정말일까?

"최 형······."

상념에 빠져 있던 최순우가 화들짝 놀랐다. 숲 속에서 무슨 소리가 들렸는데······ 황급히 주변을 둘러보았다. 귀를 쫑긋 세웠다.

최순우가 가만히 숲 속을 응시하자 발자국 소리와 함께 불쑥 전형필이 나타났다.

"최 형이 맞구려."

"선생님······."

최순우는 나이가 열 살 많은 전형필을 깍듯이 '선생님'이라고 불렀다. 두 사람은 부둥켜안은 채 눈물만 흘렸다.

시간이 얼마나 지났을까, 전형필이 초조한 목소리로 물었다.

"최 형, 보화각 내부 상황이 어떻소?"

"선생님, 아직은 괜찮습니다. 그런데 어떻게 여기를······."

최순우의 대답에 전형필은 가슴을 쓸어내렸다.

"요 아래 빈집에 숨어 있는데, 하루에도 몇 번씩 올라옵니다. 가끔 최 형이 드나드는 걸 보고 만날 기회를 기다리고 있었소. 다른 한 분은 소전이 맞소?"

"예, 소전 선생님 맞습니다. 전세는 어찌 되어가는지 들으셨는지요?"

"다행히 라디오를 듣고 나와 소식을 듣고 있는데, 인민군이 낙동강까지 내려갔다가 밀리고 있다고 하오. 미국뿐 아니라 연합군이라고 여러 나라 군인들이 속속 들어오고 있다니, 서울을 탈환할 날이 머지않은 것 같소. 힘들더라도 그때까지 잘 부탁하오. 모든 게 최 형과 소전의 손에 달렸소."

전형필의 목소리에는 물기가 가득했다. 일제 치하에서 젊음과 재산을 바쳐 어렵게 모은 수장품이었다. 해방이 된 마당에 같은 동족에게 수난을 당하게 될 줄은 꿈에도 생각하지 못한 일이었으니, 전형필로서는 억장이 무너질 수밖에 없었다.

"선생님, 너무 걱정하지 마세요. 어떻게든 지켜보겠습니다."
"고맙소, 최 형! 그럼 다음부터는 새소리로 신호를 보낼 테니, 가끔 만나서 소식을 주고받읍시다. 소전 형께도 제 말씀을 전해주시오."
"알겠습니다. 그럼 먼저 들어갈 테니, 몸조심하세요."

전형필은 머뭇거리는 최순우의 등을 떠밀었다. 그리고 그의 뒷모습과 보화각을 오랫동안 바라보았다.

보화각으로 들어간 최순우는 아직 잠들지 않은 손재형에게 전형필을 만났다는 이야기와 전황 그리고 시간을 끌어달라는 전형필의 부탁을 전했다. 손재형은 같은 수집가로서 전형필의 마음을 충분히 이해할 수 있었다. 더욱이 보화각 수장품의 가치를 알기에 할 수 있는 모든 방법을 동원해 포장을 지연시켰다. 그러나 핑계를 대는 데도 한계가 있었고, 이석호의 눈빛은 나날이 날카로워졌다.

전형필에게 국군이 대전까지 올라왔다는 소식을 들은 손재형은, 1층에서 지하실로 내려가는 계단에서 일부러 굴렀다. 다리를 다쳐 움직일 수가 없다며 엄살을 부렸다. 최순우도 장단을 맞추느라 묻지 않아도 될 걸 물으며 지하실과 위층을 오르락내리락했고, 2~3일에 한 번씩 숲 속에서 전형필을 만나 국군이 미군 비행기의 폭격을 앞세워 계속 올라오고 있다는 전황을 전해들었다.

그렇게 초조하고 긴 시간이 흘러 9월 22일이 되었다. 미군 비행기가 서울 상공을 날아다니며 폭격을 시작했다. 세 사람은 혹시라도 보화각에 폭탄이 떨어지지 않을까 노심초사했다.

이석호도 표정이 점점 험악해지더니 급기야 포장 상태를 확인했다. 그러나 그때까지 제대로 포장이 끝난 상자는 겨우 셋이었고, 그나마 그 속에는 가치가 그리 높지 않은 것들이 채워져 있었다.

9월 25일, 이석호는 최순우와 손재형을 불러 며칠 내로 포장을 끝내지 않으면 책임을 묻겠다며 권총을 겨눴다. 그의 눈빛은 이성을 잃은 듯 이글거렸고, 두 사람은 숨이 멎을 것 같은 긴장감에 시달렸다.

다음 날 아침, 최순우와 손재형이 일어나 보니 이석호와 당원들이 한 명도 보이지 않았다. 보화각 밖에도 없었다. 그때 전형필이 숲 속에서 두 사람을 불렀다.

"이석호 일행은 새벽에 삼선교 쪽으로 갔소. 다들 등짐을 진 것으로 보아 아마 월북 명령을 받은 모양이오."

전형필은 맥아더가 인천 상륙 작전에 성공했고, 국군과 연합군이 한강을 건너 시내로 들어왔다는 라디오 뉴스도 전해주었다.

"그래도 이석호가 그림을 그린 화가라 두 분에게 해코지를 하지 않은 것 같소."

그렇다고 바로 보화각으로 들어갈 수도 없어서, 세 사람은 숲에 몸을 숨기고 보화각을 살피면서 전형필이 숨어 있던 빈집에 들어가 교대로 휴식을 취했다. 시내 쪽에서는 시가전이 벌어진 듯 총성이 그치지 않았고, 삼선교 방향으로는 북쪽으로 퇴각하는 군용차의 행렬이 이어졌다.

그렇게 하루를 보내고 다음 날, 라디오에서는 중앙청에서 인공기가 내려지고 태극기가 게양되었다는 소식이 들렸다. 빈집에서 라디오를 듣던 손재형은 단숨에 숲 속으로 달려와 최순우와 전형필에게 소식을 전했고, 세 사람은 서로 부둥켜안고 눈물을 흘렸다. 손재형은 연장자답게 두 사람을 일으키며 보화각으로 올라가자고 했다.

보화각에는 적막이 내려앉아 있었다. 문을 열고 들어가니 포장을 하려고 준비한 상자들만 쌓여 있을 뿐 대부분 그대로였다.

"선생님, 무사해서 정말 다행입니다."

최순우가 눈물을 흘렸다. 전형필이 갑자기 두 사람에게 넙죽 큰절을 했다.

"두 분 덕택이오. 정말 고맙소. 두 분의 은혜, 평생 잊지 않겠소."

두 사람은 너무 놀라 전형필을 일으켜세우려 했지만, 전형필은 일어나지 않고 오열했다. 지켜진 것이 고맙고, 같은 민족에게 수난당한 것이 기가 막혀, 한 번 터진 울음은 오랫동안 그칠 줄을 몰랐다.

시내에서는 간헐적으로 총소리가 들렸고, 삼선교 쪽에서는 퇴각하는 인민군을 추격하는 국군들의 차량과 행렬이 보이기 시작했다.

얼마 후, 가족들이 북단장으로 돌아왔다. 국군과 연합군은 평양을 접수하고 압록강 부근까지 올라갔다. 전쟁은 곧 끝날 것 같았다. 그러나 이번에는 중공군이 코앞에 자본주의 국가가 들어서게 놔둘 수는 없다며 압록강을 건너왔고, 국군과 연합군은 중공군의 인해전술에 밀려 다시 남쪽으로 퇴각했다.

전황을 파악한 전형필은 11월 중순 중요한 수장품을 기차에 싣고 부산으로 피난을 떠났다. 기적은 한 번뿐, 두 번 일어나지는 않는다고 생각한 것이다. 그러나 수만 권의 책과 웬만한 서화와 도자기까지 가져갈 수는 없어, 보화각에 그대로 남겨둔 채 신의 가호를 빌 수밖에 없었다.

전형필은 참담한 심정으로 차창 밖을 바라보았다. 문득 사회주의자 김태준이 떠올랐다. 그가 학문을 버리고 택했던 사회주의 혁명이 이런 전쟁이라면, 그의 죽음이 너무나 허망하지 않은가.

부산에 도착한 전형필은 영주동에 있는 지인의 별장을 빌려 수장품을 보관했다. 조금 여유가 생기고, 중공군이 아직 서울까지 내려오지 못했다는 소식도 들렸다. 전형필은 보화각에 두고 온 나머지 서화 전적과 골동품이 걱정되었지만, 어떻게 해볼 방도가 없었다.

얼마 후, 부산에서 보화각과 북단장의 수장품들이 돌아다니기 시작했다. 전형필은 가슴이 무너져내렸다. 훗날 그는 부산 피난 당시의 피해를 이렇게 기록했다.

어찌 꿈에나 생각했으리오. 6·25 동란의 참화를 입어 공들여 쌓은 금자탑이 산산이 흩어지고 정성들여 모아놓은 총서문고는 풍비박산이 되었다. 장서 목록과 카드는 산산조각이 났다.

3년 동안의 피난 생활을 마치고 북단장에 돌아오니, 아궁이 앞에는 당판唐板 진적들이 불쏘시개감으로 산더미같이 쌓여 있고, 사방 벽과 뚫어진 창문에는 고활자본과 내각판內閣版으로 도배를 했다. 청계천변 노점에도 내 장서가 나타나고 고물상 탁자에도 나의 애장본이 꽂히었다.

차츰 자리가 잡히자 뜻있는 이는 나의 장서인이 찍힌 책을 돌려보내

주기도 하고, 어느 서점에 나의 구장서가 무더기로 나와 있으니 곧 가서 회수하라고 일러주는 이도 있었다. 극성스러운 친구의 주선으로 잃어버렸던 책을 수백 권씩 다시 사오기도 여러 번 되풀이하였다.

전쟁의 피해로 허망하게 된 것은 놔두고 갔던 서화 전적뿐이 아니었다. 1950년 2월 국회에서 농지개혁 법안을 통과시켜, 소작인에게 농지를 분배하고 토지 대금으로 지가증권을 발행해 지불했다. 그러나 전쟁 중에 화폐 가치가 한없이 추락해 지가증권은 모두 휴짓조각이 되었다. 논도 잃고 소득도 잃고, 농지가 아닌 땅이 조금 남았을 뿐이다. 수입이 없으니, 남은 땅을 팔아서 생활해야 하는 형편이 된 것이다.

전쟁이 끝나자 전형필은 아픔을 딛고 신진 사학자들을 이끌고 전국으로 유적지 답사를 다녔다. 《고고미술考古美術》이라는 학술지를 만들었고, 최순우를 통해 고고미술사를 전공하는 형편 어려운 대학생 몇 명을 선정해 익명으로 장학금을 전달하기도 했다.

1959년, 보성중고등학교에서 엄청난 재정 사고가 발생했다. 교장이 서무 관리를 소홀히 해, 재단이 엄청난 빚을 지고 있다는 사실이 밝혀진 것이다. 이때부터 전형필은 그 빚을 갚기 위해 노심초사했고, 가족들까지 극심한 쪼들림에 시달려야 했다.

超世名鸞小屋居 초세명란소옥거
세상을 초탈한 이름난 방울새 작은 둥지에 살며
暮鍾歸客故停車 모종귀객고정거

저녁 종소리에 돌아가는 나그네 짐짓 수레를 멈추네

靑燈白首相談際 청등백수상담제

나이 들어 푸른 등불 아래서 담소 주고받자니

流水浮雲往事虛 유수부운왕사허

흐르는 물 뜬구름처럼 지난 일 헛되어라

笑我頻傾深夜酌 소아빈경심야작

우스워라, 나는 깊은 밤 술잔만 자주 기울이는데

羨君多讀古人書 선군다독고인서

부럽게도 그대는 옛사람의 글을 많이 읽는구려

寧爲彭澤棄官士 영위팽택기관사

차라리 도연명처럼 벼슬을 버릴지언정

莫作城池殃及魚 막작성지앙급어

연못물을 말려 물고기들을 어렵게 하지 말라

_ 번역 : 오세옥(한국고전번역원), 김성태(서예가)

전형필이 그 무렵 지인에게 써준 글이다. 그의 처지를 아는 사람이라면 그 절절한 심정을 눈치챘으리라.

전형필은 재단에서 빚을 갚지 못해 학생들이 피해를 입어서는 안 된다고 생각했다. 도연명이 벼슬을 버리듯, 한남서림 건물도 팔고, 가락동에 남아 있던 땅도 팔고…… 팔 수 있는 것은 다 팔아, 연못에 물을 대듯 재단에 돈을 댔다. 서화와 도자기 몇 점만 팔면 해결할 수 있었겠지만, 전형필은 수장품을 지키기 위해 몇 년에 걸쳐 남아 있던 재산을 처분했다.

이런 상황에서도 학교와 생활의 어려움에 대해서는 일절 입 밖에 내지 않았고, 고고미술 동인회를 이끌며《고고미술》발행에 차질이 없도록 경비를 댔다. 젊음과 재산을 바쳐 사랑했던 역사의 흔적을 체계적으로 정리하는 잡지이기에 발행을 멈출 수 없었다.

전형필은 혼신의 힘을 다해 재단 빚을 다 갚은 후, 급성 신우염으로 쓰러졌다. 잠을 제대로 이룰 수 없을 정도로 고통스러운 투병 생활이 이어졌다. 어렵게 잠이 들면 꿈을 꾸었다.

오세창이 호탕한 웃음을 터뜨리며《근역화휘》를 건네줬고, 한남서림 백두용이 겸재의 〈인곡유거〉를 양보했다. 조선미술관 오봉빈이 관아재 조영석의 절구질하는 아낙네 그림과 노인들이 장기 두는 그림을 건네주었다. 〈몽유도원도〉가 나타났다며 급박하게 자신을 찾는 오봉빈의 목소리가 귓가를 맴돌았다. 멀어지는 〈몽유도원도〉를 바라보며 눈물을 흘렸다.

오랫동안 함께 세월의 강을 건너온 이순황이 겸재의《경교명승첩》과 〈청풍계〉를 들고 활짝 웃었다. 현재 심사정의 초충도가 가득한《현재첩》을 흔들며 자신을 깨웠다.

영운 김용진이 추사의 글씨와《난맹첩》, 혜원 신윤복의 〈미인도〉, 혜경궁 홍씨의 한글 궁체 글씨를 보여주며 빙그레 웃음을 지었다.

장형수가 겸재의《해악전신첩》을 매국노 송병준의 집 아궁이에서 구해왔다며 어깨를 으쓱했다. 혜원 신윤복의 풍속화첩을 찾아오겠다고 바닷바람을 맞으며 현해탄을 건넜다.

고려의 푸른 하늘에서 학이 춤추는 천학매병을 구경하고 싶다며 무

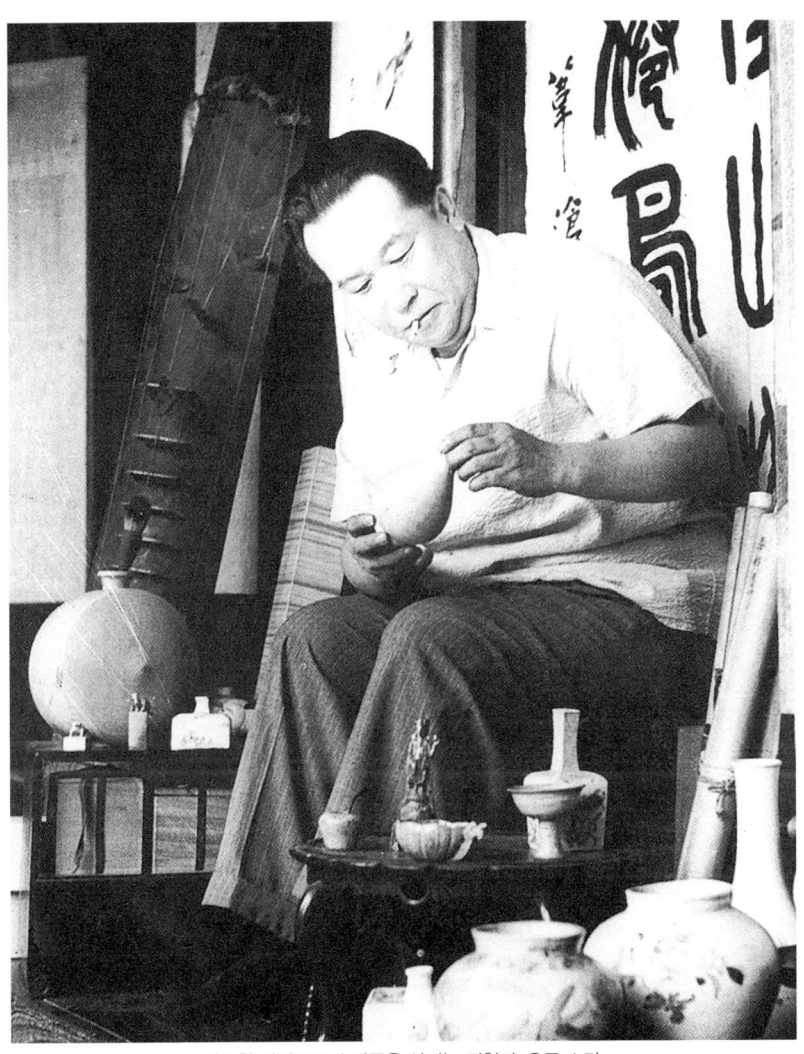
검소한 차림으로 수장품을 살피는 전형필, 유족 소장.

라카미가 찾아왔다. 두 배를 줄 테니 양보해달라고 사정하다가, 조선 제일의 수장가가 되라며 호탕하게 웃고는 술잔을 건넸다.

병석에 누운 백두용이 단원 김홍도의 강아지 그림과 고양이 그림을 건네주며 《훈민정음》을 꼭 찾으라고 신신당부했다.

개스비가 20년 동안 모은 고려청자를 일괄 처분한다는 소식이 귓전을 울렸다. 20점의 명품 청자를 두고 기와집 400채 값의 승부를 벌였다.

김태준이 《훈민정음》이 진본임을 확인했다며 편지를 보냈다. 사회주의자가 된 그의 편지에 식은땀이 났다. 통문관에서 영인본으로 출판하자는 제의를 받고 《훈민정음》을 한 장 한 장 해체했다. 한글 창제의 원리가 빛을 본다는 뿌듯함에 엷은 미소가 어렸다.

가족들의 목소리가 아득하게 들려왔다. 여보, 아버지, 아버지…….

천학매병 속의 69마리 학이 천상의 세계를 향해 날아올랐다. 불감 속에서 목탁소리가 흘러나왔다. 겸재 정선과 현재 심사정, 단원 김홍도, 혜원 신윤복, 추사 김정희가 고맙다며 손을 잡았다. 백발의 스승 위창 오세창이 다가오더니, 큰일을 이루었다며 그를 안았다.

1962년 1월 26일, 나이 57세 때다.

부록

해설・간송 수집품 중 지정 문화재 목록・간송 전형필 연보・참고 도서・수록 작품 찾아보기

해 설

간송 전형필 수집품의 문화사적 의미

이원복(국립 광주박물관장)

간송은 남다른 미감과 각별한 심미안의 소유자였다. 이를 바탕으로 당시 고서화 최고의 감식안이었던 위창 오세창 등의 도움에 힘입어 예외 없는 철저한 고증을 거쳐 우리 문화재를 모았다. 이 수집품들은 모두 일당백 수작들이며 명품들이 아닐 수 없다. 단순한 개인의 취향이나 즉흥에 의한 수집과는 시작부터 다르다. 그림의 경우 한 화가에 있어서 대표작이나 기준작이 되는 작품을 모았다.

간송은 값의 고하를 따지지 않고 명품 위주로 수집했기 때문에 많은 국보급 문화재를 모을 수 있었다. 일본에 유출된 《혜원전신첩》(국보 제135호)을 파격적인 가격으로 되사왔고, 심사정이 타계 전해인 1768년 62세 때 그린 818센티미터에 이르는 발군의 대작 〈촉잔도〉는 보존 상태가 나빴는데도 불구하고 거금을 주고 샀을뿐더러 일본으로 보내 그림 가격만큼 많은 돈을 들여 보수했다.

간송의 종형從兄이자 역사소설가인 월탄 박종화는 "막대한 사재를 털어 민족의 얼을 찾아놓았다"고 천명했다.

원로 사학자 동빈 김상기 선생은 "간송은 천성적으로 예술에 대한 사랑을 겸비하셔서, 한국 고미술의 일인자가 되셨습니다. 그 높은 감식력, 그 영예한 식견은 늘 남의 감탄을 샀습니다. …… 개인적 취향보다는 민족문화사에 필요불가결한 것만 모았고, 양으로도 방대하고 질도 높은 것입니다. 특히 작가별 연구도 깊어서 연보며 그 서지 자료까지 수집한 것은 역사가로, 예술가로 높은 경지에 계신 것을 느끼게 합니다"라고 언급했다.

광복 이후 간송의 문화재 수집 과정을 지켜본 전제옥 전 서울대 영문과 교수는 "간송 선생은 우리 미술에 매료된 분이셨지요. 그야말로 일상의 삶과 생활이 아름다움에 둘러싸인 복받은 분이셨지요. 도자뿐 아니라 서화에 대한 관심이 더욱 커, 새 작품이 나오면 제게 심부름을 시키시곤 했습니다. 그림 축을 풀면서 희열에 잠긴 모습을 바라보는 저도 즐거웠습니다. 시대를 대표하는 겸재, 현재, 단원, 혜원, 오원, 추사 등 거장의 명품을 중심으로 모으시되 가능한 한 최고의 걸작들로 100점을 채우시려는 듯, 이들에 대한 열과 성이 대단하셨지요"라고 전했다.

간송이 수집한 우리 문화재는 삼국시대부터 조선말 근대에 이르기까지 전 시대에 걸쳐 있으며, 서화는 물론 조각과 공예 등 조형미술 모든 분야를 아우른다. 그래서 간송미술관 소장품만으로 한국미술사를 서술할 수 있으며, 이를 제외한 한국회화사는 상상할 수 없다. 혹자는 간송이 수집한 회화 전체에 대한 조명이 이루어진 뒤에야 비로소 조선회화사의 올바른 서술이 가능하다고 한다. 이는 결코 과장된 주장이 아니다.

간송 수집품의 규모는, 1971년 가을 진경산수를 완성한 '정선'을 시작으로 2009년 말까지 매해 봄가을에 2주씩 일반에게 공개한 77회 기획전을 통해 어느 정도 짐작할 수 있다. 간송미술관의 고서화는, 1만 7천 점을 웃도는 국립 중앙박물관의 소장 서화에 견줄 때 수량에선 미치지 못하나 질적인 면에서 국내 국·공·사립을 불문하고 명실공히 최고이다.

청자 가운데 최고의 매병으로 꼽히는 〈청자 상감 운학문 매병〉(국보 제68호)을 수장한 것은 1935년으로 간송의 나이 30세 때였고, 고려청자 최고 컬렉터로 일본 주재 영국인 변호사 존 개스비의 소장품 전체를 인수한 것이 1938년이다. 개스비에게 구입한 소장품들은 〈청자 기린형 향로〉(국보 제65호), 〈청자 상감 연지원앙문 정병〉(국보 제66호), 〈청자 오리형 연적〉(국보 제74호), 〈청자 원숭이형 연적〉(국보 제270호) 등의 국보가 여러 점에 이른다. 그리고 앞서 1936년 경성 구락부 전시 경매에서 일본인 대수장가를 누르고 구입한 〈청화백자 양각진사철채 난국초충문병〉은 보물 제241호에서 국보 제294호로 승격된 명품이다.

간송 수집품에는 《훈민정음》(국보 제70호)이나 《동국정운》(국보 제71호) 같은 전적 등 문화사적으로 중요한 것들이 많다. 일제에 의해, 중국의 아류에 불과하며 변화와 발전이 더딘 정체停滯로 매도된 우리 역사의 제자리 찾는 일과, 문화의 명징성 구명에 그 일익을 담당했다.

신윤복의 부친 일재 신한평은 임금 초상 제작에서 주로 채색을 담당하는 수종화사였다. 그가 남긴 간송미술관 소장 〈자모육아〉는 가족사진 같은 그림이다. 국보 제135호 《혜원전신첩》과 조선 여인의 자태와 아름다움을 가장 잘 표현한 걸작 〈미인도〉 등 풍속화와 채색 기법의 연원이 부친에 있음을 짐작하게 한다. 〈미인도〉에 있는 '신가권인申可權印' 도장과 국립 중앙박물관에 소장된 〈아기 업은 여인〉 화면 왼쪽에 써서 붙인 '혜원 신가권의 자는 덕여蕙園申可權字德如'라는 첨簽에 의해, 신윤복의 본명이 신가권임을 확인할 수 있었다.

간송미술관에만 남아 있는 한두 점의 작품에 의해 족적과 화풍이 확인된 조선 초기와 중기의 화가들이 적지 않다. 추사의 각종 대련 및 《난맹첩》을 위시한 조선 말 작품에서부터 간송이 직접 교유한 20세기 전반 근대 화단 작가에 이르기까지 양과 질 모두에서 단연 압권이다.

조형예술 모든 분야에 걸쳐 철저한 검증을 거쳐 체계적으로 수집한 간송의 소장품 중 서화가 지니는 의미를 간단히 짚어보면 다음과 같다.

첫째, 서화뿐 아니라 전적을 함께 엄선해서 모은 점을 들 수 있다. 동양의 한자문화권에서 서화와 전적은 시작이 같은 뿌리로 뗄 수 없는 관계이다. 감상과 연구가 병존하는 전통문화의 바른 이해라는 입장에서 문헌사료와 유형문화재는 상호보완의 의미를 지니기 때문이다.

둘째, 그림은 고려말과 조선왕조 전체, 20세기 근대 화단에 이르기까지 장기간에 걸친 화가들 모두를 체계적으로 망라해 수장한 점을 들게 된다. 간송미술관에서는 매해 봄가을 두 차례씩 특별전을 통해 소장품을 일반에게 공개했다. 특히 서화는 시대별·장르별·작가별·유파별 기획전을 열 수 있었다. 18세기 최고의 서화 수장가인 김광국이 조선의 이름난 화가들의 그림을 모아 화첩으로 만든 《석농화원》과, 오세창이 모은 《근역화휘》가 간송미술관에 소장된 것은 의발전수衣鉢傳授의 상징적 의미를 지닌다.

셋째, 회화사적 의의가 큰 거장의 걸작 100선을 목표로 모은 점이다. 이는 간송미술관에서 연 기획전을 통해 분명해진다. 진경산수를 이룩한 정선, 남종문인화의 국풍화를 이룩한 심사정, 19세기 예원의 총수로 학예 양면에 족적이 큰 김정희, 조선 말기 화단을 최후로 화려하게 장식한 장승업 등 개인별 전시와, 정선·심사정·조영석 등 조선 후기 대표적인 문인화가 세 사람의 사인삼재士人三齋, 풍속화의 쌍벽으로 사농공상士農工商 사회를 담은 김홍도와 한량과 기녀의 애정에 초점을 둔 신윤복, 장승업의 제자로 근대 화단의 시발인 안중식과 조석진 등 2~3인 공동전시가 가능했다.

간송의 수집품은 주지되듯 국내 최고의 수준으로 중국과 구별되는 고려청자와 분청사기 및 조선백자, 조선회화는 우리 문화의 독자성과 어엿한 위상을 확연히 드러낸 명품들이다. 간송 수장품의 고증과 감정에 처음부터 깊이 관여한 오세창은 1938년 자신이 지은 보화각(현 간송미술관) 지석誌石에서 "서화는 심히 아름답고 옛 골동품은 자랑할 만하다. 이곳에 모인 것들 천추의 정화로다. 근역에 남은 주교로 고구 검토할 수 있네. 세상 함께 보배하고 자손 길이 보존하세"라 극찬하고 있다.

간송 수집품 중 지정 문화재 목록

국보 제65호 청자기린유개향로 靑磁麒麟鈕蓋香爐

국보 제66호 청자상감유죽연로원앙문정병 靑磁象嵌柳竹蓮蘆鴛鴦文淨甁

국보 제68호 청자상감운학문매병 靑磁象嵌雲鶴文梅甁

국보 제70호 훈민정음 訓民正音

국보 제71호 동국정운 권 1, 6 東國正韻 卷一, 六

국보 제72호 금동계미명삼존불 金銅癸未銘三尊佛

국보 제73호 금동삼존불감 金銅三尊佛龕

국보 제74호 청자압형수적 靑磁鴨形水滴

국보 제135호 혜원풍속도 蕙園風俗圖

국보 제149호 동래선생교정북사상절 東萊先生校正北史詳節

국보 제270호 청자모자원형연적 靑磁母子猿形硯滴

국보 제294호 청화백자철사진사국화문병 靑華白磁鐵砂辰砂菊花文甁

보물 제238호 백자박산향로 白磁博山香爐

보물 제283호 금보 琴譜

보물 제284호 금동여래입상 金銅如來立像

보물 제285호 금동보살입상 金銅菩薩立像

보물 제286호 청자상감포도동자문매병 靑磁象嵌葡萄童子文梅甁

보물 제287호 분청박지화문병 粉靑剝地花文甁

보물 제348호 분청사기모란문반합 粉靑砂器牡丹文飯盒

보물 제349호 청자상감모자합 靑磁象嵌母子盒

보물 제579호 괴산외사리석조부도 槐山外沙里石造浮屠

보물 제580호 전문경오층석탑 傳聞慶五層石塔

서울시 지정 문화재 제28호 삼층석탑 三層石塔

서울시 지정 문화재 제29호 석조팔각승탑 石造八角僧塔

서울시 지정 문화재 제30호 석불입상 石佛立像

서울시 지정 문화재 제31호 석 비로자나불좌상 石 毘盧遮那佛坐像

* 문화재명은 문화재청의 표기에 따름.

간송 전형필 연보

1906. 7. 29.	서울 종로구 종로 4가 112번지에서 중추원 의관中樞院議官 전영기全泳基와 밀양 박씨密陽朴氏 사이의 차남次男으로 출생. 본관本貫은 정선旌善.
1921. 3.	어의동 공립 보통학교 졸업.
1926. 3.	휘문 고등보통학교 졸업.
1930. 3.	일본 와세다 대학 법과 졸업. 귀국 후 위창 오세창 선생의 조언을 받으며 문화재 수집 시작.
1932~1934.	고서화와 옛책을 수집하기 위해 인사동(관훈동) 소재 한남서림 인수. 친일파 송병준의 집 아궁이에서 불쏘시개가 될 뻔한 겸재 정선의 《해악전신첩》 구입, 수장. 일본오사카 경매에서 '3층 석탑(서울시 지정 유형문화재 제28호)', '고려 3층 석탑', '석조 사자탑', '조선 석등'을 낙찰받아 국내로 되찾아옴. 일본으로 반출되기 직전의 고려시대 '괴산 팔각당형 부도(보물 제579호)'를 인천항에서 구입했으나 총독부에 압수당함. 훗날 보화각(간송미술관)으로 찾아옴.
1934.	성북동에 북단장 개설.
1935.	청자 상감 운학문 매병(국보 제68호) 구입, 수장.
1934~1936.	신윤복의 《혜원전신첩》(국보 제135호)을 일본에서 구입, 수장. 심사정의 대작 〈촉잔도〉(58×818cm)를 구입, 복원수리, 수장. 청화백자 양각진사철채 난국초충문병(국보 제294호) 수장. 추사 김정희의 글씨를 다수 구입하여 수장.
1937.	일본에 거주하던 영국인 수집가 존 개스비의 고려청자 20여 점 일괄 인수. 공주의 논 1만 마지기를 처분해서 구입했는데, 당시 시세로는 경성의 번듯한 기와집 400채를 구입할 수 있는 돈이었다. 요즘 서울 시내 아파트 가격으로 환산하면 최소 1,200억 원이다. 당시 구입한 고려자기 중 7점은 광복 후 국보와 보물로 지정되었다. 청자 기린형 향로(국보 제65호), 청자상감 연지원앙문 정병(국보 제66호), 청자 오리형 연적(국보 제74호), 청자 원숭이형 연적(국보 제270호), 백자 박산향로(보물 제238호), 청자 상감 포도동자문 매병(보물 제286호), 청자 상감 모란당초문 모자합(보물 제349호).

	경성 미술구락부의 '송은 이병직 소장품 경매'에서 여러 점을 낙찰받음. 청화백자 동자조어 문병, 심사정의 〈성난 매가 꿩을 노려보다〉, 변상벽의 〈병아리를 거느린 암수닭〉, 정선의 〈고사관폭도高士觀瀑圖〉, 추사 김정희의 대표작 중 한 점인 에서 대련(대팽두부과강채大烹豆腐瓜薑菜 고회부처아녀손高會夫妻兒女孫).
1938.	우리나라 최초의 개인(사설) 박물관인 보화각 개설.
1939.	정선의 〈통천문암通川門岩〉 수장. 추사 김정희의 그림에 흥선 대원군이 제문題文을 쓴 〈지란병분〉 수장. 조선백자를 집중적으로 구입, 수장.
1940. 3.	한남서림 증축, 확장.
1940. 4.	대수장가였던 박창훈의 소장품 경매에서, 추사 김정희가 첫 글자를 쓴 후 30년 만에 완성한 예서 현액 〈침계〉를 낙찰받아 수장.
1940. 6.	재단법인 동성학원東成學園 설립, 이사장에 취임. 보성중학교 인수.
1943.	《훈민정음》(해례본, 국보 제70호) 수장.
1945. 6.	보성중학교장 겸임.
1946. 9.	보성중학교장 사직.
1947.	고적보존위원회 위원으로 피촉.
1954.	문화재보존위원회 제일·이분과 위원으로 피촉.
1956. 1.	교육공로자 표창.
1960. 8.	고고미술 동인회考古美術同人會 발기.
1962. 1. 26.	서거
1962. 8. 18.	대한민국 문화포장 추서.
1964. 11. 13.	대한민국 국민훈장 동백장 추서.
1997. 10.	유네스코UNESCO 간송미술관 소장 《훈민정음》(국보 제70호)을 '세계 기록유산'으로 등재

참 고
도 서

전성우,《간송 전형필》, 보성중고등학교, 1996.
《보성백년사》, 보성중고등학교, 2006.
한국민족미술연구소,《간송문화(澗松文華)》창간호(1971)~77호(2009)
오세창,《근역서화징》(동양고전학회 번역), 시공사, 1998.
＿＿＿＿,《근역인휘》, 국회도서관, 1968.
최완수,《겸재 정선 진경산수화》, 범우사, 1993.
＿＿＿＿,《겸재를 따라가는 금강산 여행》, 대원사, 1999.
＿＿＿＿,《겸재의 한양 진경》, 동아일보사, 2004.
최완수 외,《진경시대》(1~2), 돌베개, 1998.
정병삼 외,《추사와 그의 시대》, 돌베개, 2002.
〈위창 오세창 특별전 도록〉, 예술의전당, 1996.
《오세창의 전각・서화 감식・컬렉션의 세계》, 예술의전당, 2001.
이승연,《위창 오세창》, 이회문화사, 2000.
이동주,《우리 옛그림의 아름다움》, 시공사, 1996.
이원복,《회화》, 솔, 2005.
＿＿＿＿,《홀로 나귀 타고 미술숲을 거닐다》, 이가서, 2008.
오주석,《오주석의 옛그림 읽기의 즐거움》, 솔, 1999.
＿＿＿＿,《오주석의 한국미 특강》, 솔, 2003.
＿＿＿＿,《단원 김홍도》, 솔, 2006.
＿＿＿＿,《그림 속에 노닐다》, 솔, 2008.
유홍준,《화인열전》(1~2), 역사비평사, 2001.
＿＿＿＿,《완당 평전》(1~3), 학고재, 2002.
안휘준,《한국 회화사》, 일지사, 1980.
＿＿＿＿,《한국 회화의 전통》, 문예출판사, 1988.
최순우,《최순우 전집》(1~5), 학고재, 1992.
조영석,《관아재고》, 한국정신문화연구원, 1984.
이예성,《현재 심사정 연구》, 일지사, 2000.
강명관,《조선 사람들, 혜원의 그림 밖으로 걸어나오다》, 푸른역사, 2001.
정양모,《너그러움과 해학》, 학고재, 1998.
＿＿＿＿,《한국의 도자기》, 문예출판사, 1991.
강경애,《한국 도자사》, 일지사, 1989.

윤용이,《아름다운 우리 도자기》, 학고재, 1996.
《고려왕실의 도자기》, 국립중앙박물관, 2008.
국립국어원,《알기 쉽게 풀어 쓴 훈민정음》, 생각의 나무, 2008.
조규태,《번역하고 풀이한 훈민정음》(수정판), 한국문화사, 2007.
문화재청,《한국의 세계유산》, 눌와, 2007.
_____,《수난의 문화재》, 눌와, 2008.
이구열,《한국 문화재 수난사》, 돌베개, 1996.
정규홍,《유랑의 문화재》, 학연문화사, 2009.
고제희,《누가 문화재를 벙어리기생이라 했는가》, 다른세상, 1999.
김상엽·황정수,《경매된 서화》, 시공사, 2005.
국립 현대미술관,《근대미술 연구 2006》, 다할미디어, 2006.
야나기 무네요시,《수집 이야기》, 산처럼, 2008.
세키노 다다시,《조선의 건축과 예술》, 이와나미 서점(일본), 1933.
윤병로,《박종화의 삶과 문학》, 성균관대학교 출판부, 1992.
박대헌,《우리 책의 장정과 장정가들》, 열화당, 1999.
_____,《고서 이야기》, 열화당, 2008.
이중연,《고서점의 문화사》, 혜안, 2007.
천정환,《근대의 책읽기》, 푸른역사, 2003.
정문택·최복현,《도서관에서 찾은 책벌레들》, 휴먼드림, 2009.
소재영 외,《한국의 딱지본》, 범우사, 1996.
윤형두,《옛책의 한글판본》(1~2), 범우사, 2003·2007.
고전연구회 사암,《조선의 선비 서재에 들다》, 포럼, 2008.
안대회,《선비답게 산다는 것》, 푸른역사, 2007.
정옥자,《조선 후기 조선 중화사상 연구》, 일지사, 1998.
_____,《조선 후기 문화운동사》, 일조각, 1993.
김진송,《서울에 딴스홀을 허하라》, 현실문화연구, 1999.
신명직,《모던뽀이, 경성을 거닐다》, 현실문화연구, 2003.
전봉관,《황금광 시대》, 살림, 2005.
박상하,《경성 상계》, 생각의 나무, 2008.
문일평,《문일평 1934년—식민지 시대 한 지식인의 일기》, 살림, 2008.
이능화,《조선 해어화사》, 동문선, 1992.
최규진,《근대를 보는 창 20》, 서해문집, 2007.
김은신,《여러분이시여 기쁜 소식이 왔습니다》, 김영사, 2008.
최열,《한국 근대미술의 역사》, 열화당, 2006.
리재현,《조선 력대 미술가 편람》(증보판), 문학예술종합출판사(평양), 1999.
김은호,《서화 백년》, 중앙일보사, 1977.
장우성,《화단풍상 70년》, 미술문화, 2003.
김용직,《김태준 평전》, 일지사, 2007.

| 수 록 작 품 |
| 찾 아 보 기 |

3층 석탑 186
고려 3층 석탑 187
괴산 팔각당형 부도 260
궁체 글씨(혜경궁 홍씨) 207
금강내산(정선) 214
금동 계미명 삼존불 233
금동 보살 입상 359
금동 삼존 불감 346
금동 여래 입상 358
금보 364
기방난투(신윤복) 247
기방무사(신윤복) 248
돌사자 한 쌍 221
동국정운 143
모구양자(김홍도) 272
몽유도원도(안견) 135
문암관일출(정선) 215
문화보국(오세창) 123
미인도(신윤복) 201
백자 박산향로 291
베짱이가 이슬을 마시다(심사정) 172
병아리를 거느린 암수닭(변상벽) 310
비급을 펼쳐보다(김명국) 151
상춘야흥(신윤복) 250
성난 매가 꿩을 노려보다(심사정) 283
수식득격(김정희) 197
시골집 아낙이 하는 일(조영석) 118

쌍검대무(신윤복) 249
압구정(정선) 164
예서 대련(김정희, 호고유시수단갈
　　/연경루일파음시) 196
오래된 연못가의 가을 새벽(전형필) 326
원추리와 벌과 나비(심사정) 173
월하정인(신윤복) 246
인곡유거(정선) 95
자모육아(신한평) 241
장안연우(정선) 165
천불봉(노수현) 109
청자 기린형 향로 303
청자 상감 연지원앙문 정병 290
청자 상감 운학문 매병(천학매병) 24
청자 상감 포도동자문 매병 305
청자 오리형 연적 304
청자 원숭이형 연적 302
청풍계(정선) 167
청화백자 동자조어문병 311
청화백자 양각진사철채 난국초충문병 280
촉잔도(심사정) 229
침계(김정희) 356
풍림독조(이상범) 108
현이도(조영석) 119
황묘농접(김홍도) 273
훈민정음 378